中国民生民政系列丛书

ZHONGGUO MINSHENG MINZHENG
XILIE CONGSHU

社会治理动态监测平台及深度观察点网络建设项目数据分析报告

（2016）

王杰秀◎主编

人民出版社

编委会

主　　编：王杰秀

副 主 编：邹　波　　许亚敏

执　　行：许亚敏　　首一苇　　张乃仁　　赵婷婷

数据分析：肖　林　　毕向阳　　于　嘉　　向静林

　　　　　刘怡然　　许亚敏　　张乃仁　　首一苇

前　言

　　"社会治理动态监测平台及深度观察点网络建设"项目是民政部政策研究中心在财政部立项的重大项目。在全国开展抽样调查是本项目主要内容之一。在2015年首次调查后,2016年度项目再度进行全国跟踪调查。2016年度调查问卷包括城乡社区综合问卷、城乡居民参与问卷、社区社会组织问卷以及社区社会工作者问卷。其中,城市社区总样本量是2169个,农村社区总样本量为1235个,城乡社区遍布29个省市自治区,具有较高的全国代表性。在被调查的城市社区中选取了113个社区作为抽样单位并在其中选择受访者完成居民参与问卷,总计完成了2353份有效问卷;在被调查的农村社区中选取了77个农村社区作为抽样单位并在其中选择受访者完成农村居民参与问卷,总计完成了1780份有效问卷。此外,本次调查共完成1016份社会组织问卷和1080份社会工作者问卷。

　　本数据分析报告的主要目的在于:完整地呈现此次全国抽样调查的基本数据结果和初步统计分析,详细反映我国城乡社区治理服务等方面的发展现状和存在问题,并在此基础上提出相应的政策建议。数据报告共分为六章,分别为城市社区治理现状综合调查报告、农村社区治理现状综合调查报告、城市居民社区参与状况报告、农村居民社区参与状况报告、社会组织参与社区治理报告、社会工作者参与社区治理报告。

目　录

第一章　城市社区治理现状综合调查报告

　　本研究采用问卷调查形式，以社区为调查对象，由城市社区党支部书记、副书记或社区居委会主任、副主任等进行回答。在数据处理过程中，把含有不知道或无法回答的选项作为缺失值处理。本章通过社区基本信息、政府治理角色与政府—社区关系、社区党组织建设、居委会与社区居民自治、社区社会组织培育及其治理角色、社区服务项目与设施、社区志愿服务与慈善事业、社区社会工作、社区公共安全与治安防控 9 个方面，对城市社区治理现状综合调查问卷所获数据进行描述分析和交互分析，梳理出被调查城市社区的治理现状和所存在的问题，进而有针对性地提出对策建议。

第一节　城市社区基本信息

　　城市社区基本信息包括：样本区域分布、社区成立年份、社区所属类型、社区地理位置、社区规模信息、社区人口信息和驻区单位信息七个方面的内容。本次调查的城市社区总样本量是 2169 份，遍布我国 34 个省、自治区和直辖市。

一、样本区域分布

表1—1 显示了本次调查的城市社区样本的区域分布，样本来源被划分为8个区域。其中华东沿海、长江中游地区、华北沿海的样本所占比重较高，分别为21.3%、20.9%和20.7%；西南地区、华南沿海、黄河中游地区和东北地区的样本占比重居中，分别为11.0%、8.8%、8.3%和7.3%；西北地区的样本占比重最小，为1.7%。

表1—1 本次调查的城市社区样本区域分布

	频次	频率（%）	累计频率（%）
东北地区	158	7.3	7.3
华北沿海	449	20.7	28.0
黄河中游地区	180	8.3	36.3
华东沿海	463	21.3	57.6
华南沿海	191	8.8	66.4
长江中游地区	453	20.9	87.3
西北地区	36	1.7	89.0
西南地区	239	11.0	100.0
总计	2169	100.0	—

二、社区成立年份

表1—2 显示，大部分城市社区成立在2000—2010年，比重为59.5%；其次是2000年之前成立的，比重为28.9%；2010年后成立的

社区，占比重仅为11.6%。这与我国社区建设的主要阶段有关。1986—2000年是社区建设的研究论证阶段；2000—2007年是我国社区建设全面推进阶段；2003—2012年是城乡一体化阶段；2012年以后则是社区治理创新阶段。在全面建设阶段，我国社区建设取得了巨大进展，主要有：第一，健全组织、完善自治，初步构筑了以社区党组织为核心的社区组织体系；第二，转变职能、理顺关系，初步形成了社区建设新的工作运行机制；第三，加大投入、拓展功能，初步构筑起以社会互助为基础的社区服务体系；第四，优化队伍结构、提高整体素质，初步建立了一支中国特色的社区工作队伍。

表1—2 调查的城市社区的成立年份

	频次	频率（%）	累计频率（%）
2000年之前	626	28.9	28.9
2000—2010年	1291	59.5	88.4
2010年之后	252	11.6	100.0
总计	2169	100.0	——

三、社区所属类型

一定的社区管理体制是特定历史环境和时代的产物，中华人民共和国成立后建立了以"单位制"为主、基层地区管理为辅的管理体制。在我国经济转轨和社会转型之后，单位制被逐渐打破，街居制也陷入困境。表1—3显示，在被调查的社区中，老旧社区（邻里街坊式社区）的比重最高，为53.3%；村改居社区的比重次之，为27.3%；新建居民小区（如商品房社区）的比重为24.3%；单位制社区占比重为12.1%；其他类型的社区比重仅占6.1%。

表1—3 所在的社区所属类型

	响应数	响应频率（%）	个案频率（%）
老旧社区（邻里街坊式社区）	1155	43.3	53.3
单位制社区	262	9.8	12.1
新建居民小区（如商品房社区）	528	19.8	24.3
村改居社区	592	22.2	27.3
其他类型社区	132	4.9	6.1
总计	2669	100.0	123.1

*N=2169

四、社区所在城市等级

表1—4显示，在被调查的城市社区中，社区所在城市为新一线城市的比重最高，为30.2%；所在城市为三线、四线和五线城市的比重分别为19.8%、23.2%和12.2%，换言之，位于三线及以下城市的社区比重为55.2%；所在城市为一线和二线城市的社区比重较小，分别为6.5%和8.1%。

表1—4 社区所在城市等级

	频次	频率（%）	累计频率（%）
一线城市	158	6.5	6.5
新一线城市	724	30.2	36.7
二线城市	194	8.1	44.8
三线城市	475	19.8	64.6
四线城市	557	23.2	87.8
五线城市	292	12.2	100.0
总计	2400	100.0	—

五、社区所在区域位置特征

表1—5显示，根据数据分析发现，被调查的社区所处位置如下：城区（49.6%）、城乡接合部（33.1%）、小城镇（17.3%）。这说明在我国社区建设的过程中，由于地理位置不同，社区发展情况存在差异，其中小城镇的社区建设进程相对缓慢。

表1—5　社区所在县（市）、区的位置特征

	频次	频率（%）	累计频率（%）
城区	1076	49.6	49.6
城乡接合部	717	33.1	82.7
小城镇	376	17.3	100.0
总计	2169	100.0	——

六、社区规模信息

表1—6显示，本次调查中，每个城市社区平均有9.6个小区、166.3栋居民楼、2305.1户人家。

表1—6　社区规模信息

	均值	标准差	中位数	有效记录
社区小区数（个）	9.6	30.5	5.0	2151
社区居民楼数（栋）	166.3	503.5	50.0	2058
社区总户数（户）	2305.1	2044.4	1940.0	2157

七、社区人口信息

本次调查的城市社区中，大部分社区人口在 10000 人以内，社区常住人口平均有 6172.9 人，社区流动人口平均有 1733.1 人（见表 1—7）。从人口户籍构成看，以本社区户籍人口为主。从性别结构看，常住男性和常住女性分别为 2992.9 人和 2830.3 人，社区中的男女比例较为均衡。从年龄结构看，社区中 18 岁及以下未成年人与 60 岁及以上老年人的比重相对较高，分别为 18.7% 和 21.4%，75 岁以上老年人的比重为 7.9%，可见城市社区的老龄化程度较高。从特殊群体结构来看，每个社区平均有 102.9 人享受"低保"，78.6 个残疾人，"三无"老人和孤儿偏少。

表 1—7 社区人口信息（单位：人，%）

	均值	标准差	中位数	有效记录
本社区户籍人数	5185.0	4538.6	4040.0	2099
社区常住人数	6172.9	6698.1	4800.0	2131
社区流动人数	1733.1	4160.0	600.0	2096
流动人口比例	18.0	17.6	13.5	2093
常住男性人数	2992.9	2676.3	2395.5	1986
常住女性人数	2830.3	2595.7	2300.0	1983
性别比	110.0	36.6	101.8	1981
常住 18 岁及以下人数	1050.3	1268.7	678.0	1953
18 岁及以下比例	18.7	11.5	16.8	1951
常住 60 岁及以上人数	1134.2	1177.9	800.0	2048
60 岁及以上比例	21.4	13.4	19.1	2046

（续表）

	均值	标准差	中位数	有效记录
常住 75 岁及以上人数	404.2	465.6	273.0	1966
75 岁以上比例	7.9	6.7	6.2	1964
常住残疾人数	78.6	83.4	55.0	2117
常住"三无"老人数	5.9	18.4	1.0	2115
常住孤儿人数	0.9	2.7	0	2128
常住"低保"人数	102.9	188.8	39.0	2118

八、驻区单位信息

在被调查的城市社区中，每个社区平均有 35 个驻社区单位（见表 1—8）。其中，驻社区的党政机关数平均为 1.4 个，驻社区的事业单位数平均为 2.7 个，而驻社区的企业数平均为 25.1 个。可见，在驻社区单位中，企业的数量是最多的。

表 1—8　驻区单位信息（单位：个）

	均值	标准差	中位数	有效记录
驻社区单位数	35.0	133.6	6.0	2149
党政机关数	1.4	4.8	0	2160
事业单位数	2.7	5.6	1.0	2152
企业数	25.1	119.2	2.0	2148

九、社区党员信息

在被调查的城市社区中，每个社区平均有 205.5 名共产党员（见表 1—9）。其中，每个社区平均的直管党员、在职党员和离退休党员分别为64.6人、53.1人和75.8人，平均的党员比例为6.7%，由此可以看到城市社区的基层党建情况。

表1—9　社区党员信息（单位：人）

	均值	标准差	中位数	有效记录
社区共产党员数	205.5	336.4	127.0	2104
直管党员数	64.6	173.1	33.0	2113
在职党员数	53.1	121.4	10.0	2098
离退休党员数	75.8	123.5	30.0	2102
党员比例（%）	6.7	36.9	3.1	2066

第二节　政府治理角色与政府—社区关系

一、基层政府在社区治理中的角色

在被调查的城市社区中，普遍认为当地基层政府在社区治理中扮演了重要角色（见表1—10）。其中，认为当地基层政府引导居委会、社区组织、居民在社区进行自我治理的比重最高，为89.3%；认为当地基层政府与居委会、社区社会组织、居民共同治理社区的比重次之，为82.6%；认为基层政府为社区提供建设资金、决定重要事务和为社区自治制定制度安排的比重较为接近，分别为69.3%、68.0%和65.3%；而认为当地基层政府很少参与社区事务或者扮演其他角色的比重分别仅为8.1%和2.4%。可见，政府对于社区建设和社区发展的适当介入是普遍存在的。这对于实现社区的良好治理具有重要意义。

表1—10　当地基层政府在社区治理中扮演了哪些角色

	响应数	响应数频率（％）	个案数频率（％）
决定重要事务	1474	17.7	68.0
与居委会、社区社会组织、居民共同治理社区	1791	21.5	82.6
引导居委会、社区社会组织、居民在社区内进行自我治理	1936	23.1	89.3
为社区自治制定制度安排	1416	17.0	65.3
为社区提供建设资金	1502	18.0	69.3
很少参与社区事务	176	2.1	8.1
其他角色	52	0.6	2.4
总计	8347	100.0	385.0

*N＝2168

二、基层政府对社区各项事务的参与程度

基层政府参与城市社区管理事项主要包括政府单独承担、政府主导社区参与、社区主导政府参与和政府不参与四种方式。如表1—11所示，在城市社区治理的过程中，社区各项事务由政府单独承担的比例很低，除了土地征迁之外，其余都在10%以下。在社区服务、居委会选举和社区重大事务决策方面基本上都不超过2.2%。可以看出，政府主导社区参与和社区主导政府参与是基层政府最主要的管理方式。特别是在城市社会救助方面，政府主导社区参与的比例为72.8%；在社区发展规划方面，政府主导社区参与的比例为70.4%；在土地征迁方面，政府主导社区参与的比例为62.2%；在社区基础设施建设方面，政府主导社区参与的比例为60.2%。此外，在社区重大事务决策和治安管理方

面，政府主导社区参与的比例均高于50%。通过数据分析可以看出，基层政府在城市社区治理中参与程度很高，涉及社区事务管理的各个方面，但是政府在参与的过程中也会适当调动社区其他主体参与社区事务的积极性。在城市社区事务管理中，政府不参与的比例基本在8%以下。

表1—11　基层政府对本社区各项事务的参与程度（%）

	政府单独承担	政府主导社区参与	社区主导政府参与	政府不参与	总计	有效记录
社区发展规划	4.8	70.4	22.5	2.3	100.0	2163
社区重大事务决策	2.2	53.1	41.5	3.2	100.0	2163
居委会选举	0.7	44.6	47.1	7.6	100.0	2166
社区服务	0.9	35.8	59.0	4.3	100.0	2166
社会救助	8.4	72.8	18.1	0.7	100.0	2166
社区卫生与环境治理	2.2	46.1	48.6	3.1	100.0	2164
治安管理	2.2	59.2	37.0	1.6	100.0	2163
土地征迁	23.7	62.2	6.9	7.1	100.0	1989
社区文化建设	1.4	45.8	50.0	2.8	100.0	2165
社区基础设施建设	9.5	60.2	28.1	2.1	100.0	2162
总计	5.5	55.0	36.1	3.5	100.0	2163

三、社区公共服务的提供方式

在社区治理中，公共服务的提供方式主要有四种：基层政府直接承担、政府向社会组织购买服务、政府委派给居委会承担和其他方式。从表1—12中可以发现，政府委派给居委会承担是公共服务提供方式中最常用的，选择政府委派给居委会承担这种提供方式的城市占比为

63.0%。值得关注的是，选择基层政府直接承担和政府向社会组织购买服务这两种提供方式的城市占比已经非常接近，分别为 52.3% 和 51.2%。可见，近年来，政府向社会组织购买服务已经成为较为普遍和重要的公共服务供给方式，社会组织在社区治理中逐渐扮演较为重要的角色。

表1—12　社区公共服务的提供方式

	响应数	响应数频率（%）	个案数频率（%）
基层政府直接承担	1130	30.6	52.3
政府向社会组织购买服务	1105	29.9	51.2
政府委派给居委会承担	1361	36.9	63.0
其他方式	96	2.6	4.4
总计	3692	100.0	170.9

* N=2160

四、政府出资购买服务

在被调查的城市社区中，存在政府出资购买服务的社区占 53.6%（见表1—13），每个社区平均的政府购买服务数为 4.9，社区或居民主动申请服务的平均数为 1.2（见表1—14）。

表1—13　政府出资购买服务

	响应数	响应数频率（%）	个案数频率（%）
有	1159	53.6	53.6
没有	1002	46.4	100.0
总计	2161	100.0	153.6

表1—14　政府出资购买服务

	均值	标准差	中位数	有效记录
政府购买服务数	4.9	17.7	2.0	1140
社区或居民主动申请服务数	1.2	4.4	1.0	1152

如表1—15所示，在政府购买服务的社区中，选择出资购买服务的主体是区、县级市级政府的社区占比是最高的，为57.7%；选择出资购买服务的主体是街道、乡镇级政府的社区占比次之，为53.7%；选择出资购买服务的主体是地市级政府的社区占比较小，为11.3%；选择出资购买服务的主体是省部级政府的社区仅占4.0%。由此可见，区县级及以下政府，是出资为社区购买公共服务的主要主体。

表1—15　出资购买服务的主体是哪一级政府部门

	响应数	响应数频率（%）	个案数频率（%）
省部级	46	3.2	4.0
地市级	130	8.9	11.3
区、县级市级	662	45.5	57.7
街道、乡镇级	617	42.4	53.7
总计	1455	100.0	126.7

*N = 1148

五、网格化管理

如表1—16所示，绝大部分的城市社区都已经实施了网格化管理，占比为84.9%，正在建设网格化管理的社区占比为8.3%，没有实施或没有听说过网格化管理的社区非常少，占比分别仅为 4.8% 和 2.0%，可见，网格化管理在城市社区的覆盖率较高。

表 1—16　网格化管理实施情况

	响应数	响应数频率（%）	个案数频率（%）
已经实施	1840	84.9	84.9
正在建设	181	8.3	93.2
没有实施	104	4.8	98.0
没有听说过	43	2.0	100.0
总计	2168	100.0	376.1

如表 1—17 所示，在被调查的城市社区中，认为网格化完全能够促进城市社区治理完善的社区占比为 33.3%，认为网格化基本能够促进城市社区治理完善的社区占比为 61.1%，换言之，94.4% 的社区认为网格化对城市社区治理完善有促进作用。认为网格化不能促进城市社区治理完善或者说不清楚的社区占比很小，分别仅为 3.0% 和 2.6%。可见，网格化管理在基层社区的认可度很高。

表 1—17　网格化是否促进城市社区治理完善主观评价

	频次	频率（%）	累计频率（%）
不知道	1	0	0
完全能够	707	33.3	33.3
基本能够	1300	61.1	94.4
不能够	63	3.0	97.4
说不清	55	2.6	100.0
总计	2126	100.0	—

六、社区减负

表1—18和表1—19显示，在被调查的城市社区中，有74.2%的社区了解民政部、中央组织部《关于进一步开展社区减负工作的通知》，不了解的社区占比为25.8%；在了解社区减负工作的社区中，有55.5%的社区有"社区减负清单"，还有44.5%的社区没有"社区减负清单"，因此，"社区减负清单"的推进工作还需进一步加强。

表1—18　是否了解民政部、中央组织部《关于进一步开展社区减负工作的通知》

	频次	频率（%）	累计频率（%）
是	1608	74.2	74.2
否	560	25.8	100.0
总计	2168	100.0	—

表1—19　所在的社区是否有"社区减负清单"

	频次	频率（%）	累计频率（%）
是	891	55.5	55.5
否	713	44.5	100.0
总计	1604	100.0	—

七、社区各项事务开展

表1—20展示了被调查社区2015年各项事务工作量相比于2014年的变化情况。其中，大部分社区认为招商引资、协税护税和经济创收的工作量基本没变，相应的社区占比分别为76.3%、75.5%和73.6%；也

有 50%—60%的社区认为建设达标项目、拆迁拆违和社区执法的工作量基本没有变化。发生显著变化的主要是环境整治工作量，76.4%的社区认为 2015 年的环境整治工作量增加了。此外，台账报表、社区出具证明、参与考核评比、悬挂标牌的工作量也被认为增加了，相应的社区占比分别为 51.0%、47.7%、46.4% 和 43.5%，这些工作量的增加表明，环境治理越发成为社区工作的重点内容，同时，社区工作的规范化和制度化要求逐渐在提高。

表1—20 所在的社区 2015 年以下各项事务的开展情况（％）

	增加了	减少了	基本没变	总计
招商引资工作量变化	15.5	8.2	76.3	100.0
协税护税工作量变化	14.2	10.3	75.5	100.0
经济创收工作量变化	19.5	6.9	73.6	100.0
社区执法工作量变化	37.8	7.9	54.4	100.0
拆迁拆违工作量变化	28.0	16.1	55.9	100.0
环境整治工作量变化	76.4	5.1	18.6	100.0
台账报表工作量变化	51.0	12.1	36.9	100.0
建设达标项目工作量变化	34.5	9.5	56.0	100.0
参与考核评比工作量变化	46.4	13.4	40.3	100.0
悬挂标牌工作量变化	43.5	19.1	37.4	100.0
社区出具证明工作量变化	47.7	17.2	35.1	100.0
总计	38.0	11.5	50.5	100.0

* $N_{min} = 2043$

八、社区各项经费支出

如表1—21所示，被调查城市社区2015年的经费支出中，人员经费平均为45.1万元，中位数为11.7万元；公用经费平均为49.8万元，中位数为4万元。

表1—21　2015年的各项经费支出（单位：万元）

	均值	标准差	中位数	有效记录
人员经费	45.1	343.1	11.7	1917
公用经费	49.8	470.3	4.0	1983

九、社区评比中的一票否决

如表1—22所示，在被调查的城市社区中，年度社区评比时没有取消"一票否决制度"的社区占比为63.7%，可见，"一票否决制度"仍然是多数社区的强激励制度。

表1—22　是否取消"一票否决制度"

	频次	频率（%）	累计频率（%）
已经取消	775	36.3	36.3
没有取消	1359	63.7	100.0
总计	2134	100.0	—

十、社区印章使用范围

如表1—23所示，79.2%的被调查城市社区有明确的社区印章使用范围清单，还有20.8%的城市社区则没有。这说明，社区印章的使用规范需要进一步加强。

表1—23 有无社区印章使用范围清单

	频次	频率(%)	累计频率(%)
有	1713	79.2	79.2
无	451	20.8	100.0
总计	2164	100.0	—

十一、政府听取居委会意见情况

在被调查的城市社区中，绝大多数社区认为公共服务建设中政府听取了居委会意见，占比为86.2%，认为政府没有听取居委会意见的社区占比仅为13.8%（见表1—24）。可见，基层政府在公共服务建设中对居委会意见的重视程度很高。

表1—24 政府是否听取居委会意见

	频次	频率(%)	累计频率(%)
是	1861	86.2	86.2
否	298	13.8	100.0
总计	2159	100.0	—

第三节　城市社区党组织建设

社区党组织是在社区之中成立的、以全体社区党员为组织对象的中国共产党的基层组织。社区党组织必须通过多种形式引导党员干部密切联系群众，引导他们始终把服务群众作为社区工作的出发点和落脚点。

一、社区党组织类型

我国社区党组织主要有三种类型：党委、党总支和党支部。表1—25 显示了被调查社区的党组织类型，47.3%的社区的党组织是党支部，26.5%的社区的党组织是党总支，25.8%的社区的党组织是党委。不知道社区党组织类型的社区占比仅为 0.4%。可见，社区的党组织以党支部为主要类型。

表 1—25　社区党组织类型

	频次	频率(%)	累计频率(%)
不知道	9	0.4	0.4
党委	561	25.8	26.2
党总支	574	26.5	52.7
党支部	1025	47.3	100.0
总计	2169	100.0	—

二、社区党员数量

如表1—26所示，在被调查的城市社区中，组织关系在社区的党员数量平均为107.3人，平均每个社区的书记和副书记分别为1.2人和0.9人，党组织委员数平均为3.7人。

表1—26　组织关系在社区的党员总数与党组织成员数量（单位：人）

	均值	标准差	中位数	有效记录
组织关系在社区的党员数	107.3	109.9	74.0	2168
书记人数	1.2	1.2	1.0	2169
副书记人数	0.9	0.9	1.0	2169
委员人数	3.7	3.6	3.0	2167

三、社区党组织成员产生方式

在被调查的城市社区中，绝大多数的党组织成员是由党员大会（或代表大会）选举产生的，占比为97.2%；党组织成员由上级组织委派的社区仅占11.4%。这在一定程度上反映了党组织成员产生的民主性（见表1—27）。

表1—27　党组织成员产生方式

	响应数	响应数频率（%）	个案数频率（%）
上级组织委派	246	10.3	11.4
党员大会（或代表大会）选举产生	2107	88.5	97.2
其他	29	1.2	1.3
总计	2382	100.0	109.9

* N＝2167

四、社区党组织选举情况

97.3%的社区党组织都会定期进行选举（见表1—28）。这表明，我国社区党组织的选举情况良好。社区党组织最近一次选举的时间集中在2013—2015年（见表1—29）；70.1%的社区党组织选举都是由党员大会直接进行选举，29.9%的社区党组织是由党员代表大会进行选举的（见表1—30）。

表1—28　党组织是否有选举

	频次	频率（%）	累计频率（%）
有	2109	97.3	97.3
无	58	2.7	100.0
总计	2167	100.0	—

表1—29　最近一次选举的时间

年份	频次	频率（%）	累计频率（%）
1992	1	0	0
2004	3	0.1	0.2
2005	3	0.1	0.3
2009	1	0	0.4
2010	4	0.2	0.6
2011	10	0.5	1.0
2012	66	3.1	4.2
2013	605	28.8	33.0
2014	396	18.8	51.8

（续表）

年份	频次	频率（%）	累计频率（%）
2015	845	40. 2	92. 0
2016	168	8. 0	100. 0
总计	2102	100. 0	——

表 1—30　最近一次选举方式

	频次	频率（%）	累计频率（%）
党员大会直接选举	1478	70. 1	70. 1
党员代表大会选举	630	29. 9	100. 0
总计	2108	100. 0	——

五、社区党组织成员构成

如表 1—31 所示，从社区党组织成员的性别结构来看，被访的城市社区中男性党组织成员数平均为 66.6，女性党组织成员数平均为 40.7，社区党组织成员性别比接近 300%；从社区党组织成员的年龄结构来看，50 岁及以上成员的比例是最高的，平均为 51.3%，36—49 岁成员的比例次之，平均为 24.7%，35 岁及以下成员的比例最低，平均为 20%；从社区党组织成员的文化程度来看，初中及以下的成员比例是最高的，平均为 30%，高中/中专成员的比例次之，为 27.5%，大专成员比例为 20.3%，本科及以上成员比例为 13.9%，可以发现，文化程度越高，相应的成员比例越低。

表1—31 社区党组织成员构成情况（单位：人，%）

	均值	标准差	中位数	有效记录
男性成员人数	66.6	67.5	48.5	2168
女性成员人数	40.7	49.7	22.0	2168
社区党组织成员性别比	299.6	412.7	163.1	2110
35岁及以下人数	16.5	21.2	10.0	2131
35岁及以下成员比例	20.0	17.5	16.7	2126
36—49岁人数	19.7	26.9	10.0	2126
36—49岁成员比例	24.7	20.0	20.0	2121
50岁及以上人数	64.7	84.2	32.0	2127
50岁及以上成员比例	51.3	27.6	51.7	2122
初中及以下人数	35.8	52.1	17.0	2114
初中及以下成员比例	30.0	26.4	25.2	2109
高中/中专人数	29.5	40.5	15.0	2100
高中/中专成员比例	27.5	19.7	24.8	2095
大专人数	17.9	26.3	8.0	2106
大专成员比例	20.3	19.9	15.2	2101
本科及以上人数	13.0	21.1	5.0	2114
本科及以上成员比例	13.9	16.5	9.1	2109

六、发展新党员情况

如表1—32所示，被访的城市社区2015年平均发展了1.3个新党员，在职党员报到人数平均为69.3人。

表1—32　2015年新党员人数及在职党员向本社区党组织报到情况

	均值	标准差	中位数	有效记录
新党员人数(人)	1.3	2.9	1.0	2159
在职党员报到人数(人)	69.3	102.8	30.0	2132

七、交叉任职情况

被访城市社区的党组织成员与居委会成员交叉任职的，平均接近3人（见表1—33），56.9%的社区党组织书记同时兼任了居委会主任（见表1—34）。这表明，城市社区中，社区党组织书记和居委会主任"一肩挑"的比重较高。

表1—33　与居委会交叉任职人数

	均值	标准差	中位数	有效记录
与居委会交叉任职人数(人)	2.6	2.1	2.0	2168

表1—34　书记是否兼任居委会主任

	频次	频率(%)	累计频率(%)
是	1233	56.9	56.9
否	934	43.1	100.0
总计	2167	100.0	—

八、社区党组织活动

被访的城市社区党组织在2015年开展丰富的党组织活动，包括政治学习、讲座培训、文体娱乐、建言献策、党群议事会、党代表会议等

（见表1—35）。从数据可以发现，社区党组织开展的政治学习活动最多，平均有13.2次，文体娱乐和讲座培训也较多，建言献策和党群议事会平均都在5次以上，党代表会议、对领导班子民主评议和重大事项征求群众意见的次数也都在2次以上。可见，社区党组织在政治学习、决策建议和民主议事等方面做了不少工作。此外，2015年被访城市社区平均的缴纳党费人数为105.9，党费缴纳情况良好。

表1—35　2015年度社区党组织活动情况（单位：次）

	均值	标准差	中位数	有效记录
政治学习	13.2	13.9	12.0	2163
讲座培训	6.8	7.2	4.0	2162
文体娱乐	9.0	28.0	4.0	2160
建言献策	5.2	7.6	3.0	2152
党群议事会	5.9	5.9	4.0	2156
党代表会议	3.8	5.0	2.0	2159
对领导班子民主评议	2.3	2.4	2.0	2164
重大事项征求群众意见	4.3	4.8	3.0	2153
缴纳党费人数（人）	105.9	106.6	75.0	2145

九、党建情况

社区党建工作是新时期党的建设的新领域、新课题。加强社区党建工作是扩大党的执政基础、巩固党的执政地位的需要，也是构建和谐社区、和谐社会的需要。社区党建工作是贯穿社区治理和服务全过程的主线与红线。

如表1—36、表1—37和表1—38所示，被访城市社区2015年的党建经费平均为24556.60元，中位数为7200元。66.8%的社区党组织与驻社区单位党组织之间协同开展党务工作，7.4%的社区党组织领导驻社区单位党组织，不过，也有12.5%的社区党组织与驻社区单位党组织之间互不联系。同时，76.9%的社区党组织开展了区域化党建工作。

表1—36 2015年度党组织党建经费（单位：元）

	均值	标准差	中位数	有效记录
党建经费	24556.6	48445.6	7200.0	2000

表1—37 社区的党组织与驻社区单位党组织之间的关系

	频次	频率（%）	累计频率（%）
社区党组织领导驻社区单位党组织	159	7.4	7.4
社区党组织和驻社区单位党组织协同开展党务工作	1444	66.8	74.2
社区党组织与驻社区单位党组织互不联系	270	12.5	86.7
其他	288	13.3	100.0
总计	2161	100.0	—

表1—38 社区党组织是否开展了区域化党建工作

	频次	频率（%）	累计频率（%）
是	1664	76.9	76.9
否	499	23.1	100.0
总计	2163	100.0	—

表1—39 社区区域化党建工作采取的形式

	响应数	响应数频率（%）	个案数频率（%）
社区党建联席会议	1336	25.6	80.3

（续表）

	响应数	响应数频率（%）	个案数频率（%）
在职党员向社区党组织报到	1453	27.8	87.4
社区党组织与驻社区单位党组织联合开展党组织活动	1245	23.8	74.9
社区党组织与驻社区单位党组织联合提供社区公益服务	1132	21.7	68.1
其他	58	1.1	3.5
总计	5224	100.0	314.9

* N = 1663

如表1—39所示，区域化党建工作的形式多样。其中，社区党组织通过在职党员向社区党组织报到、社区党建联席会议、社区党组织和驻社区单位党组织联合开展党组织活动以及社区党组织与驻社区单位党组织联合提供社区公益服务等方式来进行区域化党建工作的比例分为别27.8%、25.6%、23.8%和21.7%。

表1—40 社区党组织会同进行区域化党建工作的单位党组织

	响应数	响应数频率（%）	个案数频率（%）
驻社区行政、事业单位党组织	1109	35.5	67.7
社区内非公有制经济组织党组织	714	22.9	43.6
社区内公有制企业党组织	532	17.1	32.5
社区内社会组织党组织	464	14.9	28.3
其他单位的党组织	301	9.6	18.4
总计	3120	100.0	190.5

* N = 1637

区域化党建涉及多元主体，主要包括：驻社区行政、事业单位党组织，社区内非公有制经济组织党组织，社区内公有制企业党组织，社区内社会组织党组织及其他单位的党组织。如表1—40所示，在被访城市社区中，社区党组织主要是会同驻社区行政、事业单位党组织进行区域化党建工作，比重达到67.7%；社区党组织会同社区内非公有制经济组织党组织开展区域化党建工作的比重也较高，达到43.6%；社区党组织会同社区内公有制企业党组织和社会组织党组织开展区域化党建工作的比重分别为32.5%和28.3%，会同其他单位党组织进行区域化党建工作的比重较低，为18.4%。

表1—41显示了社区党组织在社区治理中发挥的作用情况。数据显示，80%以上的社区都认为社区党组织在主导重大事项决策、动员社会力量形成合力、监督推进落实、推动群众自治建设、提供社区服务方面均发挥了重要作用。

表1—41　社区党组织在社区治理中发挥的作用

	响应数	响应数频率(%)	个案数频率(%)
主导重大事项决策	1761	19.1	81.5
动员社会力量形成合力	1866	20.2	86.3
监督推进落实	1863	20.2	86.2
推动群众自治建设	1898	20.6	87.8
提供社区服务	1833	19.9	84.8
总　计	9221	100.0	426.6

*N=2161

如表1—42所示，城市社区基层党建工作还存在一些困难：68.3%的社区认为党建工作缺少资金，63.5%的社区认为开展组织活动缺乏设施或平台，43.8%的社区认为党员队伍整体素质不高、能力不强。仅有17.8%的社区认为党组织缺少吸引力和凝聚力。所以，城市社区基层党建还需要在资金、平台和队伍上进一步着力。

表1—42　社区基层党建工作中存在的主要困难

	响应数	响应数频率（%）	个案数频率（%）
党建工作缺少资金	1477	33.5	68.3
党员队伍整体素质不高、能力不强	947	21.5	43.8
开展组织活动缺乏设施或平台	1374	31.1	63.5
党组织缺少吸引力和凝聚力	385	8.7	17.8
其他	231	5.2	10.7
总计	4414	100.0	204.1

*N＝2163

第四节　居委会与社区居民自治

一、居委会的人员构成

如表1—43所示，被访城市社区平均每个居委会有7.4人，其中男性成员2.9人，女性成员4.5人，女性略多于男性。从学历来看，平均每个居委会有0.8位初中及以下学历的成员，比例为12.1%；2.1位高中/中专学历成员，比例为30.8%；2.7位大专学历成员，比例为

34.7%；1.6 位本科学历成员，比例为 20.5%；研究生及以上学历的成员较少。从年龄结构来看，平均每个居委会有 2.2 名成员年龄在 35 岁及以下，比例为 26.6%；3.4 名成员年龄在 36 岁至 49 岁之间，比例为 46.9%；年龄在 50 岁及以上的有 1.7 名成员，比例为 25.8%。从成员来源来看，平均每个居委会有 0.5 名成员是政府委派人员，0.7 名政府购买岗位人员，5.3 名居民选举人员。

表1—43 居委会成员构成情况（单位：人,%）

	均值	标准差	中位数	有效记录
居委会人数	7.4	5.7	6.0	2167
男性人数	2.9	3.3	2.0	2167
女性人数	4.5	3.8	4.0	2167
居委会成员性别比	125.4	173.1	50.0	2067
初中及以下人数	0.8	1.9	0	2167
初中及以下成员比例	12.1	23.9	0	2166
高中/中专人数	2.1	2.6	2.0	2164
高中/中专成员比例	30.8	27.9	25.0	2163
大专人数	2.7	2.9	2.0	2164
大专成员比例	34.7	28.3	33.3	2163
本科人数	1.6	2.2	1.0	2164
本科人数成员比例	20.5	25.3	12.5	2163
35 岁及以下人数	2.2	2.6	1.0	2167
35 岁及以下成员比例	26.6	23.4	25.0	2166
36—49 岁人数	3.4	3.1	3.0	2167
36—49 岁成员比例	46.9	25.6	50.0	2166
50 岁及以上人数	1.7	2.1	1.0	2167

（续表）

	均值	标准差	中位数	有效记录
50 岁及以上成员比例	25.8	27.2	20.0	2166
政府委派人员	0.5	1.9	0	2166
政府购买岗位人员	0.7	2.1	0	2163
居民选举人员	5.3	2.9	5.0	2165

二、居委会办公条件

如表 1—44 所示，城市社区居委会的办公条件整体较好，固定办公场所、计算机设备、互联网接入及打印、复印设备等各方面的配备都较为齐全。

表 1—44　居委会办公条件（%）

	有	没有	总计
固定办公场所	95.6	4.4	100.0
计算机设备	95.3	4.7	100.0
互联网接入	94.4	5.6	100.0
打印、复印设备	90.2	9.8	100.0
会议室	91.9	8.1	100.0
总计	93.5	6.5	100.0

* N = 2169

如表 1—45 所示，被访城市社区的居委会办公场所面积平均为 368 平方米，2015 年度居委会实际使用办公经费平均为 56183.9 元。

表 1—45　社区居委会办公场所面积及 2015 年度实际使用办公经费

	均值	标准差	中位数	有效记录
居委会办公场所面积(平方米)	368.0	403.2	270.0	2158
居委会实际使用办公经费(元)	56183.9	147493.8	20000.0	1993

三、居委会的资金来源

如表 1—46 所示，在社区居委会的资金来源中，政府拨款是最主要的部分。具体而言，89.0%的城市社区认为政府拨款是主要资金来源；20.6%的社区认为社区自有土地、房产等资产流转或经营收入是主要资金来源；认为社区服务收费、社区办营利性企业、慈善捐赠收入和其他收入是主要资金来源的社区很少，占比分别仅为 5.5%、3.2%、3.8% 和 8.0%。

表 1—46　社区居委会的主要资金来源

	响应数	响应数频率（%）	个案数频率（%）
政府拨款	1927	68.5	89.0
社区服务收费	118	4.2	5.5
社区办营利性企业	69	2.5	3.2
社区自有土地、房产等资产流转或经营的收入	446	15.8	20.6
慈善捐赠收入	82	2.9	3.8
其他收入	173	6.1	8.0
总计	2815	100.0	130.1

* N = 2165

四、居委会成员选举

如表 1—47、表 1—48 和表 1—49 所示，在被访城市社区中，本届居委会成员选举方式主要是由居民直接选举产生，比例达 51.6%，其次是由居民代表选举和居民户代表选举产生，所占比例分别为 31.9%、16.5%。在最近一次居委会选举中，平均投票率为 89.6%。在选举方式方面，89.0% 的被调查样本以差额选举的方式进行，这说明选举时民主程度很高。

表 1—47　最近一次居委会成员选举的方式

	频次	频率（%）	累计频率（%）
居民直接选举	1109	51.6	51.6
居民户代表选举	355	16.5	68.1
居民代表选举	687	31.9	100.0
总计	2151	100.0	—

表 1—48　最近一次居委会选举中投票率

	均值	标准差	中位数	有效记录
投票率（%）	89.6	13.4	93.0	2135

表 1—49　最近一次居委会选举是等额选举还是差额选举

	频次	频率（%）	累计频率（%）
等额选举	236	11.0	11.0
差额选举	1912	89.0	100.0
总计	2148	100.0	—

五、居委会工作人员

表1—50显示了城市社区居委会工作人员是否充足的情况。数据表明，约43.6%的城市社区居委会呈现工作人员略有短缺的状况，15.0%的城市社区居委会存在工作人员大量短缺的问题，换言之，有58.6%的城市社区居委会还存在工作人员短缺的问题。40.2%的城市社区居委会人员配备合适，另外，也有1.2%的城市社区居委会存在人员过多的现象。

表1—50　社区居委会工作人员配备是否充足

	频次	频率（%）	累计频率（%）
人员大量短缺	325	15.0	15.0
人员略有短缺	946	43.6	58.6
人员配备合适	872	40.2	98.8
人员过多	26	1.2	100.0
总计	2169	100.0	—

如表1—51所示，城市社区居委会的工作人员对岗位要求的胜任度较高。其中，53.4%的城市社区表示居委会工作人员完全能够胜任岗位要求，46.0%的城市社区表示居委会工作人员基本能够胜任岗位要求，表示不能胜任的比例仅为0.6%。

表1—51　社区居委会的工作人员是否胜任其岗位要求

	频次	频率（%）	累计频率（%）
完全能够胜任	1160	53.4	53.4
基本能够胜任	997	46.0	99.4
不能胜任	12	0.6	100.0
总计	2169	100.0	—

六、社区居务公开

社区居务公开存在多种形式，总体来看，居务公开形式还是以公开栏公示和居民会议为主（见表1—52）。其中，公开栏公示、社区居民代表会议和社区居民会议是三种最为主要的形式，相应的占比分别为98.6%、83.6%和80.6%；此外，公开信、传单、小报，手机短信以及电视、网络公开，也是较为重要的居务公开形式。其他方式所占的比例很小。

表1—52　社区居务公开的具体形式

	响应数	响应数频率（%）	个案数频率（%）
公开栏公示	2138	26.5	98.6
社区居民会议	1749	21.7	80.6
公开信、传单、小报	903	11.3	41.6
电视、网络	657	8.1	30.3
手机短信	719	8.9	33.1
社区居民代表会议	1814	22.5	83.6
其他	84	1.0	3.9
总计	8064	100.0	371.7

* N = 2169

被访城市社区的居务公开栏普遍能够保持及时更新（见表1—53）。其中，41.5%的城市社区居务公开栏每月更新一次，21.8%的城市社区居务公开栏每季度更新一次，仅有2.8%的城市社区居务公开栏是每半年才更新一次。另外，还有33.9%的社区居务公开栏是不定期公开的。

表1—53　社区居务公开栏更新频率

	频次	频率（%）	累计频率（%）
每月更新一次	886	41.5	41.5
每季度更新一次	466	21.8	63.3
每半年更新一次	59	2.8	66.1
不定期公开	725	33.9	100.0
总计	2136	100.0	—

如表1—54所示，社区居务公开的内容丰富，包括社区财务、社区干部任期目标、社区年度工作目标、居民会议讨论决定事项的执行情况、政府下达任务的执行情况、社区居民低保金申请和发放情况、优抚救灾等款物发放情况、涉及居民生活政策法规等方面，公开了这些内容的社区占比基本在85%左右。

表1—54　社区居务公开的内容

	响应数	响应数频率（%）	个案数频率（%）
社区财务	1839	12.3	84.8
社区干部任期目标	1670	11.2	77.0
社区年度工作目标	1897	12.7	87.5
居民会议讨论决定事项的执行情况	1914	12.8	88.2
政府下达任务的执行情况	1703	11.4	78.5
社区居民低保金申请和发放情况	2042	13.7	94.1
优抚救灾等款物发放情况	1824	12.2	84.1
涉及居民生活政策法规	1890	12.6	87.1
其他事项	159	1.1	7.3
总计	14938	100.0	688.6

*N=2169

七、社区财务公开和监管状况

在被访的城市社区中，76.3%的城市社区都会定期公开财务情况说明和报表，15.4%的城市社区会不定期地公开财务情况说明和报表，还有8.3%的社区不公开财务情况说明和报表（见表1—55）。

表1—55　社区是否定期公开财务情况说明和报表

	频次	频率（%）	累计频率（%）
定期公开	1641	76.3	76.3
不定期公开	330	15.4	91.7
不公开	178	8.3	100.0
总计	2149	100.0	—

根据调查，94.9%的城市社区财务进行了监管（见表1—56）。在社区财务监管方式中，选择由当地政府部门进行监管的社区占比为86.3%，选择由社区居民自我监管的社区占比为55.7%，选择由政府和社区之外的第三方监管的社区占比为18.6%，可见，政府监管和居民监管是两种主要的监管方式（见表1—57）。

表1—56　社区财务是否进行监管

	频次	频率（%）	累计频率（%）
是	2047	94.9	94.9
否	111	5.1	100.0
总计	2158	100.0	—

表1—57 社区财务监管方式

	响应数	响应数频率(%)	个案数频率(%)
由当地政府部门进行监管	1766	53.7	86.3
由社区居民自我监管	1140	34.7	55.7
由政府和社区之外的第三方监管	380	11.6	18.6
总计	3286	100.0	160.6

* N = 2046

八、社区公共事务参与

如表1—58所示，社区公共事务决策涉及的主体很多，包括政府、党组织、居委会、居民、社区社会组织、物业公司、驻社区单位和其他主体等。在这些主体的重要性排序上，52.6%的社区将政府作为社区公共事务决策的第一主体，44.7%的社区将党组织作为社区公共事务决策的第二主体，41.1%的社区将居委会作为社区公共事务决策的第三主体。此外，被访社区均认为居民是重要的社区公共事务决策主体，与此同时，认为社区社会组织、物业公司、驻社区单位和其他主体是社区公共事务决策重要主体的社区占比则非常小。可见，政府、党组织、居委会是社区公共事务中的主要决策主体，居民在社区公共事务决策中的作用也较大。

表1—58 社区有哪些主体参与社区公共事务决策（%）

	第一主体	第二主体	第三主体	总计
政府	52.6	8.8	10.6	24.0
党组织	25.2	44.7	10.9	26.9

（续表）

	第一主体	第二主体	第三主体	总计
居委会	8.3	35.2	41.1	28.2
居民	12.3	8.3	28.5	16.4
社区社会组织	0.4	0.8	2.6	1.3
物业公司	0.4	1.1	2.9	1.5
驻社区单位	0.3	0.8	2.0	1.0
其他主体	0.5	0.3	1.4	0.7
总计	100.0	100.0	100.0	100.0

$^{*}N_{min}=2161$

如表1—59所示，社区居民参与社区事务存在多种渠道，包括居民会议、居民自我管理与服务组织、物业公司、社区社会组织、居民直接向党组织和居委会反映情况等。在被访的城市社区中，居民会议和居民直接向党组织和居委会反映情况被认为是两种主要的渠道，相应的社区占比分别高达93.7%和90.4%；另外，选择居民自我管理与服务组织、社区社会组织和物业公司为参与渠道的社区占比分别为51.8%、37.7%和36.8%，而选择其他渠道的社区占比仅为4.5%。

表1—59　社区居民参与社区事务的渠道

	响应数	响应数频率（%）	个案数频率（%）
居民会议	2032	29.8	93.7
居民自我管理与服务组织（如业主委员会）	1124	16.5	51.8
物业公司	798	11.7	36.8
社区社会组织	817	12.0	37.7

（续表）

	响应数	响应数频率（%）	个案数频率（%）
居民直接向党组织和居委会反映情况	1960	28.6	90.4
其他渠道	97	1.4	4.5
总计	6828	100.0	314.9

* N = 2169

九、社区计算机网络信息管理平台使用情况

如表1—60和表1—61的数据显示，城市社区同时使用多个计算机网络信息管理平台所占比例达到70.9%，还有15.5%的社区只使用一个计算机网络信息管理平台，不使用该平台的社区占13.6%。对于使用多个平台的城市社区，2015年实际使用平台的数量平均为6.8个。

表1—60 社区是否使用某种计算机网络信息管理平台

	频次	频率（%）	累计频率（%）
同时使用多个	1536	70.9	70.9
只使用一个	337	15.5	86.4
不使用	295	13.6	100.0
总计	2168	100.0	—

表1—61 2015年度实际使用各类计算机网络信息管理平台

	均值	标准差	中位数	有效记录
实际使用平台的数量（个）	6.8	51.9	4.0	1527

如表1—62所示，在被访的城市社区中，24.9%的社区各类计算机网络信息管理所有平台能实现共享信息，64.5%的社区部分平台能够共享、互通信息，但也有35.5%的社区不能实现平台之间的共享。

表1—62　各类计算机网络信息管理平台之间能否共享信息

	频次	频率（%）	累计频率（%）
所有平台之间均能够实现	381	24.8	24.9
部分平台之间能够实现	608	39.7	64.5
不能实现	544	35.5	100.0
合计	1533	100.0	—

十、社区业主委员会和物业服务机构

调查数据显示，44.6%的城市社区有业主委员会，55.4%的城市社区则没有（见表1—63）。在有业主委员会的城市社区中，业主委员会数量也存在差异，不过多数社区的业主委员会是在3个以内（见表1—64）。其中，38.6%的城市社区有1个业主委员会，24.9%的城市社区有2个业主委员会，14.1%的城市社区则有3个业主委员会。拥有4—10个业主委员会的城市社区占比均在10%以下。

表1—63　社区中是否有业主委员会

	频次	频率（%）	累计频率（%）
有	966	44.6	44.6
无	1198	55.4	100.0
总计	2164	100.0	—

表 1—64　业主委员会数量

	频次	频率（%）	累计频率（%）
1 个	369	38.6	38.6
2 个	238	24.9	63.5
3 个	135	14.1	77.6
4 个	79	8.3	85.9
5 个	46	4.8	90.7
6 个	23	2.4	93.1
7 个	25	2.6	95.7
8 个	14	1.5	97.2
9 个	5	0.5	97.7
10 个	22	2.3	100.0
总计	956	100.0	—

如表 1—65 所示，在被访的城市社区中，91.7%的社区居委会主任没有兼任业主委员会主任。

表 1—65　社区居委会主任是否兼任业主委员会主任

	频次	频率（%）	累计频率（%）
是	80	8.3	8.3
否	886	91.7	100.0
总计	966	100.0	—

　　调查数据显示，52.7%的城市社区有物业服务企业，47.3%的城市社区则没有（见表1—66）。在有物业服务企业的城市社区中，物业服务企业的数量也存在差异，不过多数社区的物业服务企业是在4个以内（见表1—67）。其中，36.0%的城市社区有1个物业服务企业，25.6%的城市社区有2个物业服务企业，14.2%的城市社区有3个物业服务企业，10.1%的城市社区有4个物业服务企业。拥有5—8个物业服务企业的城市社区占比均在10%以下，而拥有9个以上物业服务企业的城市社区占比都在1%以下。

表1—66　社区中是否有物业服务企业

	频次	频率（%）	累计频率（%）
有	1143	52.7	52.7
没有	1026	47.3	100.0
总计	2169	100.0	—

表1—67　物业服务企业数量

	频次	频率（%）	累计频率（%）
1个	409	36.0	36.0
2个	291	25.6	61.7
3个	161	14.2	75.9
4个	115	10.1	86.0
5个	59	5.2	91.2
6个	36	3.2	94.4
7个	20	1.8	96.1
8个	16	1.4	97.5
9个	5	0.4	98.0

（续表）

	频次	频率（%）	累计频率（%）
10 个	10	0.8	98.9
11 个	2	0.2	99.0
12 个	3	0.3	99.3
14 个	1	0.1	99.4
15 个	2	0.2	99.6
16 个	1	0.1	99.6
17 个	1	0.1	99.7
18 个	1	0.1	99.8
23 个	1	0.1	99.9
30 个	1	0.1	100.0
总计	1135	100.0	—

表 1—68 所示，城市社区区域内物业服务企业的选定存在多种方式，包括由业主会议和业主委员会选定、居委会选定、开发商选定、多方共同商定和其他方式等。其中，开发商选定、业主会议和业主委员会选定是两种主要的方式，选择这两种方式的社区占比分别为 49.1% 和 44.7%。另外，多方共同商定也是一种较为重要的方式，相应的社区占比为 27.3%；居委会选定不是主要方式，社区占比仅为 10.7%。

表 1—68　区域内物业服务企业选定主要方式

	响应数	响应数频率（%）	个案数频率（%）
业主会议和业主委员会选定	509	31.3	44.7
居委会选定	122	7.5	10.7

（续表）

	响应数	响应数频率（%）	个案数频率（%）
开发商选定	559	34.4	49.1
多方共同商定	311	19.1	27.3
其他方式	126	7.7	11.1
总计	1627	100.0	142.9

*N = 1139

十一、社区协商

社区协商涉及多个方面，包括居委会选举、公共设施建设、规划与发展、家庭邻里纠纷、公共环境卫生治理、规章制度制定、特殊人群服务、社会救济与福利、治安、脱贫扶贫和公益资金的使用分配等（见表1—69）。数据显示，在被访城市社区中，2015年就这些方面开展过协商的社区占比约为78.99%，相比于2014年有了明显的增加，增加的比例为42.26%。具体而言，公共环境卫生治理方面开展社区协商的比例是最高的，为94.14%；家庭邻里纠纷、治安、社会救济与福利、公共设施建设、特殊人群服务和规章制度制定等方面开展社区协商的比例也相对较高，都在81%以上。相对而言，脱贫扶贫、居委会选举和公益资金使用分配方面开展过协商的社区占比要低一些，分别为67.52%、64.01%和56.81%。

表 1—69　社区协商相关问题（%）

	2015 年是否就相关问题开展过协商			较之 2014 年		
	是	否	不清楚	增加了	减少了	没有变化
居委会选举是否协商	64.01	32.89	3.10	30.00	5.30	64.71
公共设施建设是否协商	83.57	13.94	2.49	53.15	3.65	43.20
规划与发展是否协商	77.91	19.51	2.58	51.07	2.33	46.61
家庭邻里纠纷是否协商	89.21	9.87	0.92	31.93	28.67	39.39
公共环境卫生治理是否协商	94.14	5.03	0.83	64.59	9.21	26.20
规章制度制定是否协商	81.04	17.16	1.80	40.86	5.12	54.02
特殊人群服务是否协商	81.96	16.19	1.85	44.42	5.74	49.84
社会救济与福利是否协商	83.66	14.31	2.03	46.32	6.31	47.36
治安是否协商	88.79	10.29	0.92	39.75	16.08	44.18
脱贫扶贫是否协商	67.52	29.01	3.48	33.04	11.85	55.10
公益资金的使用分配是否协商	56.81	34.54	8.65	28.10	4.45	67.45
总计	78.99	18.41	2.60	42.26	9.04	48.70

* N_{min} = 2151；1954

表1—70 2015年社区协商主体相关问题（%）

	该主体是否参与过协商					该主体是否成为过协商的发起者			
	是	否	不清楚	没有该主体	N	是	否	不清楚	N
基层政府是否参与	76.8	14.3	2.7	6.2	2169	52.6	43.8	3.7	1975
居务监委会是否参与	78.9	6.9	1.8	12.4	2169	47.2	50.0	2.8	1860
居民小组是否参与	87.1	7.4	0.8	4.7	2169	39.0	59.6	1.4	2048
社区党组织是否参与	95.4	3.0	0.5	1.1	2169	80.7	18.1	1.2	2135
居民委员会是否参与	95.3	2.5	0.6	1.6	2169	86.0	12.8	1.1	2121
驻社区单位是否参与	51.3	30.1	1.6	17.1	2169	21.9	75.8	2.3	1765
社区社会组织是否参与	42.2	26.3	1.7	29.8	2169	25.7	72.5	1.8	1486
业主委员会是否参与	38.6	16.3	1.3	43.8	2167	41.7	56.4	1.9	1190
集体经济组织是否参与	19.1	16.3	2.5	62.2	2167	30.6	67.3	2.1	765
社区合作组织是否参与	18.0	18.0	3.1	60.9	2169	24.3	73.4	2.3	781
物业服务企业是否参与	45.0	15.7	1.7	37.6	2169	31.2	68.0	0.8	1316
当地户籍居民是否参与	83.0	14.7	0.8	1.6	2169	32.3	66.8	1.0	2117
利益相关方是否参与	42.0	40.5	2.1	15.4	2169	16.5	81.8	1.7	1790
第三方是否参与	22.0	34.6	2.5	40.9	2168	12.7	85.3	2.0	1226
总计	56.8	17.6	1.7	23.9	30361	42.1	56.1	1.8	22575

在城市社区协商中，社区党组织、居民委员会、居民小组、当地户籍居民、居务监委会、基层政府等是主要的参与主体（见表1—70）。被访社区2015年的社区协商过程中，社区党组织和居民委员会参与社区协商的比例最高，分别为95.4%和95.3%；居民小组和当地户籍居民的参与比例也很高，分别为87.1%和83.0%；另外，居务监委会和基层政府的参与比例较高，分别为78.9%和76.8%。相比之下，驻社区单位、物业服务企业、社区社会组织、利益相关方、业主委员会、第三方、集体经济组织、社区合作组织的参与比例较低，分别为51.3%、45.0%、42.2%、42.0%、38.6%、22.0%、19.1%和18.0%。社区协商需要发起者，数据显示，居民委员会和社区党组织是社区协商中的主要发起者，相应的社区占比分别为86.0%和80.7%；基层政府作为社区协商发起者的比例为52.6%；其他主体作为发起者的比例相对较低。

如表1—71所示，在城市社区协商过程中，民主议事会、民主评议会、居民协商会议、妇女之家、民主听证会、微信、QQ、微博等网络平台、民情恳谈日以及驻社区警务室开放日等，是社区采用过的主要协商形式，而采用居民论坛和其他方式等进行社区协商的社区占比则相对较小。

表1—71　社区采用过的社区协商形式

	响应数	响应数频率（%）	个案数频率（%）
民主议事会	1884	14.4	86.9
民主评议会	1845	14.1	85.1
民主听证会	1238	9.5	57.1
民主理事会	941	7.2	43.4
居民协商会议	1719	13.2	79.3
民情恳谈日	1182	9.1	54.5

（续表）

	响应数	响应数频率（%）	个案数频率（%）
驻社区警务室开放日	1118	8.6	51.6
居民论坛	575	4.4	26.5
妇女之家	1280	9.8	59.0
微信、QQ、微博等网络平台	1204	9.2	55.5
其他	67	0.5	3.1
总计	13053	100.0	602.0

* N = 2168

表1—72 所示，在被访的城市社区中，97.1%的社区会将协商的结果向社区居民公示，不公示的社区仅占2.9%，可见，居民对于社区协商结果的知情程度很高。

表1—72　协商的结果是否向社区居民公示

	频次	频率（%）	累计频率（%）
是	2106	97.1	97.1
否	63	2.9	100.0
总计	2169	100.0	—

如表1—73 所示，城市社区协商的落实情况很好，其中，协商意见全部被落实的社区占比为21.9%，协商意见大部分被落实的社区占比为74.7%，协商意见很少一部分被落实的社区占比为3.3%，协商意见都未落实的社区占比仅为0.1%。

表1—73　协商意见的落实情况

	频次	频率(%)	累计频率(%)
全部被落实	462	21.9	21.9
大部分被落实	1571	74.7	96.5
很少一部分被落实	70	3.3	99.9
都未落实	3	0.1	100.0
总计	2106	100.0	—

第五节　城市社区社会组织培育及其治理角色

一、社区社会组织基本情况

如表1—74所示，在被访的城市社区中，平均每个社区内约有3.5个社会组织，3.6个在民政部门登记注册的社会组织（其中平均有1.3个民办非企业单位/社会服务机构、1.8个社会团体，基本没有基金会），2.5个经过备案的社区社会组织和0.7个未经任何登记或备案的社会组织。

表1—74　社区社会组织的基本信息（单位：个）

	均值	标准差	中位数	有效记录
社会组织数量	3.5	10.6	0	2155
注册社会组织数量	3.6	13.4	1.0	1068
民办非企业单位数量	1.3	12.2	0	1065
社会团体数量	1.8	5.3	0	1069

（续表）

	均值	标准差	中位数	有效记录
基金会数量	0	0.1	0	1074
备案社会组织数量	2.5	5.2	0	1070
未访问登记及备案组织数量	3.5	6.9	1.0	585
未登记或备案社会组织数量	0.7	3.1	0	1061

如表1—75所示，被访城市社区拥有在社区内成立的社会服务和公益慈善类社会组织、群众性文体类社会组织、协助社区管理类社会组织、群众自我管理与服务类社会组织，这些类型的组织在每个社区内的平均数量分别为1.8个、2.6个、1.0个和1.8个。可见，社区社会组织普遍是以群众性文体类的为主。

表1—75　在社区内成立的社会组织的数量（单位：个）

	均值	标准差	中位数	有效记录
社会服务和公益慈善类成立数量	1.8	3.2	1.0	1074
群众性文体类成立数量	2.6	3.2	2.0	1074
协助社区管理类成立数量	1.0	2.6	0	1075
群众自我管理与服务类成立数量	1.8	4.9	0	1075

如表1—76所示，被访城市社区都缺乏在社区内活动的外部社会服务和公益慈善类社会组织、群众性文体类社会组织、协助社区管理类社会组织、群众自我管理与服务类社会组织，这些类型的组织在每个社区内的平均数量都不足1个。可见，外部社会组织进入社区内活动的情况还相对较少。

表1—76　在社区内活动的外部社会组织的数量（单位：个）

	均值	标准差	中位数	有效记录
社会服务和公益慈善类外部数量	0.4	0.9	0	1068
群众性文体类外部数量	0.3	1.0	0	1065
协助社区管理类外部数量	0.1	0.6	0	1072
群众自我管理与服务类外部数量	0.2	1.2	0	1072

二、社会组织参与社区事务情况

在被调查城市社区中，认为社会服务和公益慈善类、群众性文体类、协助社区管理类和群众自我管理与服务类社会组织在社区治理中有些作用或者作用很大的社区比例均较高，四类社会组织的这两个比例加起来都能达到90%以上；只有很小比例的社区认为这些社会组织在社区治理中作用不大或者没有作用（见表1—77）。

表1—77　对社会组织在社区治理中作用的评价（%）

	作用很大	有些作用	作用不大	没作用	总计	有效记录
社会服务和公益慈善类	42.0	51.8	5.1	1.1	100.0	708
群众性文体类	45.3	50.4	4.0	0.3	100.0	831
协助社区管理类	48.9	46.8	3.9	0.4	100.0	438
群众自我管理与服务类	46.0	48.5	4.9	0.6	100.0	452
总计	45.1	49.8	4.5	0.6	100.0	2429

如表1—78所示，社会组织参与了社区各项事务。其中，居民文化娱乐、社会服务事业、居民自我管理与服务、公益慈善事业是社会组织参与的主要社区事务类型，认为社会组织在这几个方面有参与的社区占

比分别为 88.8%、76.9%、66.5% 和 66.4%；在社区发展规划、经济发展与居民就业等方面，社会组织的参与相对少些。

表 1—78　社会组织都参与本社区哪些社区事务

	响应数	响应数频率(%)	个案数频率(%)
社区发展规划	397	10.1	36.9
社会服务事业	827	21.1	76.9
公益慈善事业	714	18.2	66.4
经济发展与居民就业	289	7.4	26.9
居民文化娱乐	955	24.3	88.8
居民自我管理与服务	716	18.3	66.5
其他	25	0.6	2.3
总计	3923	100.0	364.7

*N = 1076

三、社会组织与居委会协商议事及合作的形式

从表 1—79 可以看出，在被调查的城市社区中，社会组织与居委会协商议事及合作的形式多样且占比相当，但比较而言，其最主要的合作形式是社区社会组织代表居民向居委会反映意见（84.2%），其次是社区社会组织参与社区公共事务（77.1%）、居委会重大事项征求社区社会组织意见（69.4%）、社区社会组织代表列席居委会会议（67.5%）。

表 1—79　社区社会组织与居委会之间都有哪些协商议事与合作形式

	响应数	响应数频率(%)	个案数频率(%)
社区社会组织代表列席居委会会议	725	22.4	67.5

（续表）

	响应数	响应数频率（%）	个案数频率（%）
居委会重大事项征求社区社会组织意见	745	23.0	69.4
社区社会组织代表居民向居委会反映意见	904	27.9	84.2
社区社会组织参与社区公共事务	828	25.6	77.1
其他方式	37	1.1	3.4
总计	3239	100.0	301.6

*N＝1074

四、社区干部兼任社会组织领导情况

如表1—80所示，在被调查的城市社区中，居委会干部、党组织干部基本不兼任社区组织领导职务，即使有兼任情况，平均每个社区居委会干部兼任领导或党组织干部兼任领导的社会组织数也都在1个左右。

表1—80 由居委会干部、党组织干部兼任领导职务的社会组织数量

（单位：个）

	均值	标准差	中位数	有效记录
居委会干部兼任领导的社会组织数	1.1	2.3	0	1076
党组织干部兼任领导的社会组织数	0.8	1.6	0	1075

五、社会组织的作用发挥

如表 1—81 所示，被调查的城市社区普遍认为社会组织是政府的助手、反映社会诉求、与居委会合作良好，相应的社区占比都高达 85% 以上；被调查的城市社区也比较认可具有专业优势、具有很高社会信任度等表述，相应的社区占比分比为 74.0% 和 60.5%；同意社会组织与政府是平等伙伴关系的社区占比为 55.1%；同意社会组织与居委会间有很强竞争的社区占比仅为 9.4%，不同意这种说法的社区占比高达 80.9%。可见，社会组织与政府、居委会和社会居民的关系是良好的。

表 1—81 对社会组织相关表述的同意程度（%）

	很同意	比较同意	说不清	不同意	很不同意	总计
政府的助手	37.5	48.8	9.8	3.7	0.2	100.0
反映社会诉求	32.9	53.6	10.2	3.1	0.2	100.0
与政府是平等的伙伴关系	19.2	35.9	21.5	21.1	2.3	100.0
与居委会合作良好	49.0	45.5	4.5	1.0	0	100.0
与居委会间有很强竞争	3.3	6.1	9.7	64.3	16.6	100.0
具有专业优势	28.5	45.5	15.4	9.7	0.9	100.0
具有很高社会信任度	14.8	45.7	25.2	13.3	1.0	100.0
总计	26.5	40.2	13.7	16.6	3.0	100.0

* $N_{min} = 1076$

如表 1—82 所示，被调查的城市社区，普遍认为社会组织在社区服务、社会管理与公共秩序维护、推动社区民主自治、提升公众自我管理自我服务和增强居民对社区认同等方面发挥重要作用，而认为社会组织在这些领域发挥作用不理想的社区比例很小。不过，相对而言，社区管理与公共秩序维护、推动社区民主自治是社会组织被认为作用发挥不太理想的两个领域，认为社会组织在这两方面作用发挥"不理想"的社区比例均超过10%。

表1—82 社会组织的作用发挥情况（%）

	非常理想	比较理想	不理想	不清楚	总计
社区服务	18.6	69.0	7.0	5.4	100.0
社区管理与公共秩序维护	15.0	65.3	12.4	7.3	100.0
推动社区民主自治	16.7	60.5	13.0	9.8	100.0
提升公众自我管理自我服务	17.7	65.8	9.0	7.5	100.0
增强居民对社区的认同	23.9	64.2	6.0	5.9	100.0
总计	18.4	65.0	9.5	7.1	100.0

* $N_{min} = 1077$

六、社区中宗教设施

表1—83 显示了被调查社区的宗教设施概况，数据表明，绝大多数被调查城市社区都没有建造佛教寺院、基督或天主教堂、伊斯兰教清真寺及道教宫观，大多数被调查社区居民没有宗教信仰。有宗教信仰的被调查社区居民中，信仰佛教、基督或天主教或者道教的稍多。表明被调查城市社区居民较少信仰宗教，宗教设施也较少，佛教、基督或天主教、道教是有宗教信仰居民的主要宗教信仰。

表1—83 社区中宗教设施的概况（单位：个）

	均值	标准差	中位数	有效记录
佛教寺院	0.1	0.5	0	2169

（续表）

	均值	标准差	中位数	有效记录
基督或天主教堂	0.1	0.4	0	2168
伊斯兰教清真寺	0	0.2	0	2169
道教宫观	0.1	0.4	0	2168

第六节　城市社区服务项目与设施

一、社区服务设施

如表1—84所示，总体来说，被调查城市社区的社区服务建设比较健全，社区服务项目丰富多样，惠及老年人、儿童、青少年等多个群体，涵盖行政、医疗、法律、文娱等各个方面。超过80%的社区都建设了图书室、居民调解室，超过70%的社区都建设了"一站式"行政服务设施、室内活动中心/活动室、体育锻炼场地/器材、居民议事厅，超过50%的社区都建设了社区医疗门诊、广场/花园/公园、法律援助中心等，但是面向老年人、残疾人、儿童保护及家政等服务项目的建设仍然相对落后。

表1—84　社区服务设施情况（%）

	已经建设	规划建设	未建设	总计
"一站式"行政服务设施	72.0	7.5	20.5	100.0
社区医疗门诊	56.6	3.3	40.1	100.0
老年人日间照料中心	26.8	8.9	64.3	100.0

（续表）

	已经建设	规划建设	未建设	总计
养老院/老年公寓	9.3	2.0	88.7	100.0
残疾人康复照料机构	12.2	3.0	84.8	100.0
儿童保护中心/儿童救助	23.5	3.9	72.6	100.0
心理咨询室	34.4	3.5	62.1	100.0
图书室	82.7	2.9	14.4	100.0
室内活动中心/活动室	73.9	3.9	22.2	100.0
广场/花园/公园	58.9	3.2	37.9	100.0
体育锻炼场地/器材	75.8	3.0	21.2	100.0
居民议事厅	71.1	3.9	25.0	100.0
法律援助中心	57.7	3.0	39.3	100.0
居民调解室	88.9	1.8	9.3	100.0
居民议事厅	71.1	3.9	25.0	100.0
法律援助中心	57.7	3.0	39.3	100.0
居民调解室	88.9	1.8	9.3	100.0
总计	56.5	3.7	39.8	100.0

*N=2169

被调查城市社区服务设施的详细情况数据表明，已经建成的"一站式"行政服务中心平均有 5.7 个以上可同时办理的窗口，可见，"一站式"服务中心的办理窗口数量较多，能够满足居民一般需求（见表1—85）。

表1—85　社区服务设施详细情况

	均值	标准差	中位数	有效记录
行政服务窗口（个）	5.7	4.4	5.0	1714
执业医师数（人）	3.7	7.1	2.0	1156
可容纳老年人人数（人）	35.9	51.3	20.0	742
养老院床位数（张）	86.8	154.2	50.0	218
残疾人照料床位（张）	10.7	28.8	3.0	306
救助儿童数（人）	14.0	42.3	4.0	566
心理咨询师（人）	0.9	1.4	1.0	815
藏书量（册）	3107.1	5460.1	2000.0	1817
活动室面积（平方米）	233.4	422.5	100.0	1679
广场、花园面积（平方米）	6217.5	90676.8	800.0	1283
体育锻炼场地面积（平方米）	949.7	8501.5	200.0	1651
体育锻炼器材（套）	14.2	22.5	8.0	1677

　　被调查社区医疗门诊的平均执业医师为3.7位。可见，被调查社区门诊的医疗队伍较小，需要进一步加强社区医疗队伍建设，以满足社区居民日益增长的医疗需求。被调查城市社区建立的日间照料中心大部分属于中小型，可容纳的老年人人数平均为35.9人，大型日间照料中心的建设还十分薄弱。相对而言，被调查城市社区养老院的规模略大于日间照料中心的规模，在设有养老院的城市社区中，社区养老院床位数平均为86.8张。虽然100人以上的大规模养老院较少，但大部分的社区养老院都有30张以上床位，相对日间照料中心来说，发展更为成熟。残疾人的关怀方面，被调查城市社区的残疾人康复照料机构规模偏小，社区残疾人康复照料中心床位数量平均为10.7张，总的来说，社区对残疾人的服务较为欠缺，有待进一步加强。儿童救助方面，被调查的各

救助中心上年度救助儿童的数量平均为 14 人，但是救助儿童的中位数为 4 人，数据标准差较大，可见，虽然不少社区都建立了儿童救助中心，但很多救助中心却未真正实施儿童救助。

从表 1—84 到表 1—85 可以看出，有近 62.1% 的被调查社区没有建立心理咨询室，而建立了心理咨询室的社区平均拥有 0.9 名心理咨询师。调查显示，被调查社区的图书室建设比较成熟，大部分图书室的藏书量在 3100 册以上，方便居民学习交流。被调查城市社区的室内活动中心大多是中等规模，平均面积为 233.4 平方米，中位数为 100 平方米，可见只有少数被调查社区建立了大型社区活动中心。被调查城市社区的广场、花园等室外活动场地的面积大多是中等规模，平均规模在 6217.5 平方米。调查显示，被调查城市社区体育锻炼场地的面积平均在 949.7 平方米，中位数为 200 平方米，建立了大型体育锻炼场地的很少。硬件设施方面，被调查城市社区体育锻炼器材的配备平均为 14.2 套。

如表 1—86 所示，被调查城市社区的社区服务设施总面积平均为 960.0 平方米，中位数面积为 388.5 平方米。可见，多数城市社区缺乏较大面积的服务设施。

表1—86 社区服务设施总面积 (单位：平方米)

	均值	标准差	中位数	有效记录
社区服务设施总面积	960.0	3091.8	388.5	2124

二、社区服务提供

表 1—87 显示了社区服务提供的相关信息。在是否提供相关服务的问题上，整体看来，被访城市社区提供的服务内容丰富，但提供服务的结构上存在不平衡的状况。其中，提供邻里调解服务和社区环境维护服

务的社区占比分别达到 94.8% 和 90.5%；提供流动人口服务、法律援助、妇女权益保护、社区矫正、社区安保的社区占比都达到了 70% 以上；提供残疾人服务、社区医疗服务、就业技能培训、青少年服务的社区占比达到 60% 以上；提供儿童社会保护的社区占比为 54.0%；而提供动迁人员安置、家政中介服务和机构养老服务的社区占比则相对较低，占比分别为 32.4%、25.0% 和 17.4%。可见，城市社区在不同领域的服务提供方面是存在结构差异的。

从社区服务的提供方看来，政府和居委会是最主要的两个主体，非营利组织、专业社工、营利性企业、物业公司提供的社区服务只是全部社区服务中很小的一部分。具体而言，除了机构养老服务（营利性企业作为提供方占 13.5%）、社区医疗服务（营利性企业作为提供方占 18.8%）、家政中介服务（营利性企业作为提供方占 20.1%）、社区安保服务（物业公司作为提供方占 17.6%）这几个方面的服务之外，其他服务由非营利组织、专业社工、营利性企业、物业公司作为提供方的占比之和基本都在 10% 以下。同时，政府和居委会在提供社区服务的内容方面各有侧重。政府作为提供方，更多是在就业技能培训、动迁人员安置、机构养老服务、社区居家养老服务、社区医疗服务、残疾人服务、儿童社会保护、法律援助、社区矫正等方面；居委会作为提供方，更多是在邻里调解服务、环境维护、青少年服务和流动人口服务等方面。

从表 1—87 可以看出，在城市社区的社区服务中，属于政府购买服务或者项目资助的服务占据大部分，比例为 59.9%。具体而言，除了家政中介服务、邻里调节服务、社区安保服务之外，政府购买服务或项目资助的比例都达到了 50% 以上。被访的城市社区普遍认为，表中涉及的所有社区服务都是社区需要提供的服务。

表1—87　社区服务的提供方有关情况（％）

	是否提供			提供方							是否属于政府购买服务或项目资助			认为社区是否需要提供此类服务		
	是	否	N	政府	居委会	非营利组织	专业社会工作者	营利性企业	物业公司	N	是	否	总计	需要	不需要	N
是否提供社区居家养老	47.5	52.5	2169	57.1	30.7	5.3	2.2	4.1	0.6	1030	81.0	19.0	1027	90.9	9.1	2169
是否提供机构养老服务	17.4	82.6	2168	63.7	14.3	5.6	2.9	13.5	0	377	76.5	23.5	375	82.9	17.1	2165
是否提供社区医疗服务	62.3	37.7	2169	57.8	14.1	7.0	2.2	18.8	0.2	1345	63.2	36.8	1338	93.9	6.1	2168
是否提供残疾人服务	63.5	36.5	2168	60.1	34.5	2.9	2.0	0.3	0.2	1376	77.5	22.6	1370	94.5	5.5	2168
是否提供就业技能培训	62.1	37.9	2169	75.1	17.9	3.1	2.9	0.7	0.2	1345	80.4	19.6	1336	91.6	8.4	2168
是否提供社会儿童保护	54.0	46.0	2167	56.2	40.0	2.2	1.2	0.3	0.2	1169	63.9	36.1	1162	94.1	6.0	2169

（续表）

	是否提供			提供方							是否属于政府购买服务或项目资助			认为社区是否需要提供此类服务		
	是	否	N	政府	居委会	非营利组织	专业社会工作者	营利性企业	物业公司	N	是	否	总计	需要	不需要	N
是否提供青少年服务	62.1	37.9	2166	36.4	60.0	1.9	1.3	0.2	0.2	1345	54.8	45.2	1343	94.4	5.6	2169
是否提供妇女权益保护	74.0	26.0	2169	47.4	50.4	1.3	0.9	0.1	0	1605	57.0	43.0	1602	96.5	3.5	2169
是否提供流动人口服务	78.2	21.8	2168	40.1	58.4	1.1	0.2	0.2	0.1	1695	56.3	43.7	1693	92.7	7.3	2168
是否提供法律援助	74.1	25.9	2169	64.5	26.3	4.4	2.4	2.2	0.1	1606	73.3	26.7	1597	96.1	3.9	2168
是否提供社区矫正	73.7	26.3	2168	52.4	45.3	0.8	1.4	0.1	0.1	1597	60.8	39.2	1588	88.5	11.5	2168
是否供动迁人员安置	32.4	67.6	2158	70.5	28.2	0.3	0.1	0.6	0.3	698	73.1	26.9	695	59.9	40.1	2158

（续表）

	是否提供			提供方							是否属于政府购买服务或项目资助			认为社区是否需要提供此类服务		
	是	否	N	政府	居委会	非营利组织	专业社会工作者	营利性企业	物业公司	N	是	否	总计	需要	不需要	N
是否提供家政中介服务	25.0	75.0	2168	24.5	43.0	3.9	3.0	20.1	5.5	542	39.9	60.2	542	70.8	29.3	2164
是否提供邻里调解服务	94.8	5.2	2169	6.8	92.6	0.4	0.2	0.1	0	2057	26.9	73.1	2053	96.6	3.4	2169
是否提供社区环境维护	90.5	9.5	2169	32.5	56.7	0.2	0.4	1.2	8.9	1959	55.4	44.6	1959	95.5	4.5	2169
是否提供社区安保	71.6	28.4	2168	35.6	44.1	1.1	0.4	1.2	17.6	1549	49.5	50.5	1546	91.2	8.8	2169
总计	61.5	38.5	34682	46.3	45.2	2.2	1.3	2.7	2.4	21295	59.9	40.1	21226	89.4	10.6	34678

三、社区服务的质量

在被访的城市社区中，多数对于社区服务的质量和效果进行过评估（见表1—88）。其中，对社区服务的质量与效果全部进行过评估的社区占比为15.5%，2/3以上的项目进行过评估的社区占比为24.6%，一半以上的项目进行过评估的社区占比为18.5%，1/3以上的项目进行过评估的社区占比为5.0%；很少项目进行过评估或者没有进行过评估的社区占比分别为16.7%和19.7%。可见，社区服务质量和效果的评估工作还需要进一步加强。

表1—88　服务的质量与效果是否进行过评估

	频次	频率(%)	累计频率(%)
全部进行过评估	335	15.5	15.5
2/3以上的项目进行过评估	530	24.6	40.1
一半以上的项目进行过评估	401	18.5	58.6
1/3以上的项目进行过评估	109	5.0	63.6
很少项目进行过评估	362	16.7	80.3
没有进行过评估	425	19.7	100.0
总计	2162	100.0	—

上级政府部门评估、社区党委和居委会评估、服务对象反馈意见是三种主要的评估形式，相应的社区占比分别为30.9%、29.4%和31.5%；委托第三方专业机构进行评估的社区占比仅为7.8%（见表1—89）。

表1—89 社区服务质量是通过何种形式进行评估

	响应数	响应数频率(%)	个案数频率(%)
由上级政府部门评估	1277	30.9	73.4
由社区党委和居委会评估	1218	29.4	70.0
通过服务对象反馈意见	1305	31.5	75.0
委托第三方专业机构进行评估	322	7.8	18.5
其他方式	16	0.4	0.9
总计	4138	100.0	237.8

* N = 1740

第七节 社区志愿服务与慈善事业

一、社区内志愿者组织和志愿者情况

社区内活动的志愿者组织数量和注册的志愿者数量是衡量社区服务质量以及社区居民参与社区服务程度的一个重要指标。在调查中发现，城市社区内活动的志愿者组织数量平均约为8个，注册志愿者数量平均约为217人（见表1—90）。

表1—90 社区内活动的志愿者组织数量和注册志愿者人数

	均值	标准差	中位数	有效记录
志愿者组织数量(个)	7.9	69.0	1.0	2158
志愿者数量(人)	216.8	519.3	30.0	2131

在被访城市社区中，社区志愿者队伍的来源包括社区居民、社区内社会组织人员、驻社区单位人员、高校大学生和社区外社会组织人员等（见表1—91）。其中，选择社区居民是主要来源的社区占比高达95.1%；选择社区内社会组织和驻社区单位人员是主要来源的社区占比分别为52.9%和46.2%；选择高校大学生和社区外社会组织人员是主要来源的社区占比分别为37.7%和20.3%。可见，社区志愿者队伍的主要来源还是在社区内部。

表1—91　社区志愿者队伍的主要来源

	响应数	响应数频率（%）	个案数频率（%）
高校大学生	598	14.7	37.7
社区内社会组织人员	840	20.7	52.9
社区外社会组织人员	322	7.9	20.3
社区居民	1509	37.2	95.1
驻社区单位人员	733	18.1	46.2
其他	57	1.4	3.6
总计	4059	100.0	255.8

二、社区志愿者服务活动开展情况

表1—92显示了被访城市社区2015年社区志愿者服务活动的开展情况。其中，在居民关系调解、社区文体活动、政策宣传与咨询、治安安全隐患排查等方面的志愿者活动开展了5次以上的社区占比分别为66.9%、61.6%、61.6%和68.1%；在生活困难人员帮扶、环境保护等方面的志愿者活动开展了5次以上的社区占比分别为57.7%、59.0%；在养老志愿服务、青少年儿童服务、残疾人服务等方面的志愿者活动开展了5次以上的社区占比分别为45.3%、37.2%和37.8%；在妇女权益

表 1—92　2015 年社区志愿者服务活动开展情况（%）

	开展次数				开展活动的主要志愿者来源						
	5 次以上	1—5 次	从不	有效记录	高校大学生	社区居民	社会组织	驻社区单位	其他	有效记录
养老志愿服务	45.3	43.5	11.2	1691	6.1	72.7	11.8	7.1	2.4	1502
妇女权益保护服务	21.1	65.4	13.6	1690	2.1	69.9	14.4	9.0	4.6	1461
青少年儿童服务	37.2	50.3	12.4	1689	11.3	61.9	14.7	7.8	4.3	1479
残疾人服务	37.8	52.1	10.1	1690	2.5	67.3	16.5	8.5	5.3	1520
居民关系调解	66.9	26.6	6.5	1690	0.4	66.5	13.5	9.1	10.4	1580
社区文体活动	61.6	32.6	5.7	1691	2.1	78.4	13.0	3.8	2.8	1594
生活困难人员帮扶	57.7	36.9	5.4	1690	1.4	58.7	14.9	17.1	7.9	1598
政策宣传与咨询	61.6	34.2	4.3	1691	3.2	56.1	15.8	14.3	10.6	1619
环境保护	59.0	34.9	6.2	1690	4.1	72.5	9.7	8.6	5.1	1586
治安安全隐患排查	68.1	26.8	5.1	1690	0.6	65.3	11.7	12.0	10.3	1604
慈善活动	19.4	60.1	20.5	1690	1.6	65.7	14.8	12.3	5.7	1342
其他活动 1	58.7	36.5	4.8	63	10.0	56.7	5.0	11.7	16.7	60
其他活动 2	66.7	25.0	8.3	12	9.1	36.4	9.1	18.2	27.3	11
总计	48.7	42.1	9.2	18667	3.2	66.7	13.6	10.0	6.4	16956

保护服务和慈善活动方面的志愿者活动开展了 5 次以上的社区占比较低，分别为 21.1% 和 19.4%。不过，值得注意的是，在养老志愿服务、妇女权益保护服务、青少年儿童服务、残疾人服务和慈善活动方面从未开展志愿者活动的社区占比均达到 10% 以上。可见，这些领域的志愿者活动有待加强。从志愿活动的志愿者来源看，社区居民是最为主要的来源，社会组织和驻社区单位也是较为重要的来源，来自高校大学生的较少。

三、社区邻里互助活动开展情况

被访城市社区 2015 年开展邻里互助活动次数达到 5 次以上的社区占比为 45.5%；开展邻里互助活动次数为 2—5 次的社区占比为 33.4%；开展邻里互助活动次数为 1 次或 0 次的社区占比分别为 4.4% 和 16.7%（见表1—93）。可见，在大部分的城市社区中，开展邻里互助活动的频率比较高。

表1—93　2015 年社区开展邻里互助活动的次数

	频次	频率（%）	累计频率（%）
5 次以上	984	45.5	45.5
2—5 次	722	33.4	78.9
1 次	95	4.4	83.3
0 次	362	16.7	100.0
总计	2163	100.0	—

邻里互助活动及项目的类型主要包括互助养老/伙伴家庭、紧急事件（疾病、灾害、治安事件）互救、婚丧嫁娶和困难情况互助等，开展过这些活动作为邻里互助活动的相应社区占比分别为 63.2%、

72.8%、48.9%和87.9%（见表1—94）。

表1—94 邻里互助活动及项目类型

	响应数	响应数频率（%）	个案数频率（%）
互助养老/伙伴家庭	1140	22.8	63.2
紧急事件（疾病、灾害、治安事件）互救	1314	26.3	72.8
婚丧嫁娶	883	17.7	48.9
困难情况互助	1587	31.7	87.9
其他活动	76	1.5	4.2
总计	5000	100.0	277.0

* N = 1085

四、志愿服务制约因素

被访城市社区的志愿服务活动开展存在一些制约因素。依据影响程度排序，分别是资金不足、缺乏激励机制、社区居民参与度不高、缺乏场地和缺乏志愿服务参与途径，相应的社区占比分别为81.9%、62.4%、57.0%、53.1%和40.6%，这些方面也是加强和改进社区志愿服务活动需要着力的地方（见表1—95）。

表1—95 志愿服务制约因素

	响应数	响应数频率（%）	个案数频率（%）
缺乏激励机制	1351	20.9	62.4
缺乏场地	1149	17.8	53.1
资金不足	1772	27.4	81.9

（续表）

	响应数	响应数频率（%）	个案数频率（%）
社区居民参与度不高	1233	19.2	57.0
缺乏志愿服务参与途径	879	13.6	40.6
其他	73	1.1	3.4
总计	6457	100.0	298.4

*N=2164

五、社区慈善捐赠活动开展

被访城市社区 2015 年开展慈善募捐活动次数达到 5 次以上的社区占比为 6.6%；开展慈善募捐活动次数为 2—5 次的社区占比为 35.9%；开展慈善募捐活动次数为 1 次的社区占比为 20.3%；完全没有开展慈善募捐活动的社区占比高达 37.2%（见表 1—96）。可见，在大部分城市社区中，每年的慈善募捐活动都在 5 次以下。

表 1—96　2015 年社区开展慈善募捐活动的次数

	频次	频率（%）	累计频率（%）
5 次以上	141	6.6	6.6
2—5 次	779	35.9	42.5
1 次	440	20.3	62.8
0 次	807	37.2	100.0
总计	2167	100.0	—

六、社区善款情况

在被访的城市社区中，每个社区接受的慈善资金平均为 6830.1 元，内部募集的资金平均为 7320.4 元（见表 1—97）。从中位数来看，社区接受慈善资金的中位数是 0 元，社区内部募集资金中位数仅为 2000 元。

表 1—97　2015 年度慈善资金和内部募集（单位：元）

	均值	标准差	中位数	有效记录
慈善资金	6830.1	26991.2	0	2083
内部募集	7320.4	27717.2	2000.0	909

被访城市社区已接收善款的来源渠道显示，本社区居民募捐是善款最为主要的来源，相应的社区占比为 77.9%；企业捐赠也是一种重要的善款来源，相应的社区占比为 36.3%；此外，本社区之外居民捐赠和社区外非营利性组织捐赠也是善款的来源，相应的社区占比分别为 17.7% 和 15.3%；宗教组织捐赠或村里某一宗族捐赠在善款的来源中占比很小（见表 1—98）。

表 1—98　善款来源

	响应数	响应数频率（%）	个案数频率（%）
本社区居民募捐	712	48.2	77.9
本社区之外居民捐赠	162	11.0	17.7
社区外非营利性组织捐赠	140	9.5	15.3
企业捐赠	332	22.5	36.3
宗教组织捐赠	31	2.1	3.4

	响应数	响应数频率（%）	个案数频率（%）
村里某一宗族捐赠	2	0.1	0.2
其他	98	6.6	10.7
总计	1477	100.0	161.5

* N = 2164

被访城市社区接受的善款存在多项用途，包括拥军优属、扶贫救济、救急难、改善社区设施或优化社区环境等（见表1—99）。其中，选择扶贫救济的社区占比最高，为80.2%；选择救急难的社区占比次之，为55.4%；选择拥军优属、改善社区设施或优化社区环境的社区占比较为接近，分别为16.9%和13.7%。可见，城市社区善款主要用于扶贫济困、救急难等迫切需要救济的方面。

表1—99　善款用途

	响应数	响应数频率（%）	个案数频率（%）
拥军优属	154	9.5	16.9
扶贫济困	732	45.0	80.2
救急难	506	31.1	55.4
改善社区设施、优化社区环境	125	7.7	13.7
其他	109	6.7	11.9
总计	1626	100.0	178.1

* N = 913

2015年度被访城市社区平均捐出了6008.90元的慈善资金，捐出慈善资金的中位数为600.00元，相比之下，高于接受慈善资金的中位数（见表1—100）。

表1—100　2015年度本社区捐出慈善资金（单位：元）

	均值	标准差	中位数	有效记录
捐出慈善基金数	6008.90	26842.90	600.00	2079.00

在被访的城市社区中，70.2%的社区对慈善款项的使用情况进行了公示，同时仍有29.8%的社区没有对善款使用情况进行公示（见表1—101）。

表1—101　社区的慈善款项的使用情况是否公示

	频次	频率(%)	累计频率(%)
是	1497	70.2	70.2
否	635	29.8	100.0
总计	2132	100.0	—

从表1—102的数据可以看出，大部分被访城市社区的慈善款项使用情况受到了监督，相应的社区占比为73.9%；还有26.1%的社区善款使用没有受到监督。

表1—102　社区的慈善款项的使用情况是否受到监督

	频次	频率(%)	累计频率(%)
是	1574	73.9	73.9
否	557	26.1	100.0
总计	2131	100.0	—

第八节 社区社会工作

一、对社会工作的认知情况

社区社会工作与社区的生活密切相关。如表1—103所示，在城市社区对社会工作认知程度的调查中，有49.7%的认为对社会工作的了解程度一般，41.4%的认为非常了解社会工作，还有8.9%的没听说过社会工作。

表1—103　是否了解社会工作

	频次	频率(%)	累计频率(%)
非常了解	898	41.4	41.4
一般了解	1077	49.7	91.1
没听说过	194	8.9	100.0
总计	2169	100.0	—

在被调查的（了解社会工作的）城市社区中，认为社区中开展社会工作非常有必要的占51.0%；认为开展社会工作有必要的占46.8%；认为无所谓和没有必要开展的分别仅占1.5%和0.7%。可见，了解社会工作的城市社区，对于社会工作的认可度很高（见表1—104）。

表1—104　在社区中开展社会工作有无必要

	频次	频率(%)	累计频率(%)
非常有必要	1007	51.0	51.0
有必要	924	46.8	97.8

（续表）

	频次	频率（%）	累计频率（%）
无所谓	30	1.5	99.3
没有必要	14	0.7	100.0
总计	1975	100.0	—

关于社区开展社会工作最主要的阻碍因素这一问题，选择社区工作人员对社会工作认识不足作为主要障碍因素的社区占比为33.6%；选择居民对社会工作不了解作为主要障碍因素的社区占比为56.4%；选择缺乏政策支持作为主要障碍因素的社区占比为54.0%；选择缺乏资金支持作为主要障碍因素的社区占比为72.3%；选择没有阻碍的社区仅占7.7%（见表1—105）。可见，缺乏资金支持、政策支持以及居民不了解社会工作是社区开展社会工作的主要阻碍因素。

表1—105 在社区开展社会工作最主要的阻碍因素主观认定

	响应数	响应数频率（%）	个案数频率（%）
没有阻碍	153	3.4	7.7
社区工作人员对社会工作认识不足	664	14.9	33.6
缺乏政策支持	1066	23.9	54.0
缺乏资金支持	1428	32.0	72.3
居民对社会工作不了解	1113	24.9	56.4
其他	40	0.9	2.0
总计	4464	100.0	226.0

*N=1975

二、专业社会工作岗位和项目

在被访城市社区中，73.1%的社区没有专业社会工作的岗位和项目；26.9%的社区有专业社会工作的岗位和项目，占比较小（见表1—106）。

表1—106　社区是否有专业社会工作岗位和项目

	频次	频率(%)	累计频率(%)
有	531	26.9	26.9
没有	1443	73.1	100.0
总计	1974	100.0	—

在有专业社会工作岗位和项目的城市社区中，专业社会工作的服务或项目存在多种运营方式。其中，选择"政府购买社会工作机构的服务"这一方式的社区占比最高，为51.7%；选择"社区党委、居委会或服务站设立专业社工岗位，但不设置专门部门"的社区占比为29.4%；选择"社区党委、居委会或服务站下设社工部门"的社区占比为11.2%；选择"社区建立独立社会工作机构"的社区占比为3.6%；选择"其他主体（慈善组织、基金会、企业）购买社会工作机构服务"的社区占比仅为0.9%（见表1—107）。

表1—107　社工服务或项目运营方式

	频次	频率（%）	累计频率（%）
政府购买社会工作机构的服务	274	51.7	51.7
其他主体（慈善组织、基金会、企业）购买社会工作机构服务	5	0.9	52.6
社区建立独立社会工作机构	19	3.6	56.2

（续表）

	频次	频率（%）	累计频率（%）
社区党委、居委会或服务站下设社工部门	59	11.2	67.4
社区党委、居委会或服务站设立专业社工岗位，但不设置专门部门	156	29.4	96.8
其他	17	3.2	100.0
总计	530	100.0	—

　　专业社工人员是基层社会工作服务的质量保证。如表1—108所示，在有专业社会工作岗位和项目的城市社区中，每个社区平均的社工机构数为1个，社工岗位数为4.7个，正在运营项目数为4.2个，专职社工数约为4个，专业督导数约为2名，社会工作师不足1名，助理社会工作师约为1名，实习社工数不足1个，实习社工的缺乏易导致社区中社工力量"后劲"不足。

表1—108　社工机构、岗位和项目的基本信息

	均值	标准差	中位数	有效记录
社工机构数(个)	1.0	1.8	1.0	528
社工岗位数(个)	4.7	6.5	3.0	524
正在运营项目数(项)	4.2	11.9	1.0	515
专职社工数(个)	3.5	4.1	2.0	525
社区社工数(个)	4.3	5.3	3.0	522
社会组织社工数(个)	0.8	3.0	0	521
未访问社工数(个)	4.5	3.9	4.0	203
专业督导数(名)	1.9	2.5	1.0	523

（续表）

	均值	标准差	中位数	有效记录
社会工作师数量(名)	0.5	1.0	0	525
助理社会工作师数量(名)	1.1	1.7	0	525
实习社工数量(个)	0.2	0.9	0	525

如表1—109所示，在有专业社会工作岗位和项目的城市社区中，2015年这些社工岗位和服务的运营经费，平均每个社区为15.8万元，但运营经费中位数为0元，说明此题填答有问题。

表1—109 2015年度社工岗位和服务的运营经费（单位：万元）

	均值	标准差	中位数	有效记录
社工运营经费	15.8	83.8	0	454

社工机构、部门和岗位在社区中开展的工作内容涉及多个方面，包括老年社会工作、妇女儿童社会工作、青少年社会工作、残疾人社会工作、参与社区发展规划等，认为这些是社工机构、部门和岗位的工作内容的社区占比分别为84.4%、81.7%、81.3%、80.5%、56.9%（见表1—110）。可见，社工机构、部门和岗位主要是在社区内各特殊群体中发挥作用，在社区发展规划等方面的作用不是主要的。

表1—110 社工机构、部门和岗位在社区中开展哪些工作

	响应数	响应数频率(%)	个案数频率(%)
老年社会工作	442	21.2	84.4
妇女儿童社会工作	428	20.5	81.7
青少年社会工作	426	20.4	81.3
残疾人社会工作	422	20.2	80.5

（续表）

	响应数	响应数频率（%）	个案数频率（%）
参与社区发展规划	298	14.3	56.9
其他	70	3.4	13.4
总计	2086	100.0	398.2

*N=524

在被访城市社区中，社区党组织和居委会成员取得了社会工作专业资格的社区占比为39.9%，社区党组织和居委会成员没有取得社会工作专业资格的社区占比为60.1%（见表1—111）。

表1—111 社区党组织和居委会成员中是否有人取得了社会工作专业资格

	频次	频率（%）	累计频率（%）
是	786	39.9	39.9
否	1185	60.1	100.0
总计	1971	100.0	—

在被访城市社区中，社区党组织和居委会成员取得社会工作师资格的人数平均不足1人，政府补贴每人每月平均191.1元；社区党组织和居委会成员取得助理社会工作师资格的人数平均接近2人，政府补贴每人每月平均156.4元（见表1—112）。

表1—112 2015年度这些社工岗位和服务的运营经费

	均值	标准差	中位数	有效记录
社会工作师人数	0.8	1.3	0	785
补贴(元/月)	191.1	485.4	0	776
助理社会工作师人数	1.8	3.9	1.0	786

（续表）

	均值	标准差	中位数	有效记录
补贴(元/月)	156.4	398.1	100.0	773

三、对专业社会工作的功能认知

如表1—113所示，在被访城市社区中，大部分都表示专业社工的引入有助于居委会"减负增效"，占70.7%；认为专业社工的引入无助于居委会"减负增效"的社区占比为12.5%；认为说不清的社区占比为16.8%。可见，城市社区对专业社工引入居委会的功能认可度还是较高的。

表1—113 专业社工的引入是否有助于居委会"减负增效"的主观判断

	频次	频率(%)	累计频率(%)
是	1532	70.7	70.7
否	271	12.5	83.2
说不清	365	16.8	100.0
总计	2168	100.0	—

被访城市社区认为专业社工能够帮助居委会"减负增效"的原因包括多个方面。具体而言，认为"社工的专业化工作方法提高了居委会的工作效率"的社区占比为84.7%；认为"社工能帮助居委会更好地动员社会力量"的社区占比为74.3%；认为"社工能更好地解决社区治理中的各种困难问题"的社区占比为67.6%；认为"社工承接了大多数政府事项，居委会能集中力量搞自治"的社区占比为62.5%；认为"群众信任社工"的社区占比为35.5%（见表1—114）。

表1—114 专业社工能够帮助居委会"减负增效"的原因

	响应数	响应数频率（％）	个案数频率（％）
社工承接了大多数政府事项，居委会能集中力量搞自治	955	19.1	62.5
社工的专业化工作方法提高了居委会的工作效率	1295	26.0	84.7
社工能帮助居委会更好地动员社会力量	1136	22.8	74.3
社工能更好地解决社区治理中的各种困难问题	1034	20.7	67.6
群众信任社工	543	10.9	35.5
其他	24	0.5	1.6
总计	4987	100.0	326.2

* N = 1529

被访城市社区认为专业社工不能帮助居委会"减负增效"的原因包括多个方面。其中，认为"社工与居委会混编，难以独立发挥作用"的社区占比为45.2%；认为"居委会中的社工难以按照社工专业要求工作"的社区占比为41.5%；认为"上级政府部门给社工布置了太多工作"的社区占比为34.1%；认为"社工专业性不强"的社区占比为26.7%；选择其他原因的社区占比为25.2%（见表1—115）。可见，社工引入之后如何与居委会协调配合，被认为是影响减负增效的主要原因。

表1—115 专业社工不能帮助居委会减负增效的原因

	响应数	响应数频率（％）	个案数频率（％）
上级政府部门给社工布置了太多工作	208	19.7	34.1

（续表）

	响应数	响应数频率（%）	个案数频率（%）
社工与居委会"混编"，难以独立发挥作用	276	26.2	45.2
居委会中的社工难以按照社工专业要求工作	253	24.0	41.5
社工专业性不强	163	15.5	26.7
其他	154	14.6	25.2
总计	1054	100.0	172.7

*N=610

如表 1—116 所示，在被访的城市社区中，55.6% 的社区认为专业社工在化解社区工作中突出问题（如长期上访、社会矛盾等）方面，与普通居委会工作者、政府工作人员等相比，有突出优势；24.0% 的社区认为没有突出优势；还有 20.4% 的社区表明不清楚。可见，专业社工的突出优势还有待进一步地显示出来。

表 1—116　专业社工有无优势

	频次	频率（%）	累计频率（%）
有	1204	55.6	55.6
无	521	24.0	79.6
不清楚	442	20.4	100.0
总计	2167	100.0	—

在认为专业社工具有突出优势的城市社区中，73.4% 的社区认为专业社工的优势来源是专业化的工作能力；12.8% 的社区认为专业社工的优势来源是与居民关系更密切；8.6% 的社区认为专业社工的优势来源

是社工的第三方"中立"身份；仅有 4.7% 的社区认为专业社工的优势来源是居民更信任社工（见表 1—117）。可见，专业社工在城市社区中获得认可的关键还是主要基于其专业化工作能力。

表 1—117　专业社工优势来源

	频次	频率（%）	累计频率（%）
专业化的工作能力	883	73.4	73.4
与居民关系更密切	154	12.8	86.2
居民更信任社工	57	4.7	90.9
社工的第三方"中立"身份	103	8.6	99.5
其他	6	0.5	100.0
总计	1203	100.0	—

被访城市社区对有关社工的相关表述的态度表明，大部分城市社区都同意（"很同意"和"比较同意"两者合计）"社工主要配合政府开展服务""专业性是社工最重要的素养""专业社工具有一定独立性""专业社工配置较强的社区治理水平更高"等表述，相应的社区占比（"很同意"和"比较同意"两者合计）分别约为 81.5%、86.2%、72.8% 和 64.0%；而同意"社工的工作和政府基层工作人员没什么差别"这一表述的社区占比则相对较低，约为 40.5%（见表 1—118）。

表 1—118　对社工相关表述的态度（%）

	很同意	比较同意	说不清	不太同意	很不同意	总计
社工主要配合政府开展服务	36.95	44.57	12.66	5.45	0.37	100.00
专业性是社工最重要的素养	48.43	37.81	10.66	2.91	0.19	100.00

（续表）

	很同意	比较同意	说不清	不太同意	很不同意	总计
专业社工具有一定独立性	31.32	41.52	19.77	6.97	0.42	100.00
社工的工作和政府基层工作人员没什么差别	15.01	25.45	22.82	31.92	4.80	100.00
专业社工配置较强的社区治理水平更高	27.55	36.43	24.64	10.36	1.02	100.00
总计	31.86	37.16	18.11	11.52	1.36	100.00

$^*N_{min} = 2163$

第九节　城市社区公共安全与防灾减灾

一、社区警务室

在被访的城市社区中，有警务室的社区占比为81.7%，与此同时，仍有18.3%的社区没有警务室（见表1—119）。

表1—119　社区是否有警务室

	频次	频率（%）	累计频率（%）
是	1771	81.7	81.7
否	398	18.3	100.0
总计	2169	100.0	—

二、治安巡逻队

在被访的城市社区中，有治安巡逻队（巡防队）的社区占比为83.1%，没有治安巡逻队（巡防队）的社区占比为16.9%（见表1—120）。

表1—120 社区是否有治安巡逻队（巡防队）

	频次	频率（%）	累计频率（%）
是	1802	83.1	83.1
否	367	16.9	100.0
总计	2169	100.0	—

三、突发性事件应急预案与领导小组

在被访的城市社区中，制订了突发性事件应急预案的社区占比为87.9%，没有制订突发性事件应急预案的社区占比为8.0%，正在制订突发性事件应急预案的社区占比为4.1%（见表1—121）。

表1—121 社区是否制订了突发性事件应急预案

	频次	频率（%）	累计频率（%）
制订了	1905	87.9	87.9
没有制订	173	8.0	95.8
正在制订	90	4.1	100.0
总计	2168	100.0	—

在被访的城市社区中，成立了突发性事件应急领导小组的社区占比为90.4%，没有成立突发性事件应急领导小组的社区占比为6.7%，正

在筹备成立突发性事件应急领导小组的社区占比为 2.9%（见表 1—122）。

表 1—122　社区是否成立了突发性事件应急领导小组

	频次	频率（%）	累计频率（%）
成立了	1961	90.4	90.4
没有成立	146	6.7	97.1
正在筹备	62	2.9	100.0
总计	2169	100.0	—

四、安全防范与治安防控主体

如表 1—123 所示，在被访的城市社区中，安全防范和治安防控涉及的主体很多，包括党员队伍、社区警务部门、治安巡逻队（巡防队）、居委会、社区志愿者队伍、物业管理企业等。其中，最主要的参与主体是居委会、党员队伍、治安巡逻队（巡防队）和社区警务部门，相应的社区占比分别为 90.9%、85.6%、79.9% 和 74.9%；社区志愿者队伍和物业管理企业的参与次之，相应的社区占比为 65.1% 和 40.6%。

表 1—123　安全防范与治安防控主体

	响应数	响应数频率（%）	个案数频率（%）
党员队伍	1855	19.5	85.6
社区警务部门	1623	17.0	74.9
治安巡逻队（巡防队）	1732	18.2	79.9
居委会	1971	20.7	90.9
社区志愿者队伍	1411	14.8	65.1

（续表）

	响应数	响应数频率（%）	个案数频率（%）
物业管理企业	880	9.2	40.6
其他	51	0.6	2.4
总计	9523	100.0	439.4

*N = 2168

五、突发性事件应急演习

如表1—124所示，在被访的城市社区中，2015年度进行的突发性事件应急演习次数普遍很低。其中，消防演习的次数是最高的，平均每个社区1.5次；其他的演习，包括防震演习、其他自然灾害事件演习、暴恐事件应急演习、突发公共卫生事件应急演习、突发群体性事件应急演习和安全生产事故应急演习的平均次数都不足1次。可见，社区突发性事件应急演习是城市社区在应急管理中的一个短板。

表1—124 2015年度所在的社区突发性事件应急演习次数

	均值	标准差	中位数	有效记录
消防演习	1.5	1.9	1.0	2166
防震演习	0.6	2.1	0	2168
其他自然灾害事件演习	0.5	1.9	0	2168
暴恐事件应急演习	0.2	0.9	0	2169
突发公共卫生事件应急演习	0.4	2.2	0	2169
突发群体性事件应急演习	0.3	0.8	0	2167
安全生产事故应急演习	0.7	2.3	0	2162

六、社区治安需要加强

社区治安防控需要加强方面调查数据显示，外来人口管理、治安防范措施以及治安防范教育、社区治安防控设施如监控和门禁等，是被访城市社区认为社区治安防控最应该加强的地方，相应的社区占比分别为82.8%、79.4%和79.0%；其次，执法人员素质、警民关系、司法机关办事效率也是被访城市社区认为社区治安防控应该加强的地方，相应的社区占比分别为58.5%、58.4%和53.0%（见表1—125）。

表1—125 社区治安需要加强的地方

	响应数	响应数频率（%）	个案数频率（%）
外来人口管理	1794	20.0	82.8
治安防范措施以及治安防范教育	1719	19.2	79.4
司法机关办事效率	1148	12.8	53.0
警民关系	1265	14.1	58.4
执法人员素质	1267	14.1	58.5
社区治安防控设施如监控和门禁等	1712	19.2	79.0
其他	50	0.6	2.3
总计	8955	100.0	413.4

* N = 2166

第十节 结论与对策

本节结合政府治理角色与政府—社区关系、社区党组织建设、居委会与社区居民自治、社区社会组织培育及其治理角色、社区服务项目与设施、社区志愿服务与慈善事业、社区社会工作等几个方面，综合调查数据及描述分析结果显示，城市社区治理及社区服务建设虽然取得了显著成绩，但仍然存在一些不足，有待进一步完善。

一、当前城市社区治理存在的主要问题

第一，基层政府在社区治理中居于主导地位，但政府职能仍需进一步转变。在现阶段社区治理中，政府承担着决定重要事务、引导并与其他治理主体共同治理社区、为社区提供建设资金和制度安排等多种角色。特别是在社区发展规划、社会救助、土地征迁和社区基础设施建设等方面，政府主导地位尤为明显。但是在一定程度上存在着职能错位、越位、缺位的问题，难以满足群众日益多元化、个性化的需求。政府购买社区服务意味着政府转变角色，逐步从社区服务的直接提供者转化为间接提供者，政府发挥监督作用。从调查数据可以发现，政府购买社区服务已经有相当的比例（超过50%），但仍有63%的社区是由政府直接委派提供公共服务。

第二，社区自治组织行政化问题依旧，居民自治程度较低。主要表现在几个方面：一是社区居委会"行政化"程度比较高。在全部社区中，仅有55.5%的社区有"社区减负清单"，而且有38%的社区认为2015年的行政性工作量相比于上一年增加了。二是政府依然是社区公共事务决策的第一主体。社区党组织和居委会在社区公共事务决策方面发挥的主体作用位列政府之后，同时，其他主体参与决策的作用不明显。三是物业管理领域的业主自治发展缓慢。业主委员会作为业主自我管理和自我决策的重要组织，属于社区居民自治的范畴，但55.4%的被调查城市社区中没有业主委员会。

第三，社区服务水平存在短板且发展不平衡，供给结构仍需优化。被调查社区的管理和服务组织基本健全，社区服务项目涵盖医

疗、养老、社会救助、文娱活动等方面，惠及儿童、青少年、老年等不同群体，但从整体来看仍存在一些问题：在某些服务设施和服务项目上（如社区养老、青少年服务、残疾人服务等）还存在明显短板，未能有效满足居民的需求；已建成的服务设施也存在利用率不高的问题。城市社区之间存在社区服务供给的不平衡。从各服务项目的软件、硬件配备上可以看出社区间发展水平差距较大，有些被调查社区的活动场地面积小、人员配备极其匮乏，而有些被调查社区的活动场地达到了大型场地的规模，人员配备也较为充足，存在明显的社区间服务水平不均衡。

第四，社区志愿服务与慈善事业有一定发展，存在着激励机制和透明度问题。调查发现，社区志愿者事业取得较好的发展。城市社区志愿者主体是社区居民，辅之以社区内社会组织成员和驻社区单位志愿者；开展活动较多的主要在居民关系调解、文体活动、治安、困难人员帮扶和养老等方面。志愿者服务面临的主要困难是资金不足和缺乏激励机制以及居民参与度不高。此外，社区慈善款项使用仍存在监督、公示不及时问题。城市社区慈善款项使用情况没有公示的社区占29.8%，没有受到监督的占26.1%，两者比例都不低，说明慈善事业的透明度还需要加强。

二、政策建议

建议从以下几个方面，对基层社区治理和服务中存在的问题进行完善。

一是进一步转变政府职能，推进政社合作、完善政府购买服务体系。一方面政府应结合居民需求及社区发展需要，进一步推动基层政府的职能转变，制定一套较为完善、多元化的管理体系，适当加大政府购买服务力度，使政府购买服务逐步成为提供公共服务的主要方式。另一方面要进一步落实社区减负增效工作，增强社区居委会服务居民的能力；同时大力培育社会组织，推行政社合作，组织和引导多种社会力量参与社区治理和服务，使之能够有效承接政府转移的公共服务职能。

二是大力加强基层党建工作力度，充分发挥社区党组织的领导核心作用。要加强社区服务型党组织建设，着力提升服务能力和水平，更好地服务改革、服务发展、服务民生、服务群众、服务党员。要加大社区党建的投入力度，以项目化的方式使广大基层党员和群众从实实在在的民生改善中提升获得感从而增强基层党组织的凝聚力。同时继续推进社区与驻社区单位共建互补，深入拓展区域化党建，挖掘社区各种资源和社会力量充分参与社区治理与服务。健全社区党组织领导基层群众性自治组织开展工作的相关制度，依法组织居民开展自治，及时帮助解决基层群众自治中存在的困难和问题。

三是大力发展基层社区协商，不断丰富社区协商的载体、形式和手段，提高各个主体参与协商的能力。进一步明确社区协商的议事清单，在公共事务的立项、决策、实施和评价等各个环节引入协商机制；扩大参与协商议事居民的代表性，根据协商议题邀请不同的利益相关方参与，对议事规则和议事程序进行规范和培训，利用信息化手段积极推动线上协商和线下协商结合，从而不断完善社区协商的形式载体、提高协商的质量效果，使社区协商得到制度化、规范化和长效化发展。

四是改进物业服务和管理，积极引导多种形式的居民自治。物业服务是社区居民的基本和刚性需求，业主自治也是居民自治的重要组成部分。要不断完善城市社区物业管理服务，特别是在物业服务严重空缺或不足的老旧社区和村改居社区中探索物业管理服务或准物业管理的新方式。业委会是社区居民参与自治的重要平台，实现社区自治离不开业委会的发展和完善。除了加强业委会自身建设之外，还要探索其他的组织载体（如自管会）。需要加强社区党组织、社区居委会对业委会和物业服务企业的指导和监督，建立健全社区党组织、社区居委会、业主委员会和物业服务企业议事协调机制。提高居民自治意识，在不同层次和不同领域积极探索居民自治的不同形式，积极引导广大业主在物业服务管理中的责任意识。

五是大力发展社区社会组织，引入专业性社工力量的广泛参与。若要带动社区服务质量的提升，少不了服务人才的参与。推动社区工作的专业化和职业化发展。根据工作需要，面向社会公开招聘，配备一定数量的专职社区工作者。积极开发社区服务工作岗位，优化社区服务人才结构，拓宽社区服务人员的来源渠道，鼓励大中专毕业生、社会工作者等优秀人才到社区工作。对辖区人口较多的，可根据需要建立社区专业服务机构。大力培育公益性、服务性、互助性社会组织，注重培养社区社会组织负责人和骨干队伍，对社区服务项目的组织运作、活动场地等方面提供帮助。加大政策扶持力度，通过政府购买服务、公益创投和招投标、设立项目资金、活动经费补贴等途径，积极引导各类社会组织和各类志愿者参与社区管理和服务。

第二章 农村社区治理现状综合调查报告

本问卷的调查对象以社区为单位，由农村社区党支部书记、副书记或村委会主任、副主任等村委会干部进行回答。在数据处理过程中，把含有不知道或无法回答的选项作为缺失值处理。本章从村基本信息、政府治理角色与政府—村关系、农村社区党组织建设、村委会与村民自治、农村社区社会组织培育及其治理角色、农村社区服务项目与设施、农村社区志愿服务与慈善事业、农村社区公共安全与防灾减灾、大学生村官九个方面对农村社区治理现状综合调查问卷所获数据进行描述分析和交互分析，梳理出被调查农村社区的治理现状和所存在的问题，进而有针对性地提出对策建议。

第一节 村庄基本信息

一、样本总量与区域分布

在本次调查中，农村社区总样本量为 1235 个，遍布 29 个省、直辖市和自治区（见表 2—1）。其中，长江中下游地区、华北沿海、黄河中游地区比例较高，分别为 248 个、241 个和 203 个，占总数的 20.1%、19.6% 和 16.4%；西北地区个数最少，仅有 30 个，占总数的 2.4%。

表2—1　村样本区域分布

	频次	频率(%)	累计频率(%)
东北地区	72	5.8	5.8
华北沿海	241	19.6	25.3
黄河中游地区	203	16.4	41.8
华东沿海	143	11.6	53.4
华南沿海	106	8.6	61.9
长江中游地区	248	20.1	82.0
西北地区	30	2.4	84.5
西南地区	192	15.5	100.0
总计	1235	100.0	——

二、农村社区类型

调查样本中，以传统的农村社区为主，共 1049 个，为绝大多数，占总数的 85%，剩下的新建集中居住式农村社区、集镇村和其他类型的社区共占 15%（见表2—2）。

表2—2　村社区类型

	频次	频率(%)	累计频率(%)
传统农村(自然农村社区)	1049	85	84.9
新建集中居住式农村社区	83	6.7	91.7
集镇村	72	5.8	97.5
其他类型	31	2.5	100.0
总计	1235	100.0	——

样本中大部分的农村社区为非合并社区，占总数的 66.4%，而 33.6% 的村属于多村合并社区（见表 2—3）。

表 2—3 多村合并社区

	频次	频率（%）	累计频率（%）
是	415	33.6	33.6
否	820	66.4	100.0
总计	1235	100.0	—

三、农村社区地形与规模

从地形上看，位于平原地带的农村社区共有 645 个，占 52.2%，居半数以上。位于丘陵地带的有 402 个，占总数的 32.6%。位于山地、高原和盆地的比较少，分别为 13%、1.4% 和 0.8%（见表 2—4）。

表 2—4 村地形特征

	频次	频率（%）	累计频率（%）
平原	645	52.2	52.3
丘陵	402	32.6	84.8
高原	17	1.4	86.2
山地	160	13.0	99.2
盆地	10	0.8	100.0
总计	1234	100.0	—

受调查的村庄村民小组平均个数为 13 个，中位数为 9 个；每个村庄中户数的平均值为 760.5 户，中位数为 590 户（见表 2—5）。

表 2—5　村规模信息

	均值	标准差	中位数	有效记录
村民小组数(个)	13.0	64.4	9	1234
总户数(户)	760.5	723.3	590	1234

四、农村社区人口信息

在人口信息的统计中，本村户籍人数平均为 2586.1 人，中位数为 2229 人，平均数和中位数较为接近，可信性较高；非本村户籍人数的平均数为 626.2 人，然而中位数仅为 20 人，中位数更具参考价值（见表 2—6）。其中，农村社区中男性的平均人数为 1360.6 人，中位数为 1160 人；女性为 1200.3 人，中位数为 1015 人，两者相差不多，男性略高于女性。在人口结构上，18 岁以下者人数最多，平均值为 607 人，所占比例为 23.3%；60 岁以上者人数为 473.7 人，所占比例为 19.2%。可见 18 岁至 65 岁的中年人占 57.5%，仍是村中的大多数。75 岁以上者人数为 158.5 人，所占比例为 6.3%。村中残疾人的平均数量为 52.6 人，五保老人的平均数量为 9.7 人，孤儿平均数量为 1.5 人，低保人口数量平均为 82 人，留守老人、留守儿童、留守妇女和留守家庭的平均数量较为相似，以留守老人居多，分别为 48.7 人、37.7 人、37.2 人和 46.9 户。在样本中，少数民族户数较少，平均为 34.3 户，少数民族人口比例平均仅占 1.2%。

表 2—6　村人口信息

	均值	标准差	中位数	有效记录
本村户籍人数(人)	2586.1	1852.2	2229.0	1234
非本村户籍人数(人)	626.2	2067.9	20.0	1212

(续表)

	均值	标准差	中位数	有效记录
男性人数(人)	1360.6	1014.5	1160.0	1215
女性人数(人)	1200.3	846.2	1015.0	1215
性别比	115.8	31.5	108.3	1215
18 岁以下者人数(人)	607.0	526.2	474.0	1159
18 岁以下比例(%)	23.3	9.9	22.6	1159
60 岁以上者人数(人)	473.7	384.1	380.0	1206
60 岁以上比例(%)	19.2	8.9	17.7	1206
75 岁以上者人数(人)	158.5	162.1	100.0	1175
75 岁以上比例(%)	6.3	4.5	5.1	1175
残疾人数量(人)	52.6	50.2	40.0	1226
五保老人数量(人)	9.7	12.4	5.0	1229
孤儿数量(人)	1.5	4.4	0	1230
低保人口数量(人)	82.0	116.5	53.0	1220
留守老人数量(人)	48.7	109.4	7.0	1205
留守儿童数量(人)	37.7	80.0	7.0	1216
留守妇女数量(人)	37.2	86.8	4.0	1210
留守家庭户数(户)	46.9	89.4	10.0	1192
少数民族户数(户)	34.3	158.7	0	1221
少数民族人口比例(%)	1.2	4.5	0	1220

调查中询问了村民大姓的比例,选取村中的排列前四大姓来看,第一大姓平均占总人口数的 35.3%,第二大姓平均占总人口数的 16%,第三大姓平均占总人口数的 10%,第四大姓平均占总人口数的 6.9%(见表 2—7)。

表2—7　村四大姓比例（%）

	均值	标准差	中位数	有效记录
第一大姓	35.3	23.7	29.3	1164
第二大姓	16.0	8.7	14.8	1141
第三大姓	10.0	5.6	9.4	1102
第四大姓	6.9	4.1	6.6	1047

五、农村经济与劳动就业情况

从农村社区的土地使用的平均数来看，耕地总面积为2723.6亩（中位数为1800亩），农村集体建设用地为199亩，宅基地总面积为900.1亩，流转耕地面积为420亩，被征收土地面积为399.6亩，征地共涉及的村民数均值为263.3人（见表2—8）。2015年，人均年平均纯收入为7968.3元，中位数为6000元，可见我国农民收入仍处于较低水平。村内务农人口数量平均为872.3人，在同一县内的非农人口数与县外非农人口数分别为352.7人和304.3人，驻村企业数量平均有5.7个，吸纳就业人数平均为159.8人，但中位数为0，可见大多数农村社区中并无驻村企业。农村社区内开发的旅游景点数量平均为0.1个，县级文物保护单位数量为0.2个，省级及以上文物保护单位为0.1个。

表2—8　村庄土地和劳动就业等情况

	均值	标准差	中位数	有效记录
耕地总面积(亩)	2723.6	3166.1	1800.0	1226
农村集体建设用地(亩)	199.0	632.2	10.0	1190
宅基地总面积(亩)	900.1	6101.1	270.0	1168
流转耕地面积(亩)	420.0	1026.9	20.0	1205

（续表）

	均值	标准差	中位数	有效记录
被征收土地面积(亩)	399.6	1228.9	15.0	1202
被征收村民数(人)	263.3	349.4	130.0	651
人均纯收入(元)	7968.3	6784.6	6000.0	1204
务农人口数量(人)	872.3	911.8	600.0	1219
本县内非农就业人数(人)	352.7	602.1	142.0	1201
本县外非农就业人数(人)	304.3	488.8	150.0	1192
驻村企业数量(个)	5.7	31.5	0	1233
吸纳就业人数(人)	159.8	808.0	0	1226
旅游景点数量(个)	0.1	0.7	0	1235
县级文物保护单位数量(个)	0.2	1.0	0	1234
省级及以上文物保护单位(个)	0.1	0.4	0	1234

六、村党员数量

从农村社区党建情况来看，村内党员数量平均为 71.2 人，党员比例平均占农村社区中人口的 3.1%，直管党员数量平均为 42.8 人，在职党员数量 11.2 人，离退休党员数量 11 人（见表2—9）。

表2—9　村党员数量信息（单位：人，%）

	均值	标准差	中位数	有效记录
党员数量	71.2	54.6	59.0	1235
直管党员数量	42.8	40.2	35.0	1204
在职党员数量	11.2	21.6	5.0	1224
离退休党员数量	11.0	21.6	3.0	1216
党员比例	3.1	1.7	2.8	1234

第二节　政府治理角色与政府—村庄关系

一、基层政府在农村社区治理中的角色

表 2—10 显示了基层政府在农村社区治理中的角色情况。从被访者的回答来看，基层政府参与村内事务的比例非常高，其在村社区治理中的角色主要是"引导村委会、社会组织、村民进行自我治理"和"与村委会、社会组织、村民共同治理本村"。

表 2—10　当地基层政府在本村社区治理中的角色

	响应数	响应数频率（%）	个案数频率（%）
决定重要事务	758	17.0	61.4
与村委会、社会组织、村民共同治理本村	975	21.9	78.9
引导村委会、社会组织、村民进行自我治理	1041	23.3	84.3
为村自治制定制度	751	16.8	60.8
为村里提供建设资金	736	16.5	59.6
很少参与村里的事务	179	4.0	14.5
其他角色	19	0.5	1.5
总计	4459	100.0	361.1

* N = 1235

如表 2—11 所示，具体来看，除了社会救助基本由政府单独承担之外，其他各方面事务主要是政府主导村参与和村主导政府参与模式。

表 2—11　基层政府对本村各项事务的参与程度

	政府 单独承担	政府主导 村参与	村主导 政府参与	政府 不参与	总计
村发展规划	2.3	55.9	35.8	6.0	100.0
村重大事务决策	1.2	40.4	51.2	7.2	100.0
村委会选举	1.3	48.7	44.3	5.7	100.0
社区服务	3.3	41.9	46.5	8.3	100.0
社会救助	12.8	65.8	19.7	1.9	100.0
村卫生与环境治理	2.2	45.9	47.8	4.1	100.0
治安管理	2.5	54.7	38.1	4.7	100.0
土地流转与征迁	6.3	50.5	33.7	9.5	100.0
村文化建设	3.2	48.3	43.2	5.3	100.0
村基础设施建设	3.6	46.8	44.8	5.0	100.0
总计	3.9	49.9	40.5	5.8	100.0

*N = 1235

二、农村社区公共服务提供

如表 2—12 所示，从农村社区公共服务职能的提供方式来看，政府委派给村委会承担是最主要的方式，基层政府直接承担也占较大比例，而政府购买社会服务所占的比例相对较低。

表 2—12　村公共服务职能的提供方式

	响应数	响应数频率（%）	个案数频率（%）
基层政府直接承担	601	34.4	48.7

（续表）

	响应数	响应数频率（%）	个案数频率（%）
政府向社会组织购买服务	326	18.7	26.4
政府委派给村委会承担	744	42.6	60.3
其他方式	74	4.3	6.0
总计	1745	100.0	141.4

* N = 1233

　　政府出资购买服务的指标也显示出，政府对社会组织利用的比较有限。2015 年购买过社会组织服务的农村社区的比例为 33.5%，仅占少数（表 2—13）。

表 2—13　政府出资购买服务

	频次	频率（%）	累计频率（%）
有	413	33.5	33.5
没有	821	66.5	100.0
总计	1234	100.0	—

　　如表 2—14 所示，在有政府出资购买服务的农村社区中，农村社区政府出资购买服务的平均数量为 2.3 项，中位数为 2 项。购买服务总金额的平均值为 72 万多元，但中位数只有 4 万元，平均数的代表性相对较低，标准差达到 478 万元，说明村庄间差异很大或者回答的数据存在异常值。在这些服务中，村民或村委会主动申请的平均数和中位数都在 1 项左右，可见一半左右的政府购买服务是主动申请得到的。

表 2—14 政府出资购买服务

	均值	标准差	中位数	有效记录
政府购买服务数(项)	2.3	6.9	2.0	409
总金额(元)	724266.4	4780138.0	40000.0	361
村委会或村民主动申请数(项)	0.9	1.4	1.0	412
总金额(元)	260406.4	1399546.2	58.0	383

出资购买服务的主体主要为区/县/县级市级政府部门,其次是街道和乡镇级政府部门。而地市级和省部级的政府购买量较少(见表 2—15)。

表 2—15 出资购买服务的主体

	响应数	响应数频率(%)	个案数频率(%)
省部级	41	7.8	10.0
地市级	55	10.6	13.4
区/县/县级市级	224	42.8	54.8
街道/乡镇级	203	38.8	49.6
总计	523	100.0	127.8

* N = 409

三、农村社区网格化管理

在网格化管理实施方面,已经推行实施的农村社区有 699 个,占总数的 56.6%,正在建设的有 181 个,占总数的 14.7%(见表 2—16)。占相对少数的农村社区没有实施或没有听说过网格化管理。

表2—16　网格化管理实施情况

	频次	频率（%）	累计频率（%）
已经实施	699	56.6	56.6
正在建设	181	14.7	71.3
没有实施	224	18.1	89.4
没有听说过	131	10.6	100.0
总计	1235	100.0	—

实行网格化的农村社区中，大部分社区表示完全能够或者基本能够促进农村社区治理的完善，两者加起来所占总数为88.2%；认为不能够促进农村社区治理完善的社区占比仅占2.6%（见表2—17）。

表2—17　网格化是否促进农村社区治理完善主观评价

	频次	频率（%）	累计频率（%）
完全能够	359	32.5	32.5
基本能够	615	55.7	88.2
不能够	29	2.6	90.9
说不清	101	9.1	100.0
总计	1104	100.0	—

四、农村社区各项事务开展情况

从2015年农村社区各项事务的展开情况来看，与前一年相比，环境整治工作量增加最多；拆迁拆违工作量减少最多，协税护税工作量变化最少（见表2—18）。整体来看，没有变化的工作占总数的将近一半，为48.3%，增加的工作量为44.5%，减少的工作量仅为7.2%。可见政府工作有增加的趋势。

表 2—18 村 2015 年各项事务开展情况（%）

	增加了	减少了	基本没变	总计
招商引资工作量变化	24.3	6.8	68.9	100.0
协税护税工作量变化	18.2	8.3	73.5	100.0
经济创收工作量变化	47.0	6.6	46.4	100.0
社区执法工作量变化	40.2	9.1	50.7	100.0
拆迁拆违工作量变化	22.2	14.2	63.6	100.0
环境整治工作量变化	76.5	3.4	20.1	100.0
台账报表工作量变化	59.0	5.7	35.3	100.0
建设达标项目工作量变化	42.5	4.7	52.8	100.0
参与考核评比工作量变化	56.4	6.4	37.2	100.0
悬挂标牌工作量变化	58.3	6.9	35.0	100.0
总计	44.5	7.2	48.3	100.0

* N = 1235

上述这些工作中，村主要在台账报表和环境整治方面为责任主体，在经济创收和社区执法方面的责任也较大；相比之下，招商引资和协税护税方面成为责任主体的比例较低（见表 2—19）。

表 2—19 村 2015 年各项事务中是否为责任主体

	是	否	总计
是否招商引资责任主体	37.80	62.20	100.00
是否协税护税责任主体	30.22	69.78	100.00
是否经济创收责任主体	60.84	39.16	100.00
是否社区执法责任主体	54.49	45.51	100.00
是否拆迁拆违责任主体	42.40	57.60	100.00

（续表）

	是	否	总计
是否环境整治责任主体	84.94	15.06	100.00
是否台账报表责任主体	87.45	12.55	100.00
总计	56.95	43.05	100.00

* N = 1235

村2015年的各项经费支出中，人员经费和公用经费的均值分别为82.5万元和86.5万元，然而中位数分别为6万元和3万元，可见两种经费支出的分布并不是很平均，不同村庄之间的差异非常大（见表2—20）。

表2—20　村2015年的各项经费支出（单位：万元）

	均值	标准差	中位数	有效记录
人员经费	82.5	654.5	6.0	1160
公用经费	86.5	641.3	3.0	1154

在调查的农村社区中，年度评比已经取消了一票否决的农村社区为38.7%，未取消的占61.3%（见表2—21）。

表2—21　是否取消一票否决

	频次	频率（%）	累计频率（%）
已经取消	473	38.7	38.7
没有取消	749	61.3	100.0
总计	1222	100.0	—

五、农村社区的公共服务建设

农村社区中，有清晰的"村印章使用范围清单"的农村社区所占比例为78.6%，21.4%的农村社区并没有明确的"村印章使用范围清单"（见表2—22）。

表2—22　村印章使用范围清单

	频次	频率(%)	累计频率(%)
是	969	78.6	78.6
否	264	21.4	100.0
总计	1233	100.0	—

在政府公共服务建设中，91.5%的农村社区负责人认为政府会听取村委会的意见，仅有极少数，比例为8.5%的农村社区负责人认为政府没有听取村委会的意见（见表2—23）。

表2—23　政府是否听取村委会意见

	频次	频率(%)	累计频率(%)
是	1129	91.5	91.5
否	105	8.5	100.0
总计	1234	100.0	—

第三节　农村社区党组织建设

一、农村社区党组织类型

在被访的农村社区中，78.1%的农村社区党组织类型是党支部，19.5%的农村社区党组织类型是党总支，只有2.3%的农村社区党组织类型是党委。可见，党支部是农村社区党组织的主要类型（见表2—24）。

表2—24 村党组织类型

	频次	频率(%)	累计频率(%)
党委	29	2.3	2.3
党总支	241	19.5	21.9
党支部	965	78.1	100.0
总计	1235	100.0	—

二、村党组织成员的数量和产生情况

如表2—25所示，被访农村社区的自管党员数量（组织关系在本村的党员）平均为56.9人，党组织成员中，书记和副书记人数平均为1人左右，委员人数平均为3人左右。

表2—25 自管党员数与党组织成员数量

	均值	标准差	中位数	有效记录
自管党员数(人)	56.9	44.6	49.0	1234
书记人数(人)	1.2	0.9	1.0	1233
副书记人数(人)	0.7	0.7	1.0	1233
委员人数(人)	2.9	1.8	3.0	1232

如表2—26所示，农村社区党组织的产生方式包括上级组织委派和党员大会（或代表大会）选举产生等。在被访农村社区中，党组织成员由党员大会（或代表大会）选举产生和由上级组织委派的社区占比分别为91.87%和7.3%，由其他方式产生的比例很小。党员大会（或代表大会）选举是党组织成员产生的主要方式。

表2—26 党组织成员产生方式

	响应数	响应数频率(%)	个案数频率(%)
上级组织委派	97	7.30	7.85
党员大会(或代表大会)选举产生	1220	91.87	98.79
其他	11	0.83	0.89
总计	1328	100.00	107.53

*N=1235

三、村党组织选举

如表2—27所示，被访的农村社区中，村党组织有选举的社区占比为98.8%，村党组织没有选举的社区占比仅为1.2%。

表2—27 党组织是否有选举

	频次	频率(%)	累计频率(%)
是	1220	98.8	98.8
否	15	1.2	100.0
总计	1235	100.0	—

被访的农村社区中，村党组织最近一次选举在2012年及以前的社区占比都在0.7%及以下，最近一次选举主要集中在2013年至2016年（见表2—28）。其中，最近一次选举在2014年的社区占比最高，为46.4%；最近一次选举在2013年的社区占比次之，为21.9%；最近一次选举在2015年和2016年的社区占比分别为18.1%和11.7%。

表2—28　村党组织最近一次选举的时间

年份	频次	频率（%）	累计频率（%）
1995	1	0.1	0.1
2002	1	0.1	0.2
2004	4	0.3	0.5
2010	2	0.2	0.7
2011	6	0.5	1.1
2012	9	0.7	1.9
2013	267	21.9	23.8
2014	565	46.4	70.2
2015	220	18.1	88.3
2016	143	11.7	100.0
总计	1218	100.0	—

在被访的农村社区中，村党组织最近一次选举方式为党员大会直接选举和党员代表大会选举的社区占比分别为80.3%和19.7%（见表2—29）。可见，党员大会直接选举是村党组织最近一次选举的主要方式。

表2—29　村党组织最近一次选举方式

	频次	频率（%）	累计频率（%）
党员大会直接选举	979	80.3	80.3
党员代表大会选举	240	19.7	100.0
总计	1219	100.0	—

四、村党组织成员构成

村党组织成员的构成情况，包括性别、年龄、文化程度等。从村党组织成员的性别结构来看，男性成员平均为 45.6 名，女性成员平均为 11.4 名，可见，男性成员占多数；从村党组织成员的年龄结构来看，35 岁及以下成员比例平均为 18.4%，36—49 岁成员比例平均为 29.1%，50 岁及以上成员比例平均为 49.0%；从村党组织成员的文化程度结构来看，初中及以下成员比例平均为 50.5%，高中/中专成员比例平均为 25.6%，大专成员比例平均为 9.4%，本科成员比例平均为 4.1%（见表 2—30）。可见，目前在村党组织中，文化程度越高的成员比例相对越低。

表 2—30　村党组织成员构成（单位：人，%）

	均值	标准差	中位数	有效记录
男性成员数	45.6	34.3	41.0	1234
女性成员数	11.4	14.9	6.0	1234
村党组织成员性别比	685.5	554.6	520.0	1159
35 岁及以下人数	11.3	12.5	7.0	1223
35 岁及以下成员比例(%)	18.4	14.1	16.7	1223
36—49 岁人数	15.6	15.8	11.0	1218
36—49 岁成员比例	29.1	18.2	27.1	1218
50 岁及以上人数	27.3	25.3	22.0	1218
50 岁及以上成员比例	49.0	22.4	50.0	1218
初中及以下人数	29.8	28.8	24.0	1219
初中及以下成员比例	50.5	28.7	56.2	1219

（续表）

	均值	标准差	中位数	有效记录
高中/中专人数	13.1	15.1	8.0	1221
高中/中专成员比例	25.6	20.7	20.0	1221
大专人数	5.0	7.8	2.0	1222
大专成员比例	9.4	13.3	5.6	1222
本科人数	2.8	5.9	0	1220
本科成员比例	4.1	7.2	0	1220

被访的农村社区党组织 2015 年发展的新党员人数平均为 1.1 名（见表 2—31）。

表 2—31　2015 年发展新党员人数

	均值	标准差	中位数	有效记录
新党员人数(人)	1.1	1.2	1.0	1231

五、村党组织成员的任职与报酬

在被访的农村社区中，村党组织成员与村委会成员交叉任职人数平均为 2.3 人（见表 2—32）。

表 2—32　村党组织成员与村委会成员交叉任职人数

	均值	标准差	中位数	有效记录
与村委会交叉任职人数(人)	2.3	2.0	2.0	1233

在被访的农村社区中，村党组织书记兼任村委会主任的社区占比为 30.9%，村党组织书记没有兼任村委会主任的社区占比为 69.1%（见表

2—33）。可见，在多数农村社区中，村党组织书记没有兼任村委会主任。

表2—33　村党组织书记是否兼任村委会主任

	频次	频率（%）	累计频率（%）
是	381	30.9	30.9
否	853	69.1	100.0
总计	1234	100.0	—

在被访的农村社区中，村党组织书记兼任村集体经济组织负责人的社区占比为41.0%，村党组织书记没有兼任村委会主任的社区占比为59.0%（见表2—34）。可见，在多数农村社区中，村党组织书记没有兼任村集体经济组织负责人。

表2—34　村党组织书记是否兼任村集体经济组织负责人

	频次	频率（%）	累计频率（%）
是	506	41.0	41.0
否	727	59.0	100.0
总计	1233	100.0	—

被访农村社区村党组织书记的工作报酬均值为1887.9元/月，中位数为1500元/月（见表2—35）。

表2—35　村党组织书记的工作报酬（单位：元/月）

	均值	标准差	中位数	有效记录
村党组织书记工作报酬	1887.9	1869.7	1500.0	1197

六、驻村第一书记

在被访的农村社区中，没有过第一书记的社区占比为 65.6%，有过或者正有第一书记的社区占比为 34.4%（见表 2—36）。可见，多数农村社区没有过第一书记。

表 2—36　没有过第一书记任职情况

	频次	频率(%)	累计频率(%)
是	424	34.4	34.4
否	810	65.6	100.0
总计	1234	100.0	—

在有过第一书记的农村社区中，第一位"驻村第一书记"被派到村里多数是在 2010 年以后，尤其是 2014 年至 2016 年，而 2010 年以前的比例非常小（见表 2—37）。其中，第一位"驻村第一书记"于 2015 年被派到村里的社区占比是最高的，为 37.8%。

表 2—37　哪一年被选派到村里

年份	频次	频率(%)	累计频率(%)
1972	1	0.2	0.2
1990	1	0.2	0.5
1993	1	0.2	0.7
1994	1	0.2	1.0
1996	1	0.2	1.2
1997	1	0.2	1.4
2000	1	0.2	1.7

（续表）

年份	频次	频率（%）	累计频率（%）
2001	1	0.2	1.9
2003	2	0.5	2.4
2004	3	0.7	3.1
2005	3	0.7	3.9
2006	3	0.7	4.6
2007	4	1.0	5.5
2008	4	1.0	6.5
2009	3	0.7	7.2
2010	10	2.4	9.6
2011	19	4.6	14.2
2012	35	8.4	22.7
2013	37	8.9	31.6
2014	61	14.7	46.3
2015	157	37.8	84.1
2016	66	15.9	100.0
总计	415	100.0	—

在有过第一书记的农村社区中，第一位"驻村第一书记"依旧在任的社区占比为 55.1%；第一位"驻村第一书记"离任的时间，多数是在 2012 年及以后，尤其是 2015—2016 年，2012 年离任的比例非常小（见表 2—38）。其中，第一位"驻村第一书记"于 2016 年离任的社区占比是最高的，为 14.3%。

表 2—38　哪一年离任

年份	频次	频率（%）	累计频率（%）
在任	228	55.1	55.1

（续表）

年份	频次	频率（%）	累计频率（%）
1977	1	0.2	55.3
1993	1	0.2	55.6
1995	1	0.2	55.8
1996	1	0.2	56.0
2000	2	0.5	56.5
2003	1	0.2	56.8
2005	2	0.5	57.2
2006	3	0.7	58.0
2009	4	1.0	58.9
2010	1	0.2	59.2
2011	2	0.5	59.7
2012	8	1.9	61.6
2013	17	4.1	65.7
2014	37	8.9	74.6
2015	46	11.3	85.7
2016	59	14.3	100.0
总计	414	100.0	—

　　在有过第一书记的农村社区中，目前有驻村第一书记正在本村任职的社区占比为70.8%（见表2—39）。

表2—39　是否有驻村第一书记正在本村任职

	频次	频率（%）	累计频率（%）
是	300	70.8	70.8

（续表）

	频次	频率（%）	累计频率（%）
否	124	29.2	100.0
总计	424	100.0	—

在目前有驻村第一书记正在本村任职的社区中，现任第一书记的年龄平均为42.7岁（见表2—40）。

表2—40　现任第一书记的年龄（单位：岁）

	均值	标准差	中位数	有效记录
现任第一书记的年龄	42.7	8.4	43.0	292

在目前有驻村第一书记正在本村任职的社区中，现任第一书记为男性的社区占比为86.3%，现任第一书记是女性的社区占比为13.7%（见表2—41）。

表2—41　现任第一书记的性别

	频次	频率（%）	累计频率（%）
男	259	86.3	86.3
女	41	13.7	100.0
总计	300	100.0	—

在目前有驻村第一书记正在本村任职的社区中，现任第一书记来到本村的时间主要是在2014—2016年（见表2—42）。其中，现任第一书记于2014年、2015年、2016年来到本村的社区占比分别为15.1%、43.5%、34.1%。

表2—42　现任第一书记哪年来到本村

年份	频次	频率（%）	累计频率（%）
1990	1	0.3	0.3

（续表）

年份	频次	频率（%）	累计频率（%）
1995	1	0.4	0.7
1996	1	0.4	1.0
2000	1	0.3	1.3
2007	1	0.3	1.7
2008	1	0.3	2.0
2009	1	0.3	2.3
2010	1	0.3	2.7
2011	3	1.0	3.7
2012	3	1.0	4.7
2013	8	2.7	7.4
2014	45	15.1	22.4
2015	130	43.5	65.9
2016	102	34.1	100.0
总计	299	100.0	—

在目前有驻村第一书记正在本村任职的社区中，现任第一书记任职结束的时间主要是在 2016—2018 年（见表 2—43）。其中，现任第一书记将于 2016 年、2017 年、2018 年任职结束的社区占比分别为 19.1%、44.4%、21.8%，现任第一书记于 2019—2021 年任职结束的社区占比相对较低。

表2—43　现任第一书记任职哪年结束

年份	频次	频率（%）	累计频率（%）
2016	49	19.1	19.1
2017	114	44.4	63.5
2018	56	21.8	85.2

（续表）

年份	频次	频率（%）	累计频率（%）
2019	20	7.7	93.0
2020	15	5.8	98.9
2021	3	1.2	100.0
总计	258	100.0	—

在目前有驻村第一书记正在本村任职的社区中，现任第一书记每周平均有 3.4 天在村里办公（见表 2—44）。

表 2—44　现任第一书记每周有几天在村里办公

	均值	标准差	中位数	有效记录
每周有几天在村里办公(天)	3.4	2.0	4.0	299

在目前有驻村第一书记正在本村任职的社区中，现任第一书记的原任职单位主要是党政机关和事业单位，相应的农村社区占比分别为 65.0% 和 26.7%；现任第一书记原任职单位是人民团体、国有企业的农村社区占比仅为 1.7% 和 3.3%（见表 2—45）。

表 2—45　现任第一书记原单位

	频次	频率（%）	累计频率（%）
党政机关	195	65.0	65.0
事业单位	80	26.7	91.7
人民团体	5	1.7	93.3
国有企业	10	3.3	96.7
其他	10	3.3	100.0
总计	300	100.0	—

在目前有驻村第一书记正在本村任职的社区中，现任第一书记在原单位的行政级别主要集中在科长及以下，其中，原行政级别为科长、副科长和科员的比例分别为 21.8%、27.3%、25.9%，合计为 75.0%。现任第一书记在原单位的行政级别为副处长、处长及处长以上的比例分别为 5.8%、2.0% 和 1.0%（见表2—46）。

表2—46　现任第一书记原级别

	频次	频率(%)	累计频率(%)
编制外人员	7	2.4	2.4
科员	76	25.9	28.3
副科长	80	27.3	55.6
科长	64	21.8	77.5
副处长	17	5.8	83.3
处长	6	2.0	85.3
处长以上	3	1.0	86.3
其他	40	13.7	100.0
总计	293	100.0	—

在目前有驻村第一书记正在本村任职的社区中，现任第一书记的出生地为本县其他乡镇的社区占比是最高的，为 52.5%；现任第一书记的出生地为本省其他县的社区占比次之，为 23.2%；现任第一书记的出生地为本乡镇其他村或本村的社区占比分别为 15.8% 和 6.4%；而现任第一书记的出生地是其他省的社区占比是最低的，仅为 2.0%（见表2—47）。

表2—47　现任第一书记的出生地

	频次	频率(%)	累计频率(%)
本村	19	6.4	6.4
本乡镇其他村	47	15.8	22.2
本县其他乡镇	156	52.5	74.7
本省其他县	69	23.2	98.0
其他省	6	2.0	100.0
总计	297	100.0	—

在目前有驻村第一书记正在本村任职的社区中，现任第一书记是本科学历的社区占比是最高的，为48.8%；现任第一书记是大专学历的社区占比次之，为37.4%；现任第一书记是高中及以下学历的社区占比为11.4%；而现任第一书记是研究生或以上学历的社区占比是最低的，仅为2.4%（见表2—48）。

表2—48　现任第一书记学历

	频次	频率(%)	累计频率(%)
高中及以下	33	11.4	11.4
大专	108	37.4	48.8
本科	141	48.8	97.6
研究生或以上	7	2.4	100.0
总计	289	100.0	—

在目前有驻村第一书记正在本村任职的社区中，现任第一书记在村里的工作内容主要由县或县级以上领导、乡镇领导决定或安排，相应的社区占比分别为32.8%和31.1%；现任第一书记在村里的工作内容由第

一书记原单位领导、村主任或村支书决定或安排的社区占比分别为14.1%和10.7%；工作内容由第一书记本人安排的社区占比较低，为7.02%（见表2—49）。

表2—49　驻村第一书记工作安排

	频次	频率(%)	累计频率(%)
第一书记原单位领导	42	14.05	14.05
县或县级以上领导	98	32.78	46.82
乡镇领导	93	31.10	77.93
第一书记本人	21	7.02	84.95
村主任或村支书	32	10.70	95.65
其他(请说明)	13	4.35	100.00
总计	299	100.00	—

在目前有驻村第一书记正在本村任职的社区中，认为在评定驻村第一书记的表现时村民意见重要性排第一的社区占比为49.8%，认为在评定驻村第一书记的表现时村支书或村主任重要性排第二的社区占比为46.8%，认为在评定驻村第一书记的表现时乡镇领导重要性排第三的社区占比为46.1%，认为在评定驻村第一书记的表现时县或县级以上领导重要性排第四的社区占比为38.5%，认为在评定驻村第一书记的表现时第一书记原单位领导重要性排第五的社区占比为43.6%（见表2—50）。可见，在评定驻村第一书记的表现时，意见最为重要的主体排序依次为村民、村支书或村主任、乡镇领导、县或县级以上领导、第一书记原单位领导。

表 2—50 评定驻村第一书记的表现时意见重要性排序

	第一书记原单位领导	县或县级以上领导	乡镇领导	村主任或村支书	村民	其他	总计
意见重要性第一	7.5	12.0	12.9	19.3	49.8	0.9	16.9
意见重要性第二	7.8	9.2	25.4	46.8	10.9	2.1	16.9
意见重要性第三	13.5	13.4	46.1	12.5	13.6	3.1	16.8
意见重要性第四	25.9	38.5	10.5	13.2	10.2	4.9	16.8
意见重要性第五	43.6	25.1	4.4	8.1	14.9	6.4	16.7
意见重要性第六	1.8	1.8	0.7	0	0.7	82.6	16.0
总计	100.0	100.0	100.0	100.0	100.0	100.0	100.0

$^*\text{N}_{\min} = 284$

在目前有驻村第一书记正在本村任职的社区中，关于驻村第一书记能否为农村发展做出贡献的问题，认为驻村第一书记在农村发展的各个方面可以有一定贡献的社区占比是最高的，基本都在60%左右；认为驻村第一书记在农村发展的各个方面可以有很大贡献的社区占比次之，基本都在20%左右；认为驻村第一书记在农村发展的各个方面很难有贡献的社区占比相对较低（见表2—51）。

由表2—51可知，关于驻村第一书记为农村发展各个方面是否做出过贡献的问题，认为驻村第一书记在农村发展的各个方面做过一定工作的社区占比是最高的，基本都在60%左右；认为驻村第一书记在农村发展的各个方面做过很大贡献的社区占比次之，基本都在10%—20%范围内；认为驻村第一书记在农村发展的各个方面没有做过相关工作的社区占比相对较低，而且这种占比在不同发展方面的差异较大，基本为10%—30%。

表2—51 驻村第一书记为农村发展做出贡献的评估

	可以有很大贡献	可以有一定贡献	很难有贡献	贡献很大	做过一定工作	没有做过相关工作	强烈建议	建议过	没有建议
创办结合本村特色的经济发展项目	32.3	60.3	7.3	19.7	64.9	15.4	10.7	75.7	13.7
为本村引进资金	25.7	61.0	13.3	21.4	61.2	17.4	12.0	74.0	14.0
为本村农业引进先进的农业技术，促进生产	21.7	60.5	17.7	13.4	64.1	22.5	12.0	64.2	23.8
为村民的外出务工提供有价值的建议	19.7	62.5	17.7	13.4	65.2	21.4	7.0	66.0	27.0
为村民提供农产品供表信息并建立稳定的销售渠道	16.7	62.0	21.3	10.3	63.3	26.3	9.0	60.5	30.4
创办图书馆	20.0	62.0	18.0	15.3	59.7	25.0	8.7	56.3	35.0
开展各类培训班	21.4	64.6	14.1	14.4	62.9	22.7	7.0	63.2	29.8
电脑知识培训	19.9	55.6	24.6	9.4	53.2	37.5	5.4	55.2	39.5
提高村两委决策水平	24.7	67.3	8.0	17.3	72.0	10.7	8.3	67.7	24.0

（续表）

	可以有很大贡献	可以有一定贡献	很难有贡献	贡献很大	做过一定工作	没有做过相关工作	强烈建议	建议过	没有建议
提高民主管理水平，选举透明度	26.8	65.6	7.7	18.0	65.3	16.7	6.7	65.9	27.4
提高办事效率	26.0	66.0	8.0	18.3	71.0	10.7	9.4	68.6	22.1
解决村民纠纷，村民矛盾	19.7	66.0	14.3	16.7	65.7	17.7	8.0	62.7	29.3
帮助建设自来水供给系统	24.5	55.7	19.8	18.5	50.0	31.5	12.4	52.0	35.6
推广农村合作医疗，保险	18.0	64.7	17.3	17.7	59.3	23.0	9.7	57.0	33.3
帮助村民申请贷款或者进行其他理财决策	17.2	57.9	24.9	13.4	54.5	32.1	8.1	54.7	37.3
普及社会保障知识，让更多贫困人口获得国家福利	20.7	69.3	10.0	19.3	66.3	14.3	8.7	66.2	25.1

* $N_{min} = 297$；298；298

关于村两委是否曾建议驻村第一书记为农村发展各个方面做工作的问题，认为村两委在各个方面建议过的社区占比是最高的，基本为50%—70%；认为村两委在各个方面没有建议过的社区占比次之，基本为15%—40%；认为村两委在各个方面强烈建议过的社区占比是最低的，都在13%以下。可见，多数农村社区的村两委对驻村第一书记在农村发展各个方面的工作做过建议，但并非强烈建议。

在目前有驻村第一书记正在本村任职的社区中，对第一书记工作表示非常满意的社区占比为49.0%，对第一书记工作表示满意的社区占比为47.7%，对第一书记工作不满意或者非常不满意的社区占比非常低，都仅为1.7%（见表2—52）。可见，被访农村社区对于驻村第一书记的满意度是很高的。

表2—52　对第一书记的满意度

	频次	频率（%）	累计频率（%）
非常满意	147	49.0	49.0
满意	143	47.7	96.7
不满意	5	1.7	98.3
非常不满意	5	1.7	100.0
总计	300	100.0	——

七、村党组织活动与经费

被访农村社区村党组织2015年开展的主要活动情况中，政治学习的开展次数平均为10.6次，文体娱乐活动的开展次数平均为9.8次，党群议事会的开展次数平均为6.0次，讲座培训活动的开展次数平均为5.4次，建言献策活动的开展次数平均为5.1次，重大事项征求群众意见的开展次数平均为5.0次，党代表会议的开展次数平均为4.3次，对领导班子进行民主评议的开展次数平均为 2.4 次。另外，2015 年度缴纳过党费的党员数平均为 65.2 人（见表 2—53）。

表 2—53 村党组织活动举办情况（单位：次）

	均值	标准差	中位数	有效记录
政治学习	10.6	12.3	10.0	1234
讲座培训活动	5.4	5.6	4.0	1234
文体娱乐活动	9.8	43.6	2.0	1232
建言献策活动	5.1	10.3	3.0	1228
党群议事会	6.0	6.4	4.0	1233
党代表会议	4.3	5.5	3.0	1231
对领导班子进行民主评议	2.4	2.6	2.0	1235
重大事项征求群众意见	5.0	10.0	3.0	1229
2015 年度缴纳过党费的党员数量(人)	65.2	44.6	55.0	1228

被访农村社区 2015 年党建经费的均值为 7836.3 元，中位数为 1000.0 元（见表 2—54）。

表 2—54 2015 年党建经费（单位：元）

	均值	标准差	中位数	有效记录
党建经费	7836.3	19391.8	1000.0	1164

八、村党组织活动与驻村企业

在被访农村社区村党组织与驻村企业的关系形态中，63.6%的农村社区没有驻村企业，14.4%的农村社区驻村企业没有党组织，6.7%的农村社区村党组织和驻村企业党组织协同开展党务工作，3.6%的农村社区村党组织领导驻村企业党组织，3.2%的农村社区村党组织与驻村企业党组织联系很少，5.0%的农村社区村党组织与驻村企业党组织互不联系（见表2—55）。

表2—55　党组织与驻村企业关系

	响应数	响应数频率（%）	个案数频率（%）
没有驻村企业	784	63.6	63.6
驻村企业没有党组织	178	14.4	78.0
村党组织领导驻村企业党组织	45	3.6	81.7
村党组织和驻村企业党组织协同开展党务工作	82	6.7	88.3
村党组织与驻村企业党组织联系很少	39	3.2	91.5
村党组织与驻村企业党组织互不联系	62	5.0	96.5
其他	43	3.5	100.0
总计	1233	100.0	—

在被访的农村社区中，村党组织和驻村企业党组织联合进行党建的社区占比为27.3%，村党组织和驻村企业党组织没有联合进行党建的社区占比为72.7%（见表2—56）。

表2—56　是否开展村企联合进行党建

	频次	频率（%）	累计频率（%）
是	123	27.3	27.3
否	327	72.7	100.0
总计	450	100.0	—

村企党组织联合建设的工作形式调查数据显示，在开展了村企联建的农村社区中，71.5%的农村社区采取了村党组织与驻村企业党组织联合开展党组织活动的联建工作形式，61.8%的农村社区采取了村党建联席会议的联建工作形式，59.3%的农村社区采取了村党组织与驻村企业党组织联合提供村公益服务的联建工作形式（见表2—57）。

表2—57　村企联建工作形式

	响应数	响应数频率（%）	个案数频率（%）
村党建联席会议	76	31.5	61.8
村党组织与驻村企业党组织联合开展党组织活动	88	36.5	71.5
村党组织与驻村企业党组织联合提供村公益服务	73	30.3	59.3
其他	4	1.7	3.3
总计	241	100.0	195.9

村级党建工作中存在的主要困难调查表明，在被访的农村社区中，认为党建工作缺少资金是主要困难的社区占比最高，为82.3%；认为开展组织活动缺乏设施或平台是主要困难的社区占比次之，为57.2%；认为党员队伍整体素质不高、能力不强是主要困难的社区占比也较高，为49.1%；认为党组织缺少吸引力和凝聚力是主要困难的社区占比很低，仅为12.2%（见表2—58）。可见，工作资金、活动平台、党员素质，是目前村级党建工作中普遍存在困难的三个重要方面。

表2—58　村级党建工作中存在的主要困难

	响应数	响应数频率（%）	个案数频率（%）
党建工作缺少资金	1016	39.4	82.3
党员队伍整体素质不高、能力不强	606	23.5	49.1

（续表）

	响应数	响应数频率（%）	个案数频率（%）
开展组织活动缺乏设施或平台	706	27.4	57.2
党组织缺少吸引力和凝聚力	150	5.8	12.2
其他	101	3.9	8.2
总计	2579	100.0	209.0

第四节　村委会与村民自治

一、村委会的基本情况

村委会与村民自治是我国农村社区建设的重要方面。被访农村社区中，村委会人数平均为 5 人，其中男性 3.8 人，女性 1.2 人，男性明显多于女性。从学历来看，高中及中专成员所占比例最高，占 43%；初中及以下成员所占比例位居第二，为 38.5%；大专成员比例居于第三位，为 12.7%；村委会中本科及以上学历的人数仅占 3.3%（见表 2—59），可见村委会工作人员的整体学历较低。在村委会成员的构成中，政府委派和政府购买岗位人员较少，居民选举人员平均为 4.6 人。

表 2—59　村委会成员构成情况

	均值	标准差	中位数	有效记录
村委会人数（人）	5.0	3.4	5.0	1235
男性人数（人）	3.8	2.6	3.0	1235
女性人数（人）	1.2	1.2	1.0	1235

（续表）

	均值	标准差	中位数	有效记录
村委会成员性别比(%)	308.9	180.8	300.0	1060
初中及以下人数(人)	1.9	2.5	2.0	1235
初中及以下成员比例(%)	38.5	33.8	33.3	1229
高中(中专)人数(人)	2.1	1.9	2.0	1235
高中/中专成员比例(%)	43.0	30.8	40.0	1229
大专人数(人)	0.7	1.3	0	1235
大专成员比例(%)	12.7	20.8	0	1229
本科及以上人数(人)	0.2	0.6	0	1235
本科及以上成员比例(%)	3.3	10.5	0	1229
35 岁及以下人数(人)	0.6	1.2	0	1235
35 岁及以下成员比例(%)	11.3	17.3	0	1229
36—49 岁人数(人)	2.3	1.9	2.0	1235
36—49 岁成员比例(%)	46.0	29.0	42.9	1229
50 岁及以上人数(人)	2.1	2.1	2.0	1235
50 岁及以上成员比例(%)	41.8	29.7	40.0	1229
政府委派人员(人)	0.1	0.6	0	1235
政府购买岗位人员(人)	0.1	0.7	0	1235
居民选举人员(人)	4.6	2.1	4.0	1235

在被访的农村社区中，村委会主任的性别男性远多于女性，男性占总数的 96.4%，女性仅占 3.6%（见表2—60）。

表2—60 村主任性别构成

	频次	频率(%)	累计频率(%)
男性	1189	96.4	96.4

（续表）

	频次	频率（%）	累计频率（%）
女性	45	3.6	100.0
总计	1234	100.0	—

从表 2—61 和表 2—62 可以看出，村主任的平均年龄在 50 岁，最大值为 75 岁，最小值为 26 岁，中位数为 50 岁。将年龄分段后可见，50—59 岁的人所占比例最高，为 42%；40—49 岁的人占总数的 37.6%。由此可见 40—60 岁是村主任的黄金年龄。30 岁以下的村主任仅有 12 人，占总数的 1%，可见村主任的工作仍需要较多经验。

表 2—61　村主任年龄

	均值	标准差	中位数	最小值	最大值	有效记录
村主任年龄（岁）	50.0	7.9	50.0	26	75	1219

表 2—62　村主任年龄结构

	频次	频率（%）	累计频率（%）
30 岁以下	12	1.0	1.0
30—39 岁	100	8.1	9.2
40—49 岁	459	37.6	46.7
50—59 岁	513	42.0	88.7
60 岁及以上	138	11.3	100.0
总计	1222	100.0	—

如表 2—63 所示，村主任的教育程度相对较低。调查中，高中及中专学历的村主任最多，共 553 人，占总数的 44.8%；学历为初中及以下

的村主任有 430 人，占总数的 34.8%；学历为本科及以上的人数仅有 34 人，占比仅为 2.8%。

表 2—63 村主任教育程度

	频次	频率(%)	累计频率(%)
初中及以下	430	34.8	34.8
高中及中专	553	44.8	79.7
大专	217	17.6	97.2
本科及以上	34	2.8	100.0
总计	1234	100.0	—

在被访农村社区中，村委会成员选举最主要的方式是差额选举，占到总数的 84.8%；其次是等额选举为 11.4%，上级任命情况最少，所占比例为 1.9%（见表 2—64）。

表 2—64 村委会成员选举方式

	频次	频率(%)	累计频率(%)
等额选举	141	11.4	11.4
差额选举	1045	84.8	96.2
上级任命	24	1.9	98.1
其他	23	1.9	100.0
总计	1233	100.0	—

在被访的农村社区中，村委会主任主要是在 2010 年之后上任的，相应的社区占比为 68.8%；村委会主任于 2000—2010 年上任的社区占比次之，为 22.7%；2000 年之前上任的村主任较少，相应的社区占比仅为 8.5%（见表 2—65）。

表 2—65　村主任上任时间

	频次	频率（%）	累计频率（%）
2000 年之前	105	8.5	8.5
2000—2010 年	279	22.7	31.2
2010 年之后	847	68.8	100.0
总计	1231	100.0	—

在被访的农村社区中，村委会主任的补贴标准平均为每月 1183.4 元（见表 2—66）。

表 2—66　村委会主任的补贴标准（单位：元/月）

	均值	标准差	中位数	有效记录
村委会主任的补贴标准	1183.4	1029.9	1000.0	1184

在被访的农村社区中，村委会办公场所面积平均为 350.3 平方米，2015 年度村委会实际使用办公经费平均为 45719.9 元，但中位数仅为 12000 元，标准差高达 31.5 万元，说明村庄之间差别非常大（见表 2—67）。

表 2—67　村委会办公场所面积和 2015 年实际使用办公经费

	均值	标准差	中位数	有效记录
村委会办公场所面积(平方米)	350.3	515.2	200.0	1233
村委会实际使用办公经费(元)	45719.9	314962.2	12000.0	1162

二、村集体资产

在被访的农村社区中，认为村集体没有收入的农村社区占比为 41.5%；认为村集体资产与收入用于交通道路设施建设、补充村委会办公经费、用于村服务开支的社区占比都在 40% 以上，分别为 43.3%、41.0%、40.7%；认为村集体资产与收入用于困难家庭的帮扶慰问、农田水利建设的社区占比都在 30% 以上，分别为 38.6%、35.2%；认为村集体资产与收入用于灾害应急储备、补偿村干部薪酬的社区占比分别为 27.7% 和 25.9%；认为村集体资产与收入用于向村民分红、进一步投资的社区占比分别为 13.8% 和 11.5%；认为村集体资产与收入用于其他方面的社区占比仅为 3.1%（见表 2—68）。

表 2—68　村集体资产与收入用于哪些方面

	响应数	响应数频率（%）	个案数频率（%）
没有收入	511	12.9	41.5
补充村委会办公经费	505	12.7	41.0
补偿村干部薪酬	319	8.0	25.9
用于村服务开支	502	12.6	40.7
用于向村民分红	170	4.3	13.8
用于农田水利建设	434	10.9	35.2
用于交通道路设施建设	534	13.4	43.3
用于困难家庭的帮扶慰问	475	12.0	38.6
用于灾害应急储备	341	8.6	27.7
用于进一步投资	142	3.6	11.5
用于其他方面	38	1.0	3.1
总计	3971	100.0	322.3

表 2—69 显示了被访的农村社区 2015 年底村集体资产的情况。需要特别注意的是，上述各项平均值受到极大值和数据准确性的严重影响，村庄之间的差别（标准差）非常大，各项平均值明显与实际状况出入很大，不具有代表性。中位数更能反映村庄集体资产状况的集中趋

势。2015 年村庄经营收入、分红和负债的中位数均为 0 元，财政拨款的中位数仅为 5 万元。

表 2—69　2015 年底村集体资产概况（单位：万元）

	均值	标准差	中位数	有效记录
经营收入	2451.7	29416.1	0	1210
财政拨款	2410.7	11721.1	5.0	1177
分红	217.7	3772.6	0	1213
负债	622.2	5850.4	0	1206

在被访农村社区中，村集体资产的处置和使用主要由村民大会和村民代表大会决策的社区占比是最高的，为 75.7%；村集体资产的处置和使用由多方共同商讨决策的社区占比为 10.0%；村集体资产的处置和使用主要由村委会、村党组织、企业自身和其他方式决策的社区占比都在 10% 以下，分别为 9.7%、2.8%、0.1% 和 1.7%（见表 2—70）。可见，农村社区村集体资产的处置和使用过程中的民主程度是很高的。

表 2—70　村集体资产的处置和使用主要由谁决策

	响应数	响应数频率（%）	个案数频率（%）
主要由村民大会和村民代表大会决策	546	75.7	75.7
主要由村委会决策	70	9.7	85.4
主要由村党组织决策	20	2.8	88.2
主要由企业自身决策	1	0.1	88.3
多方共同商讨决策	72	10.0	98.3
其他方式决策	12	1.7	100.0
总计	721	100.0	——

农村社区中村集体资产的处置和使用涉及多个监督主体，包括村民大会和村民代表大会、村委会、监委会、政府部门和其他主体。其中，认为由监委会监督的社区占比是最高的，为78.6%；认为由村民大会和村民代表大会监督的社区占比次之，为77.9%；认为由政府部门和村委会监督的社区占比分别为60.0%和51.6%；认为由其他主体监督的社区占比仅为3.2%（见表2—71）。

表2—71　村集体资产的处置和使用监督主体

	响应数	响应数频率(%)	个案数频率(%)
村民大会和村民代表大会	563	28.7	77.9
村委会	373	19.0	51.6
监委会	568	29.0	78.6
政府部门	434	22.1	60.0
其他主体	23	1.2	3.2
总计	1961	100.0	271.2

三、村委会选举

被访的农村社区中，最近一次村委会选举中平均有2.5名候选人竞选村主任，参与投票的村民比例平均为81.7%（见表2—72）。

表2—72　最近一次村委会选举中候选人数及参与投票村民比例

	均值	标准差	中位数	有效记录
候选人数(人)	2.5	2.0	2.0	1225
投票比例(%)	81.7	18.4	85.0	1224

被访农村社区最近一次村委会成员选举中，采用差额选举方式的社区占比为88.3%，采取等额选举方式的社区占比为9.3%，采取其他方式的社区占比仅为2.4%（见表2—73）。

表2—73 最近一次村委会成员选举采用的方式

	频次	频率（%）	累计频率（%）
等额选举	115	9.3	9.3
差额选举	1090	88.3	97.6
其他方式	29	2.4	100.0
总计	1234	100.0	——

四、村委会工作人员

在被访的农村社区中，认为人员配备合适的社区占比为66.4%，认为人员略有短缺的社区占比为26.5%，认为人员大量短缺和人员过多的社区占比都很低，分别仅为4.9%和2.2%（见表2—74）。可见，大部分农村社区村委会的人员配备是合适的。

表2—74 村委会工作人员配备状况

	频次	频率（%）	累计频率（%）
人员大量短缺	61	4.9	4.9
人员略有短缺	327	26.5	31.4
人员配备合适	819	66.4	97.8
人员过多	27	2.2	100.0
总计	1234	100.0	——

被访农村社区普遍认为村委会工作人员能够胜任岗位要求。其中，认为村委会工作人员基本能够胜任和完全能够胜任岗位要求的社区占比分别为49.3%和49.0%，认为村委会工作人员不能胜任岗位要求的社区占比仅为1.7%（见表2—75）。

表2—75　村委会工作人员能否胜任岗位要求

	频次	频率(%)	累计频率(%)
完全能够胜任	605	49.0	49.0
基本能够胜任	609	49.3	98.3
不能胜任	21	1.7	100.0
总计	1235	100.0	—

五、村务监督委员会

在被访的农村社区中，设立了村务监督委员会的社区占比为94.7%，没有设立村务监督委员会的社区占比仅为5.3%（见表2—76）。

表2—76　是否设立村务监督委员会

	频次	频率(%)	累计频率(%)
设立了	1170	94.7	94.7
没设立	65	5.3	100.0
总计	1235	100.0	—

被访农村社区的村监委会成员情况调查数据显示，本村监委会成员是村民代表的比率最高，为78.9%；本村监委会成员是普通村民的社区占比次之，为60.4%；本村监委会成员是村党组织成员的社区占比为42.9%；本村监委会成员是村委会成员的社区占比为23.2%；本村监委

会成员是驻村企业人员或其他人员的社区占比很低，分别仅为 1.4% 和 2.3%（见表2—77）。

表2—77 村监委会的成员

	响应数	响应数频率（%）	个案数频率（%）
村委会成员	272	11.1	23.2
村党组织成员	502	20.5	42.9
普通村民	707	28.9	60.4
驻村企业人员	16	0.7	1.4
村民代表	923	37.7	78.9
其他	27	1.1	2.3
总计	2447	100.0	209.1

* N=1170

在被访的农村社区中，认为村监委会的职能是监督重大事项民主决策情况、监督村务公开事务、监督村级各项财务收支状况的社区占比都在90%以上，分别为90.8%、94.7%和94.7%；认为村监委会的职能是监督村民会议决议执行情况、收集并向村两委反映村民的意见建议的社区占比都在80%以上，分别为88.6%和80.3%；认为村监委会的职能是监督集体土地征收征用、监督工程项目招投标情况的社区占比都在50%以上，分别为67.4%和51.7%；认为村监委会的职能是监督村办企业经营和财务情况的社区占比为31.6%；认为村监委会的职能是其他职能的社区占比仅为0.7%（见表2—78）。

表2—78 村监委会职能

	响应数	响应数频率（%）	个案数频率（%）
监督村民会议决议执行情况	1037	14.8	88.6

（续表）

	响应数	响应数频率（%）	个案数频率（%）
监督重大事项民主决策情况	1062	15.1	90.8
监督村务公开事务	1108	15.8	94.7
监督村级各项财务收支状况	1108	15.8	94.7
监督集体土地征收征用	788	11.2	67.4
监督村办企业经营和财务情况	370	5.3	31.6
监督工程项目招投标情况	605	8.6	51.7
收集并向村两委反映村民的意见建议	940	13.4	80.3
其他职能	8	0.1	0.7
总计	7026	100.0	600.5

* N = 1170

在被访的农村社区中，认为本村监委会起到一定监督作用的社区占比为53.2%，认为本村监委会起到很强监督作用的社区占比为45.0%，认为本村监委会形同虚设的社区占比仅为1.5%，认为不清楚的社区占比仅为0.2%（见表2—79）。可见，村监委会的监督作用在农村社区中普遍得到很高的认可度。

表2—79 村监委会是否起监督作用

	频次	频率（%）	累计频率（%）
形同虚设	18	1.5	1.5
起到一定监督作用	623	53.2	54.8
起到很强监督作用	527	45.0	99.8
不清楚	2	0.2	100.0
总计	1170	100.0	—

六、村务公开

在被访农村社区中，公开了本村财务、村民低保金的申请和发放情况、本村年度工作目标、村民会议讨论决定事项的执行情况的社区占比都在90%以上，分别为95.9%、93.8%、90.7%和90.4%；公开了五保资格和待遇的申请和发放、村干部任期目标、政府下达任务的执行情况、优抚及救灾等款物发放情况的社区占比都在80%以上，分别为86.5%、85.7%、84.9%和83.1%；公开了涉及村民生活的政策法规的社区占比为79.7%；公开了本村自有土地和资产的使用情况的社区占比为59.0%；公开了村办企业经营情况的社区占比为16.4%；公开了其他事项的社区占比仅为1.5%（见表2—80）。

表2—80　村务公开内容

	响应数	响应数频率（%）	个案数频率（%）
本村财务	1183	11.0	95.9
村干部任期目标	1058	9.9	85.7
本村年度工作目标	1119	10.5	90.7
村民会议讨论决定事项的执行情况	1116	10.4	90.4
政府下达任务的执行情况	1048	9.8	84.9
村民低保金的申请和发放情况	1157	10.8	93.8
五保资格和待遇的申请和发放	1067	10.0	86.5
优抚、救灾等款物发放情况	1026	9.6	83.1
涉及村民生活的政策法规	984	9.2	79.7
村办企业经营情况	202	1.9	16.4

（续表）

	响应数	响应数频率（%）	个案数频率（%）
本村自有土地和资产的使用情况	728	6.8	59.0
其他事项	19	0.2	1.5
总计	10707	100.0	867.7

＊N＝1234

被访农村社区村务公开的具体形式调查表明，选择公开栏公示进行村务公开的社区占比是最高的，为98.6%；选择村民代表会议和村民会议进行村务公开的社区占比次之，分别为76.6%和73.1%；选择公开信、传单、小报进行村务公开的社区占比为24.9%；选择手机短信进行村务公开的社区占比为18.9%；选择电视、网络公开的社区占比为13.9%；选择其他方式的社区占比仅为2.8%（见表2—81）。

表2—81　村务公开的具体形式

	响应数	响应数频率（%）	个案数频率（%）
公开栏公示	1218	31.9	98.6
村民会议	903	23.7	73.1
公开信、传单、小报	308	8.1	24.9
电视、网络	172	4.5	13.9
手机短信	233	6.1	18.9
村民代表会议	946	24.8	76.6
其他	34	0.9	2.8
总计	3814	100.0	308.8

＊N＝1235

在被访农村社区中，村务公开栏每年更新次数平均为7.9次（见表2—82）。

表2—82 村务公开栏每年更新次数

	均值	标准差	中位数	有效记录
村务公开(次)	7.9	16.0	4.0	1210

在被访的农村社区中，定期公开财务情况说明和报表的社区占比为86.0%；不定期公开财务情况说明和报表的社区占比为12.4%；不公开财务情况说明和报表的社区占比仅为1.6%（见表2—83）。可见，农村社区财务公开情况良好。

表2—83 是否定期公开财务情况说明和报表

	频次	频率(%)	累计频率(%)
定期公开	1062	86.0	86.0
不定期公开	153	12.4	98.4
不公开	20	1.6	100.0
总计	1235	100.0	—

在被访的农村社区中，过去三年内村财务状况公开次数平均为16.6次（见表2—84）。

表2—84 过去三年内村财务状况公开次数

	均值	标准差	中位数	有效记录
财务公开次数(次)	16.6	13.9	12.0	1231

七、经济责任审计

在被访的农村社区中，对村委会进行过经济责任审计的社区占比为70.5%，没有对村委会进行过经济责任审计的社区占比为29.5%（见表

2—85）。

表 2—85　是否对村委会成员进行过经济责任审计

	频次	频率（%）	累计频率（%）
是	869	70.5	70.5
否	364	29.5	100.0
总计	1233	100.0	—

被访农村社区上一次对村委会成员进行经济责任审计主要集中在2013 年以后，2012 年及以前很少进行。其中，2015 年对村委会成员进行经济责任审计的社区占比是最高的，为 48.3%；2014 年对村委会成员进行经济责任审计的社区占比次之，为 22.6%；2016 年和 2013 年对村委会成员进行经济责任审计的社区占比较为接近，分别为 13.8% 和12.5%（见表 2—86）。

表 2—86　上一次对村委会成员进行经济责任审计年份

年份	频次	频率（%）	累计频率（%）
1990	1	0.1	0.1
2001	1	0.1	0.2
2005	1	0.1	0.3
2007	1	0.1	0.5
2009	4	0.5	0.9
2010	2	0.2	1.2
2011	3	0.3	1.5
2012	11	1.3	2.8
2013	108	12.5	15.3
2014	195	22.6	37.9
2015	417	48.3	86.2

（续表）

年份	频次	频率（%）	累计频率（%）
2016	119	13.8	100.0
总计	863	100.0	—

在被访的农村社区中，上一次对村委会成员进行经济责任审计的主体包括当地政府部门、村务监督委员会、政府和本村之外的第三方，选择由这些主体进行审计的社区占比分别为84.2%、48.2%、23.6%（见表2—87）。可见，当地政府部门是最为主要的经济责任审计主体。

表2—87　审计主体

	响应数	响应数频率（%）	个案数频率（%）
由当地政府部门进行审计	731	52.9	84.2
由村务监督委员会进行审计	418	30.3	48.2
由政府和本村之外的第三方审计	205	14.8	23.6
由其他人进行审计	27	2.0	3.1
总计	1381	100.0	159.1

*N=868

八、村公共事务决策

被访农村社区中参与村公共事务决策的主体及其重要性的排序调查数据表明，乡镇政府、村党支部、村委会、村民代表被认为是四个主要的参与主体。相比而言，村监委会、村办企业、专业合作社、物业服务机构不是主要的参与主体（见表2—88）。其中，在最重要参与主体方面，选择乡镇政府和村民代表的社区占比都较高，分别为27.3%和

26.0%；选择村党支部和村委会的社区占比次之，分别为 17.4% 和 16.4%。在其次重要参与主体方面，选择村党支部和村委会的社区占比都较高，分别为 30.1% 和 31.9%。选择乡镇政府的社区占比次之，为 17.0%。在第三重要主体方面，选择乡镇政府、村党支部、村委会、村民代表的社区占比分别为 14.8%、19.2%、26.5% 和 21.0%，同时，选择村监委会的社区占比 13.8%。

表 2—88　村主要有哪些主体参与村公共事务决策（%）

	最重要	其次重要	第三重要	总计
县（市、区）政府	9.8	1.7	2.9	4.8
乡镇政府	27.3	17.0	14.8	19.7
村党支部	17.4	30.1	19.2	22.2
村委会	16.4	31.9	26.5	24.9
村监委会	2.3	9.1	13.8	8.4
村民代表	26.0	9.2	21.0	18.8
村办企业	0.1	0	0.3	0.1
专业合作社	0.2	0.2	0.2	0.2
物业服务机构	0	0	0.2	0.1
其他主体	0.6	0.7	1.1	0.8
总　计	100.0	100.0	100.0	100.0

$^*N_{min} = 1232$

被访农村社区村民参与本村事务的渠道，主要包括村民会议（村民大会和村民代表会议）、村民利用这些渠道直接向村两委反映情况、向监委会反映情况的，分别为 91.1%、80.6% 和 61.7%（见表 2—89）。

表2—89　村民参与本村事务渠道

	响应数	响应数频率（%）	个案数频率（%）
村民会议 （村民大会和村民代表会议）	1125	38.6	91.1
向监委会反映情况	762	26.1	61.7
村民直接向村两委反映情况	996	34.2	80.6
其他渠道	33	1.1	2.7
总计	2916	100.0	236.1

*N = 1235

九、计算机网络信息管理平台

被访的农村社区，不使用计算机网络信息管理平台的社区占比较高，为44.5%；同时使用多个计算机网络信息管理平台的社区占比为32.6%；只使用一个计算机网络信息管理平台的社区占比为23.0%（见表2—90）。

表2—90　使用计算机网络信息管理平台情况

	频次	频率（%）	累计频率（%）
同时使用多个	402	32.6	32.6
只使用一个	284	23.0	55.5
不使用	549	44.5	100.0
总计	1235	100.0	—

在同时使用多个计算机网络信息管理平台的农村社区中，2015年度实际使用计算机网络信息管理平台数量平均为4.3个（见表2—91）。

表 2—91　2015 年度实际使用计算机网络信息管理平台数量

	均值	标准差	中位数	有效记录
平台数量(个)	4.3	2.9	4.0	395

在同时使用多个计算机网络信息管理平台的农村社区中，所有计算机网络信息管理平台之间均能够实现共享、互通信息的社区占比为42.2%；部分计算机网络信息管理平台之间能够实现共享、互通信息的社区占比为41.7%；计算机网络信息管理平台之间都不能实现共享、互通信息的社区占比为 16.1%（见表 2—92）。

表 2—92　各类计算机网络信息管理平台之间是否能够共享、互通信息

	频次	频率(%)	累计频率(%)
所有平台之间均能够实现	168	42.2	42.2
部分平台之间能够实现	166	41.7	83.9
都不能实现	64	16.1	100.0
总计	398	100.0	—

十、物业服务企业

被访农村社区中有物业服务企业的社区占比仅为 7.0%，没有物业服务企业的社区占比为 93.0%（见表 2—93）。可见，绝大部分农村社区没有物业服务企业。

表 2—93　所在村是否有物业服务企业

	频次	频率(%)	累计频率(%)
是	87	7.0	7.0

（续表）

	频次	频率（%）	累计频率（%）
否	1148	93.0	100.0
总计	1235	100.0	—

在有物业服务企业的农村社区中，物业服务企业数量平均为 1.3 个（见表2—94）。

表2—94　物业服务企业数量

	均值	标准差	中位数	有效记录
物业服务企业数量（个）	1.3	1.0	1.0	87

在有物业服务企业的农村社区中，物业服务企业由村委会选定的占比是最高的，为 36.8%；物业服务企业由村民选定的社区占比次之，为 27.6%；物业服务企业由多方共同商定的社区占比为 23.0%；由开发商选定或其他方式选定的社区占比分别为 14.9% 和 13.8%（见表2—95）。

表2—95　物业服务企业选定方式

	响应数	响应数频率（%）	个案数频率（%）
村委会选定	32	31.7	36.8
由村民选定	24	23.8	27.6
由开发商选定	13	12.9	14.9
多方共同商定	20	19.8	23.0
其他方式	12	11.9	13.8
总计	101	100.0	116.1

* N = 87

十一、集体经济组织

被访农村社区多数没有集体经济组织。其中，有集体经济组织的社区占比为 28.0%，没有集体经济组织的社区占比为 72.0%（见表 2—96）。

表 2—96　是否有集体经济组织

	频次	频率（%）	累计频率（%）
是	345	28.0	28.0
否	889	72.0	100.0
总计	1234	100.0	—

在有集体经济组织的农村社区中，村办集体企业或村集体参股企业数量平均为 0.5 个，中位数为 0，可见数量极少（见表 2—97）。

表 2—97　村办集体企业或村集体参股企业数量

	均值	标准差	中位数	有效记录
企业数量（个）	0.5	1.5	0	345

在有集体经济组织的农村社区中，村委会主任兼任村集体经济组织领导的社区占比为 55.4%，没有兼任村集体经济组织领导的社区占比为 44.6%（见表 2—98）。

表 2—98　村委会主任是否兼任村集体经济组织领导

	频次	频率（%）	累计频率（%）
是	191	55.4	55.4
否	154	44.6	100.0

（续表）

	频次	频率（%）	累计频率（%）
总计	345	100.0	—

在有集体经济组织的农村社区中，村集体经济组织领导由村民直接选举产生的社区占比为52.2%，由村委会推荐经村民同意产生的社区占比为27.0%；此外，村集体经济组织领导由村干部直接担任、由企业自己决定、由村委会向外部聘任和其他方式产生的社区占比都在8%以下（见表2—99）。

表2—99　村集体经济组织领导产生方式

	频次	频率（%）	累计频率（%）
村民直接选举产生	180	52.2	52.2
由村委会推荐经村民同意产生	93	27.0	79.1
村委会向外部聘任	2	0.6	79.7
村干部直接担任	27	7.8	87.5
由企业自己决定	18	5.2	92.8
其他方式	25	7.2	100.0
总计	345	100.0	—

十二、农民专业合作社

在被访的农村社区中，有农民专业合作社的社区占比为46.9%，没有农民专业合作社的社区占比为53.1%（见表2—100）。

表2—100　所在的村是否有农民专业合作社

	频次	频率（%）	累计频率（%）
是	579	46.9	46.9
否	656	53.1	100.0
总计	1235	100.0	—

在有农民专业合作社的农村社区中，农民专业合作社的数量平均为3.0个，股份合作社数量平均为1.1个，参加合作社的村民平均有119.3户，中位数为40户（见表2—101）。

表2—101　农民专业合作社的基本信息

	均值	标准差	中位数	有效记录
农民专业合作社数量(个)	3.0	8.4	2.0	577
股份合作社数量(个)	1.1	1.9	1.0	574
参加合作社户数(户)	119.3	242.2	40.0	570

十三、大学生村官（村庄调查）

在被访的农村社区中，有过大学生村官的社区占比为28.6%，没有过大学生村官的社区占比为71.4%，可见，大多数农民社区还没有过大学生村官（见表2—102）。

表2—102　所在的村是否有过大学生村官

	频次	频率（%）	累计频率（%）
有	353	28.6	28.6
没有	881	71.4	100.0
总计	1234	100.0	—

在有过大学生村官的农村社区中，开始有大学生村官的年份集中在2008—2013 年，相应的社区占比都在 10.0% 左右，分别为 13.7%、11.7%、13.4%、9.7%、12.3% 和 9.7%；2007 年以前有过大学生村官的社区占比都在 5.0% 以下；2014—2016 年开始有大学生村官的社区占比分别为 6.8%、7.4% 和 0.9%（见表 2—103）。

表 2—103　大学生村官任职年份

年份	频次	频率(%)	累计频率(%)
1995	1	0.3	0.3
1998	2	0.6	0.9
2000	6	1.7	2.6
2001	2	0.6	3.1
2002	1	0.3	3.4
2003	1	0.3	3.7
2004	7	2.0	5.7
2005	5	1.4	7.1
2006	12	3.4	10.5
2007	14	4.0	14.5
2008	48	13.7	28.2
2009	41	11.7	39.9
2010	47	13.4	53.3
2011	34	9.7	63.0
2012	43	12.3	75.2
2013	34	9.7	84.9
2014	24	6.8	91.7
2015	26	7.4	99.1

（续表）

年份	频次	频率（%）	累计频率（%）
2016	3	0.9	100.0
总计	351	100.0	—

在有过大学生村官任职的农村社区中，向上级有关部门提交过希望能获得某些特定专业的大学生村官要求的社区占比为37.2%，没有提交过相关要求的社区占比为62.8%（见表2—104）。

表2—104　是否向上级有关部门提交过希望能获得某些特定专业的
大学生村官的要求

	频次	频率（%）	累计频率（%）
是	131	37.2	37.2
否	221	62.8	100.0
总计	352	100.0	—

在有过大学生村官任职的农村社区中，认为大学生村官主要对村民负责的社区占比是最高的，为36.4%；认为大学生村官主要对村支书负责的社区占比次之，为27.3%；认为大学生村官主要对县乡党政领导和村主任负责的社区占比分别为18.5%和11.9%；认为大学生村官主要对本人或其他人负责的社区占比分别仅为1.7%和4.3%（见表2—105）。

表2—105　所在村大学生村官的工作主要对谁负责

	频次	频率（%）	累计频率（%）
县乡党政领导	65	18.5	18.5
村支书	96	27.3	45.7

（续表）

	频次	频率（%）	累计频率（%）
村主任	42	11.9	57.7
本人	6	1.7	59.4
村民	128	36.4	95.7
其他人	15	4.3	100.0
总计	352	100.0	—

在有过大学生村官任职的农村社区中，关于本村大学生村官为农村发展各个方面是否做过工作的问题，认为大学生村官在提高农村社区公共设施服务水平、提高民主管理水平、解决村民矛盾纠纷、社会保障等方面做过一定工作的社区占比是较高的，都在50%以上；认为大学生村官在创办本村特色的经济发展项目、引进资金和农业技术、帮助村民解决申请贷款等实际困难等方面没有做过相关工作的社区占比较高，都在50%以上；认为大学生村官在农村发展的各个方面做过大量工作的社区占比相对较低，基本都在6%—20%（见表2—106）。

表2—106　本村的大学生村官工作情况

	做过大量	做过一定	没有做过	强烈要求	要求过	没有要求
是否做过经济发展工作	11.4	36.4	52.3	4.8	48.0	47.2
是否做过引进资金技术工作	6.0	40.1	54.0	4.3	46.0	49.7
是否做过公共服务工作	15.1	56.3	28.7	5.1	57.7	37.2
是否做过管理水平工作	16.5	58.2	25.3	5.1	57.4	37.5
是否做过解决纠纷工作	14.8	56.3	29.0	4.0	56.3	39.8
是否做过农村医疗工作	20.5	49.2	30.4	5.7	52.8	41.5
是否做过实际困难工作	6.8	31.6	61.5	2.6	33.5	63.9

（续表）

	做过大量	做过一定	没有做过	强烈要求	要求过	没有要求
是否做过社会保障工作	12.8	54.0	33.2	4.3	52.0	43.8

* N = 352；352

关于村两委是否曾要求大学生村官为农村发展各个方面做工作的问题，认为村两委在各个方面要求过的社区占比是最高的，基本为50%左右，其中认为村两委要求过大学生村官帮助村民解决申请贷款等实际困难的社区占比相对较低，为33.5%；认为村两委在各个方面没有要求过大学生村官做工作的社区占比次之，基本为40%左右，其中认为村两委没有要求过大学生村官帮助村民解决申请贷款等实际困难的社区占比相对较高，为63.9%；认为村两委在各个方面强烈要求过大学生村官做工作的社区占比是最低的，都在6%以下。可见，多数农村社区的村两委对大学生村官在农村发展各个方面的工作做过要求，但并非强烈要求。

十四、农村社区协商

被访农村社区过去一年内开展协商活动的次数平均为6.1次，中位数为2.0次（见表2—107）。

表2—107　过去一年内所在村开展协商活动次数

	均值	标准差	中位数	有效记录
协商次数（次）	6.1	18.5	2.0	1225

表2—108显示了农村社区协商的各类事项，包括拆迁补偿、村委会选举、公共设施建设、脱贫扶贫、公益资金使用分配等多个方面。

2015 年就上述多数方面开展过协商的社区占比很高，其中，就征地拆迁补偿问题和村集体企业经营及资金使用问题开展过协商的社区占比相对较低，分别为 42.5% 和 30.0%。相比于 2014 年而言，上述方面的村协商多数都有所增加，其中，认为公共设施建设、规划与发展、公共环境卫生治理、社会救济福利、脱贫扶贫等方面协商增加的社区占比相对较高，都在 55% 以上。与此同时，也存在一些方面相对于 2014 年的村协没有什么变化，其中，认为征地拆迁补偿问题、村委会选举、公益资金的使用分配、村集体企业经营及资金使用问题等方面协商没有变化的社区占比较高，都在 60% 以上。

表 2—108 2015 年村庄协商事项（%）

	是	否	不清楚	较 2014 年后增加了	较 2014 年后减少了	较 2014 年后没有变化
拆迁补偿是否协商	42.5	54.5	3.0	24.9	11.2	63.9
村委会选举是否协商	55.1	43.3	1.6	26.3	9.7	64.0
公共设施建设是否协商	84.0	14.9	1.1	57.3	4.9	37.8
规划与发展是否协商	80.8	18.2	1.0	57.9	3.7	38.5
家庭邻里纠纷是否协商	85.6	13.3	1.1	30.9	36.3	32.9
公共环境卫生治理是否协商	92.8	6.5	0.8	65.5	11.5	23.0
规章制度制定是否协商	81.3	17.3	1.4	48.6	8.3	43.1
特殊人群服务是否协商	76.0	22.6	1.4	45.5	7.3	47.2
社会救济福利是否协商	84.5	13.9	1.6	55.8	7.2	37.0
治安是否协商	83.5	15.6	1.0	38.5	22.5	39.0
脱贫扶贫是否协商	88.7	10.2	1.1	58.5	16.3	25.2
公益资金的使用分配是否协商	61.1	32.8	6.1	31.9	8.0	60.1

（续表）

	是	否	不清楚	较2014年后增加了	较2014年后减少了	较2014年后没有变化
集体企业是否协商	30.0	59.7	10.3	15.3	5.2	79.6
其他事项1是否协商	87.8	4.9	7.3	65.8	10.5	23.7
其他事项2是否协商	90.9	0	9.1	70.0	20.0	10.0
其他事项3是否协商	100.0	0	0	60.0	0	40.0
总计	72.8	24.7	2.5	43.2	11.8	45.0

*Nmin=804（不包括其他事项）；719

表2—109显示了村协商主体的相关信息。调查表明，在村事务、项目的决策过程中，村党组织、村务监委会、村民小组是最主要的协商主体，相应的社区占比分别为94.8%、88.3%和83.3%；其次的协商主体是基层政府和当地户籍居民，相应的社区占比为64.8%和54.2%；此外，驻村单位、集体经济组织、合作组织也是较为重要的协商主体，相应的社区占比分别为30.2%、27.6%和24.0%；社会组织、利益相关方、业主委员会、物业服务企业、第三方等作为参与主体的比例较低。

在表中所列主体作为协商参与主体的农村社区中，2015年这些主体参与过农村社区协商的比例都很高，相应的社区占比全部都在85%以上，村党组织、村务监委会、村民小组、基层政府和当地户籍居民的参与尤其明显，相应的社区占比都在95%以上。与此同时，2015年这些主体作为协商发起者的比例也都较高。其中，村党组织作为协商发起者的社区占比是最高的，为88.6%。

表2—109　村协商主体（%）

	是否有				上一年度内是否参与过村协商				是否协商的发起者			
	是	否	不清楚	N	是	否	不清楚	N	是	否	不清楚	N
是否有基层政府	64.8	33.3	1.9	804	96.6	3.3	0.2	521	60.5	37.8	1.7	521
是否有村务监委会	88.3	10.8	0.9	804	97.0	2.8	0.1	710	48.1	50.9	1.0	709
是否有村民小组	83.3	15.8	0.9	804	96.6	3.4	0	670	50.0	49.1	0.9	670
是否有村党组织	94.8	4.7	0.5	804	98.8	1.1	0.1	762	88.6	10.9	0.5	762
是否有驻村单位	30.2	66.2	3.6	804	89.7	9.5	0.8	243	50.6	48.2	1.2	243
是否有社会组织	12.8	83.1	4.1	804	88.4	10.7	1.0	103	69.9	28.2	1.9	103
是否有业主委员会	5.9	90.4	3.7	804	89.1	10.9	0	46	65.2	30.4	4.4	46
是否有集体经济组织	27.6	68.5	3.9	804	96.4	3.6	0	222	66.2	33.8	0	222
是否有合作组织	24.0	73.1	2.9	804	87.1	12.4	0.5	193	61.7	37.3	1.0	193
是否有物业服务企业	4.2	92.7	3.1	804	85.3	14.7	0	34	58.8	35.3	5.9	34
是否有当地户籍居民	54.2	44.2	1.6	804	95.4	4.6	0	436	42.7	56.7	0.7	436
是否有利益相关方	10.8	86.1	3.1	804	87.4	12.6	0	87	44.8	55.2	0	87
是否有第三方	13.3	84.6	2.1	804	92.5	7.5	0	107	42.1	57.0	0.9	107
是否有其他协商主体	1.0	96.9	2.1	804	100.0	0	0	8	87.5	12.5	0	8

在被访的农村社区中，社区协商结果对村民进行了公示的社区占比为97.6%，没有进行公示的社区占比仅为2.4%（见表2—110）。

表2—110 协商的结果是否向村民公示

	频次	频率（%）	累计频率（%）
是	785	97.6	97.6
否	19	2.4	100.0
总计	804	100.0	—

农村社区协商结果的公示方式包括公开栏公示、村民会议、村民代表会议、手机短信等多种方式。其中，公开栏公示、村民代表会议、村民会议是农村社区采用最多的公开方式，相应的社区占比分别为98.7%、75.5%和73.5%（见表2—111）。

表2—111 协商的结果向村民公示的方式

	响应数	响应数频率（%）	个案数频率（%）
公开栏公示	775	32.9	98.7
村民会议	577	24.5	73.5
公开信、传单、小报	160	6.8	20.4
电视、网络公开	79	3.4	10.1
手机短信	153	6.5	19.5
村民代表会议	593	25.2	75.5
其他	19	0.8	2.4
总计	2356	100.0	300.1

*N=785

农村社区协商意见的落实情况调查表明，农村社区协商意见的落实情况总体较好。其中，协商意见全部被落实的社区占比为24.5%，协商意见大部分被落实的社区占比为 72.4%，协商意见很少一部分被落实或者都未落实的社区占比分别仅为 2.8% 和 0.4%（见表 2—112）。

表 2—112　协商意见的落实情况

	频次	频率（%）	累计频率（%）
全部被落实	192	24.5	24.5
大部分被落实	568	72.4	96.8
很少一部分被落实	22	2.8	99.6
都未落实	3	0.4	100.0
总计	785	100.0	—

第五节　农村社区社会组织培育及其治理角色

一、农村社区社会组织的基本信息

在被访的农村社区中，每个村所拥有的社会组织平均数量为 0.3 个；在民政部门登记注册的社会组织为 0.9 个，其中民办非企业平均数量为 0.2 个，社会团体平均数量为 0.4 个；经过备案的村社会组织平均为 0.8 个，未登记备案的社会组织平均为 0.9 个（见表 2—113）。

表 2—113　村社会组织的基本信息（单位：个）

	均值	标准差	中位数	有效记录
社会组织数量	0.3	1.5	0	1233
注册社会组织数量	0.9	1.3	1.0	144
民办非企业单位数量	0.2	0.7	0	144
社会团体数量	0.4	0.8	0	144
基金会数量	0	0.1	0	144

（续表）

	均值	标准差	中位数	有效记录
备案社会组织数量	0.8	1.7	0	144
未登记备案社会组织数量	0.9	2.8	0	144

在农村社区的社会组织中，每个村的群众性文体类组织平均为 1.4 个，社会服务和公益慈善类组织平均数量为 0.6 个，群众自我管理与服务类组织平均数量为 0.6 个，协助村务管理类平均数量为 0.5 个，技术专业协会类数量最少，平均仅为 0.1 个（见表 2—114）。

表 2—114　社会组织的数量（单位：个）

	均值	标准差	中位数	有效记录
社会服务和公益慈善类数量	0.6	1.2	0	144
群众性文体类数量	1.4	2.4	1.0	144
协助村务管理类数量	0.5	1.5	0	144
群众自我管理与服务类数量	0.6	1.7	0	144
技术专业协会类数量	0.1	0.4	0	144

二、社会组织在农村社区治理中的角色和作用

在农村社区治理中，协助村务管理类组织的作用最大，专业技术协会类也发挥了很大作用；相比之下，群众性文体类组织和群众自我管理与服务类组织发挥作用较小（见表 2—115）。

表 2—115　对社会组织在村治理中作用的评价（%）

	作用很大	有些作用	作用不大	没作用	总计	N
社会服务和公益慈善类	36.4	58.2	5.5	0	100.0	55
群众性文体类	41.2	48.2	8.2	2.4	100.0	85

（续表）

	作用很大	有些作用	作用不大	没作用	总计	N
协助村务管理类	66.7	22.2	11.1	0	100.0	27
群众自我管理与服务类	37.1	54.3	5.7	2.9	100.0	35
技术专业协会类	58.3	41.7	0	0	100.0	12
总计	43.5	48.1	7.0	1.4	100.0	55

除了农村社区治理，这些社会组织也参与到了公共事务中（见表2—116）。从类型上看，这些组织在村民文化娱乐活动中参与的比例最高，在重大事项决策中参与的比例最低。

表2—116　社会组织参与的公共事务类型

	响应数	响应数频率（%）	个案数频率（%）
重大事项决策	61	10.9	42.4
乡村发展规划	70	12.5	48.6
社会服务事业	96	17.2	66.7
公益慈善事业	78	14.0	54.2
经济发展和农民增收	63	11.3	43.8
村民文化娱乐	108	19.4	75.0
村民自我管理与服务	77	13.8	53.5
其他	5	0.9	3.5
总计	558	100.0	387.5

*N=144

在这些社会组织中，平均每个农村社区有0.9个社会组织由村委会干部兼任领导职务，平均有0.6个社会组织由村党支部组织干部兼任领导职务（见表2—117）。

表2—117　由村委会干部、党组织干部兼任领导职务的社会组织数量

	均值	标准差	中位数	有效记录
村委会干部兼领导的组织数(个)	0.9	1.6	0	143
村党组织干部兼领导的组织数(个)	0.6	1.0	0	144

除了村委会干部和村党支部组织干部对村社会组织的领导之外，村委会与村社会组织之间还有许多其他方式的合作（见表2—118）。其中村社会组织代表村民向村委会反映意见的方式所占比例最高。此外还有村委会重大事项征求村组织意见、村组织代表列席村委会会议、社会组织参与村公务事务等方式，其所占比例较为接近。

表2—118　村社会组织与村委会之间的合作形式

	响应数	响应数频率(%)	个案数频率(%)
村组织代表列席村委会会议	78	21.5	54.5
村委会重大事项征求村组织意见	89	24.6	62.2
村组织代表村民向村委会反映意见	102	28.2	71.3
社会组织参与村公共事务	77	21.3	53.8
其他方式	16	4.4	11.2
总计	362	100.0	253.1

* N＝143

三、农村社区社会工作

在参与调查的村干部中，表示对社会工作非常了解的人所占比例较低，仅为10.7%；一般了解的占多数，为53.2%；而从未听说过的人占36.1%（见表2—119）。

表2—119 村干部了解社会工作的程度

	频次	频率（%）	累计频率（%）
非常了解	132	10.7	10.7
一般了解	657	53.2	63.9
从没听说过	446	36.1	100.0
总计	1235	100.0	—

基于对社会工作的了解，64.8%的村干部认为有必要在农村社区中开展社会工作，30.9%的人认为非常有必要，认为没有必要的人占1.6%（见表2—120）。

表2—120 在农村社区中开展社会工作的必要性

	频次	频率（%）	累计频率（%）
非常有必要	244	30.9	30.9
有必要	511	64.8	95.7
无所谓	21	2.7	98.4
没有必要	13	1.6	100.0
总计	789	100.0	—

就专业性来讲，仅有4.9%的农村社区中有专业的社会工作师，绝大多数社区中都没有社会工作师（见表2—121）。

表2—121 是否有专业社会工作师

	频次	频率（%）	累计频率（%）
有	39	4.9	4.9
没有	749	95.1	100.0
总计	788	100.0	—

对极少数有社会工作师的农村社区而言，社区两委成员中社会工作师平均人数略高于1人，助理社会工作师接近1人，获得资格证书的人也在1人左右（见表2—122）。

表2—122　社工人力资源情况（单位：人）

	均值	标准差	中位数	有效记录
社会工作师人数	1.5	1.7	1.0	39
助理社会工作师人数	0.7	1.1	0	39
获得资格证书人数	1.4	1.5	1.0	39

在调查的农村社区中，若两委成员取得了社会工作专业师的工作资格证书，则政府每人每月平均补贴90.8元，若取得的是助理工作师职务，则政府所给予的平均补贴为15.3元（见表2—123）。然而两种补贴的中位数皆为0元，可见，两委成员就算取得了社会工作专业师的工作资格证书也无法获得很多补贴。

表2—123　村两委成员取得社会工作师专业资格后政府补贴标准（单位：元/月）

	均值	标准差	中位数	有效记录
社会工作师政府补贴	90.8	341.1	0	36
助理社会工作师政府补贴	15.3	57.1	0	36

四、农村社区宗教场所

在调研的农村社区中，宗教场所数量很少。平均每个农村社区的佛教寺院有0.3座，基督教堂或天主教堂有0.2座，道教庙宇0.1座，伊斯兰教清真寺0座，其他宗教场所4.3座（见表2—124）。

表2—124 村宗教场所设施情况（单位：座）

	均值	标准差	中位数	有效记录
佛教寺院	0.3	0.9	0	1234
基督教学或天主教堂	0.2	0.6	0	1235
伊斯兰教清真寺	0	0.3	0	1235
道教庙宇	0.1	0.5	0	1235
其他宗教场所	4.3	16.8	0	83

五、农村社区大姓族群

虽然被调查自然村村内四大姓加起来约占68.2%的人口，但是从主观评价来看，大姓族群对村内公共事务的影响相对较小。70%的受访者认为村内大姓对公共事务没有任何影响，仅有5.9%的人认为影响很大，24.1%的人认为有一些影响（见表2—125）。

表2—125 大姓族群对村里公共事务的影响

	频次	频率（%）	累计频率（%）
影响很大	73	5.9	5.9
有一些影响	297	24.1	30.0
没影响	864	70.0	100.0
总计	1234	100.0	—

同样，数据显示这些大姓族群在村委会选举中的影响也很小。78.9%的受访者认为不会有任何影响，仅有2.8%的人认为影响很大，18.3%的人认为有一些影响（见表2—126）。

表2—126　大姓族群是否会影响到村委会选举

	频次	频率(%)	累计频率(%)
影响很大	34	2.8	2.8
有一些影响	226	18.3	21.1
没影响	973	78.9	100.0
总计	1233	100.0	—

从调查数据来看，拥有家族祠堂的农村社区数量也不多，仅占总数的16.8%（见表2—127）。

表2—127　本村是否有家族祠堂等设施

	频次	频率(%)	累计频率(%)
有	208	16.8	16.8
没有	1027	83.2	100.0
总计	1235	100.0	—

在这些村庄内，其中21.3%的社区开展过祭祖活动，数量也相对较少（见表2—128）。

表2—128　本村是否开展过祭祖活动

	频次	频率(%)	累计频率(%)
是	263	21.3	21.3
否	972	78.7	100.0
总计	1235	100.0	—

第六节　农村社区服务项目与设施

一、农村社区服务设施建设

本节主要讨论农村社区服务的项目与机制。调查显示，在已经建设的设施中，拥有村民调解室的比例最高，有83.6%的村庄已经建设了；其次是图书室，拥有率为83.2%；村卫生室门诊数量与其非常接近，拥有率为82.9%。相比之下，已经建设的养老院敬老院和老年公寓数量最少，拥有率为9.6%；老年人日间照料机构，妇女儿童保护中心的拥有率也相对较少（见表2—129）。未建设和规划建设这些项目的所占比例较高，可见农村养老问题是我国农村社区未来发展将要面临的重要问题。在规划建设的设施中，"一站式"服务设施比例最高（10.6%），村民学校的社区比例最低（1.1%）。

表2—129　村服务设施建设情况（%）

	已经建设	规划建设	未建设	总计
"一站式"服务设施	43.4	10.6	46.0	100.0
村卫生室门诊	82.9	3.4	13.7	100.0
老年人日间照料机构	13.9	5.5	80.6	100.0
养老院敬老院和老年公寓	9.6	2.4	88.0	100.0
妇女儿童保护中心	10.0	3.8	86.2	100.0
图书室	83.2	2.8	14.0	100.0
室内活动中心/活动室	51.3	5.2	43.5	100.0
广场花园公园	48.1	5.3	46.6	100.0

（续表）

	已经建设	规划建设	未建设	总计
体育锻炼场地器材	63.1	5.5	31.4	100.0
农业农机技术服务站	10.5	1.9	87.7	100.0
集体灌溉系统	39.8	3.3	56.8	100.0
自来水系统	76.2	4.9	18.9	100.0
村民学校	44.5	1.1	54.4	100.0
村民调解室	83.6	1.9	14.4	100.0
总计	47.2	4.1	48.7	100.0

* $N_{min} = 1234$

从村务设施上来看，接受调查的农村社区"一站式"服务窗口数平均为 3.6 个；执业医师数平均为 2 名；老年人日间照料机构可容纳人数平均为 46.7 人；养老院敬老院和老年公寓的床位数平均为 45.2 张；妇女儿童保护中心在 2015 年内救助的妇女人数平均为 8.6 人，儿童平均为 5.1 人；农村社区藏书量平均为 3424 本，其中中位数为 2000 本，可见目前农村社区图书已经较为普及（见表 2—130）。

表 2—130 村各项服务设施详细情况

	均值	标准差	中位数	有效记录
"一站式"服务窗口数（个）	3.6	2.7	3.0	665
执业医师数（名）	2.0	1.5	2.0	1058
老年人日间照料机构可容纳人数（人）	46.7	77.4	25.0	236
养老院敬老院和老年公寓床位数（张）	45.2	103.1	15.0	139
救助妇女数（人）	8.6	20.8	3.0	162
救助儿童数（人）	5.1	8.6	2.0	163

（续表）

	均值	标准差	中位数	有效记录
社区藏书量（本）	3424.0	7033.3	2000.0	1042
室内活动中心/活动室面积（平方米）	198.3	481.6	80.0	690
广场/花园/公园面积（平方米）	4826.7	61109.7	600.0	652
体育锻炼场地面积（平方米）	698.0	2077.6	300.0	835
体育锻炼器材（套）	9.8	11.8	6.0	840
农业农机专业技术人员人数（名）	2.1	2.2	2.0	149

如表 2—131 所示，这些农村社区的服务设施占地面积平均为 1073.7 平方米，中位数为 300 平方米，中位数更具参考价值。

表 2—131　村社区服务设施总面积（单位：平方米）

	均值	标准差	中位数	有效记录
村社区服务设施总面积	1073.7	3802.3	300.0	1215

二、农村社区服务提供

基本设施是农村社区建设的硬件方面，农村社区服务则是软件方面。在农村公共服务的项目中，最多的项目是为农村社区提供邻里调解，环境治理，医疗服务；相对较少的项目是为农村社区提供机构养老和提供家庭中介服务（见表 2—132）。数据显示，我国农村社区在养老问题上不仅缺乏硬件设施，也缺乏相应的服务。在所有项目中，政府作为主要提供方的项目主要有三下乡活动、就业技能培训、农业培训、法律援助、动迁安置帮扶等，这些项目的主要特点是与政策衔接的比较紧密；村委会作为主要提供方的项目主要为邻里调解，比其他服务的平均

表 2—132　村服务的提供情况

	有无 此项服务		提供方						是否属于政府购买 服务或购买项目资助		村委会是否需要 提供此类服务	
	是 （%）	否 （%）	政府 （个）	村委会 （个）	非营利 组织 （个）	专业 社工 （人）	村办 集体 （个）	个人或 驻村私 营企业 （个）	是 （%）	否 （%）	需要 （%）	不需要 （%）
是否提供居家养老服务	16.7	83.3	41.8	47.1	2.9	2.9	1.0	4.4	75.2	24.8	80.1	19.9
是否提供机构养老服务	9.5	90.5	58.1	28.2	4.3	0	0.9	8.6	75.2	24.8	75.1	24.9
是否提供医疗服务	78.4	21.6	50.3	22.4	4.1	2.2	0.2	20.8	64.7	35.3	92.5	7.5
是否提供残疾人服务	36.9	63.1	68.4	28.7	1.3	1.1	0	0.4	81.4	18.6	90.2	9.8
是否提供就业技能培训	41.4	58.6	77.7	18.4	1.2	1.2	0.4	1.2	82.3	17.7	87.9	12.2
是否提供儿童社会保护	30.0	70.0	65.2	31.5	1.4	0.8	0	1.1	76.4	23.6	89.3	10.7
是否提供青少年服务	23.8	76.2	62.9	34.0	1.0	0.3	0.3	1.4	71.8	28.2	86.2	13.8
是否提供妇女权益保护	45.5	54.5	59.6	39.5	0.5	0.4	0	0	65.6	34.4	92.2	7.9
是否提供法律援助	49.8	50.2	75.1	21.2	2.1	1.1	0.2	0.3	77.7	22.4	92.2	7.8
是否提供社区矫正	35.1	64.9	64.8	33.8	0.7	0.7	0	0	69.9	30.1	77.3	22.7

（续表）

	有无此项服务		提供方						是否属于政府购买服务或项目资助		村委会是否提供此类需要服务	
	是(%)	否(%)	政府(个)	村委会(个)	非营利组织(个)	专业社工(人)	村办集体(个)	个人或驻村私营企业(个)	是(%)	否(%)	需要(%)	不需要(%)
是否提供动迁安置帮扶	25.8	74.2	71.1	28.3	0.3	0.3	0	0	77.3	22.7	65.6	34.4
是否提供家庭中介	8.3	91.7	51.0	37.3	2.9	0	0	8.8	65.7	34.3	53.3	46.7
是否提供邻里调解	83.4	16.6	6.4	93.2	0.3	0	0	0.1	26.4	73.6	93.0	7.0
是否提供环境治理	82.1	17.9	42.1	57.3	0.2	0.3	0.1	0	67.5	32.5	96.0	4.1
是否提供乡村安保	56.9	43.1	39.0	59.9	0.7	0.1	0.1	0.1	55.0	45.0	89.9	10.1
是否提供农业培训	47.5	52.5	75.3	22.3	1.2	0.5	0.2	0.5	79.8	20.2	84.2	15.8
是否提供三下乡活动	44.6	55.4	85.3	11.6	0.7	0.5	0.2	1.6	82.9	17.1	80.5	19.5
是否提供法律讲座	45.0	55.0	73.2	24.3	1.6	0.7	0	0.2	73.9	26.1	92.2	7.8
总计	42.3	57.7	55.5	39.5	1.3	0.7	0.1	2.8	67.0	33.0	84.3	15.7

N＝1235

数高出很多，可见村委会在调解村内事务方面仍然起最为重要的作用；非营利组织、专业社工、村办集体、个人或驻村私营企业在村内提供的服务数量明显少于政府和村委会。从整体数量上来看，非营利组织提供机构养老服务、医疗服务的数量相较其他服务种类略高；专业社工提供居家养老服务和医疗服务的数量相较其他种类略高；村办集体提供最多的为居家养老服务，个人或驻村私营企业提供数量最多的是医疗服务。从数据上可以看出，非营利组织、专业社工、村办集体、个人或驻村私营企业主要在医疗和养老两个方面为政府提供协助和支持。

在村服务项目的评估方面，全部项目都经过评估的农村社区仅占14.0%，未经过项目评估的农村社区占30.6%（见表2—133）。项目中分别有三分之二以上、一半以上和三分之一以上经过评估的农村社区分别占22.4%，15.8%和3.6%。

表2—133　村服务项目的质量与效果是否进行过评估

	频次	频率(%)	累计频率(%)
全部进行过评估	173	14.0	14.0
三分之二以上的项目进行过评估	276	22.4	36.4
一半以上的项目进行过评估	195	15.8	52.2
三分之一以上的项目进行过评估	45	3.6	55.8
很少项目进行过评估	167	13.6	69.4
没有进行过评估	378	30.6	100.0
总计	1234	100.0	—

在评估的主体和方式上，村服务项目最主要由上级政府部门评估，其次由村党支部和村委会评估，接下来是通过服务对象的意见反馈，第三方评估所占比例较少（见表2—134）。

表 2—134　村服务质量是通过何种形式进行评估

	响应数	响应数频率（%）	个案数频率（%）
由上级政府部门评估	595	32.7	69.6
由村党支部和村委会评估	584	32.1	68.3
通过服务对象反馈意见	523	28.7	61.2
委托第三方专业机构进行评估	102	5.6	11.9
其他方式	16	0.9	1.9
总　计	1820	100.0	212.9

*N＝855

在接受调研的农村社区中，多数村没有定期的集市，有集市的农村社区仅占总数的 23.7%（见表 2—135）。

表 2—135　本村是否有定期的集市活动

	频次	频率（%）	累计频率（%）
有	293	23.7	23.7
没有	942	76.3	100.0
总　计	1235	100.0	—

三、农村社区教育

从表 2—136 可知，在农村社区的设施中，农村社区学校所占比例较低。没有村小的农村社区共有 618 个，占调研农村社区总数的一半；仅有一所村小的农村社区有 531 个，占总数的 43%，可见农村社区中小学的数量较少。这可能与表 2—137 中显示的撤点并校有重要关系。

表2—136　本村小学数量

学校数量	频次	频率(%)	累计频率(%)
0	618	50.0	50.0
1	531	43.0	93.0
2	63	5.1	98.1
3	19	1.5	99.7
4	1	0.1	99.8
5	1	0.1	99.8
6	1	0.1	99.9
9	1	0.1	100.0
总计	1235	100.0	—

撤点并校统计数据显示，曾经撤过学校的农村社区有436个，占总数的35.3%；发生过并校的农村社区有257个，占总数的20.8%；两者加起来的比例在半数以上，为56.1%（见表2—137）。撤点并校的年份主要在2002年到2004年之间。

表2—137　本村是否曾经撤点并校

	频次	频率(%)	累计频率(%)
曾经撤校	436	35.3	35.3
曾经并校	257	20.8	56.1
没有发生过	542	43.9	100.0
总计	1235	100.0	—

离农村社区最近的小学平均距离为3.4公里，中位数为2公里（见表2—138）。总体看来多数小学离农村社区距离较远。

表2—138　最近小学距离（单位：公里）

	均值	标准差	中位数	有效记录
最近小学距离	3.4	4.3	2.0	608

四、农村社区金融与电子商务

离农村社区最近的银行或信用社距离农村社区平均为4.3公里，中位数为3公里（如表2—139）。

表2—139　离本村最近的银行或信用社距离（单位：公里）

	均值	标准差	中位数	有效记录
离本村最近的银行或信用社距离	4.3	23.1	3.0	1234

农村社区的电子商务总体看来并非十分发达，开展了电子商务的农村社区占24.9%，未开展的为75.1%，占总数的绝大多数（见表2—140）。

表2—140　本村是否开始发展电子商务

	频次	频率(%)	累计频率(%)
是	308	24.9	24.9
否	927	75.1	100.0
总计	1235	100.0	——

第七节 农村社区志愿服务与慈善事业

一、农村社区志愿者

在我国农村社区，志愿者服务和慈善事业相比城市社区较为落后。从平均值上看，每个村平均只有0.8个志愿者组织，志愿者数量为10.3人；同时两者中位数都为0，说明在大部分社区，仍没有志愿者和志愿者组织（见表2—141）。

表2—141 村内活动的志愿者组织数量和注册志愿者数量

	均值	标准差	中位数	有效记录
志愿者组织数量(个)	0.8	3.3	0	1233
注册志愿者数量(人)	10.3	55.8	0	1223

从志愿者来源上看，除去"其他"的选项，本村村民所占比例最高，是农村志愿者的最主要来源，而高校大学生和社会组织的志愿者所占比例并不高，驻村企业人员成为志愿者的数量最少（见表2—142）。

表2—142 目前村志愿者的主要来源

	响应数	响应数频率（%）	个案数频率（%）
本村村民	482	35.8	40.2
高校大学生	73	5.4	6.1
社会组织	69	5.1	5.8
驻村企业人员	25	1.9	2.1
其他	698	51.8	58.2

（续表）

	响应数	响应数频率(%)	个案数频率(%)
总计	1347	100.0	112.3

* N = 1199

二、农村社区志愿者服务活动

在村志愿者服务的活动中，调解村民关系所占比例最高。在 2015 年中，村志愿者参与的服务活动平均次数最多的为调解村民之间关系，其次是举行文体活动、排查治安与安全隐患、环境保护及政策宣传与咨询等；服务青少年儿童、妇女权益保护的次数以及村内志愿慈善活动的次数则相对较少；各项志愿者活动的中位数均为 0 次，说明整体来看志愿活动仍然十分欠缺（见表 2—143）。

表 2—143　2015 年村志愿者服务活动次数（单位：次）

	均值	标准差	中位数	有效记录
养老志愿服务	1.2	5.2	0	1233
妇女权益保护服务	0.7	1.8	0	1229
青少年儿童服务	0.6	1.8	0	1232
残疾人服务	1.3	4.6	0	1231
村民关系调解	6.2	14.0	0	1215
文体活动	3.6	12.5	0	1231
生活困难人员帮扶	2.8	8.0	0	1224
政策宣传与咨询	3.1	8.9	0	1228
环境保护	3.4	9.6	0	1229

（续表）

	均值	标准差	中位数	有效记录
治安与安全隐患排查	4.2	11.0	0	1225
慈善活动	0.6	2.0	0	1232
其他志愿活动1	6.5	20.2	0	42
其他志愿活动2	0.1	0.5	0	17
其他志愿活动3	0.2	0.6	0	11

在社区服务的项目中，本村居民志愿者最多的为文体活动、环境保护和养老；高校大学生志愿者最多的为青少年儿童服务，其次为政策宣传与咨询；驻村企业志愿者较多的为慈善活动、青少年儿童服务和妇女权益保护服务；社会组织志愿者较多的有残疾人服务，青少年儿童服务和慈善活动项；从总数上看，本村居民志愿者参与的项目最多，驻村企业志愿者参与的项目最少；大学生志愿者参与的项目以青少年儿童服务和政策类为主，而社会组织参与的项目更具有专业性（见表2—144）。

表2—144 开展活动的主要志愿者项目来源（%）

	高校大学生	本村居民	驻村企业	社会组织	其他	总计
养老志愿服务	2.6	80.1	0.7	7.5	9.2	100.0
妇女权益保护服务	2.5	76.9	1.0	9.5	10.1	100.0
青少年儿童服务	5.6	75.3	1.1	10.9	7.1	100.0
残疾人服务	1.4	76.2	0	11.5	10.9	100.0
村民关系调解	0.6	79.2	0.2	3.5	16.6	100.0
文体活动	2.5	87.1	0.5	5.4	4.5	100.0
生活困难人员帮扶	1.1	70.4	1.3	8.9	18.3	100.0
政策宣传与咨询	3.6	67.2	0.4	9.4	19.4	100.0

（续表）

	高校大学生	本村居民	驻村企业	社会组织	其他	总计
环境保护	1.3	80.6	0.8	4.8	12.5	100.0
治安与安全隐患排查	0.6	76.0	0.8	6.0	16.7	100.0
慈善活动	1.9	77.0	1.3	10.2	9.6	100.0
其他志愿活动1	0	54.8	0	4.8	40.5	100.0
其他志愿活动2	5.9	52.9	0	5.9	35.3	100.0
其他志愿活动3	18.2	54.6	0	0	27.3	100.0
总计	2.0	76.4	0.7	7.5	13.5	100.0

*N = 1235

2015年不同农村社区开展邻里互助活动的次数两极分化相对严重。一次未开展过的村所占比例最高，共有446个村，占总数的36.1%；而开展5次以上的农村社区数量与之相近，共有410个村，所占比例为33.2%；开展次数为2—5次的农村社区共有328个，所占比例为26.6%；仅开展过一次的共有50个农村社区，所占比例为4.1%（见表2—145）。

表2—145　2015年村开展邻里互助活动的次数

	频次	频率（%）	累计频率（%）
5次以上	410	33.2	33.2
2—5次	328	26.6	59.8
1次	50	4.1	63.9
0次	446	36.1	100.0
总计	1234	100.0	—

在村中开展的邻里互助活动中，开展最多，同时也是村民参与度最高的是困难情况的互助，之后是婚丧嫁娶和一些突发事件的互助，而养老互助的参与度则相对较低（见表2—146）。

表2—146 村开展过哪些邻里互助活动

	响应数	响应数频率(%)	个案数频率(%)
互助养老、伙伴家庭	339	16.9	43.0
事件(疾病、灾害、治安事件)互助	503	25.0	63.8
婚丧嫁娶	550	27.4	69.8
困难情况互助	599	29.8	76.0
其他活动	18	0.9	2.3
总计	2009	100.0	254.9

*N = 788

农村志愿活动在开展的过程中也受到很多因素的制约。从数据上看，资金不足是最重要的原因，其次是村民的参与度不高。缺乏激励机制、场地和志愿者服务参与途径相比之下影响略小（见表2—147）。

表2—147 制约农村社区志愿服务活动开展的因素

	响应数	响应数频率(%)	个案数频率(%)
缺乏激励机制	683	18.7	55.3
缺乏场地	636	17.4	51.5
资金不足	1035	28.3	83.8
村民参与度不高	727	19.9	58.9
缺乏志愿服务参与途径	536	14.6	43.4

（续表）

	响应数	响应数频率（%）	个案数频率（%）
其他	42	1.1	3.4
总计	3659	100.0	296.3

* N = 1235

三、农村社区慈善募捐

从慈善捐赠的次数来看，2015 年开展了 5 次以上慈善活动的农村社区为 50 个，所占比例为 4%；从未开展过慈善活动的农村社区共有 706 个，所占比例为总数的 57.2%（见表 2—148）。可见我国农村社区中的慈善活动开展仍处于较低的水平。

表 2—148　2015 年村开展慈善募捐活动的次数

	频次	频率（%）	累计频率（%）
5 次以上	50	4.0	4.0
2—5 次	222	18.0	22.0
1 次	257	20.8	42.8
0 次	706	57.2	100.0
总计	1235	100.0	—

数据显示（见表 2—149），2015 年被调研的农村社区接受的外部慈善资金平均值为 10792.6 元，但中位值仅为 0 元，可见大部分农村社区并未接受过外部的慈善资金。相比之下，农村社区自己募集的慈善资金平均值为 16989.9 元，中位数为 2000 元，可见大部分农村社区慈善资金的来源都是自己募集的。我国农村社区慈善资金仍然十分缺乏。

表 2—149 2015 年度村慈善资金和内部募集（单位：元）

	均值	标准差	中位数	有效记录
慈善资金	10792.6	78224.8	0	1217
自己募集	16989.9	69879.7	2000.0	339

在上述这些善款中，来自本村村民捐赠的数量最多，在所有类别总数中占 46.5%；来自企业捐赠的占 18.5%，在所有类别里位居第二；来自宗教组织捐赠和村里某一宗族捐助的所占比例最少，仅有 1.4% 和 1.6%（见表 2—150）。

表 2—150 村已接受善款来源渠道

	响应数	响应数频率（%）	个案数频率（%）
本村村民捐赠	236	46.5	69.2
本村之外村民捐赠	66	13.0	19.4
村外非营利性组织捐赠	52	10.1	15.2
企业捐赠	94	18.5	27.6
宗教组织捐赠	7	1.4	2.1
村里某一宗族捐赠	8	1.6	2.3
其他	45	8.9	13.2
总计	508	100.0	149.0

*N = 341

除了善款的来源，调查中还涉及 2015 年度善款的主要用途，其中扶贫济困所占的比例最大，为 39.9%；救急难所占比例次之，为 32.3%；在改善社区设施、优化社区环境，拥军优属方面，善款使用所占比例较低，分别为 12.0% 和 11.1%（见表 2—151）。

表2—151　村2015年度善款主要用途

	响应数	响应数频率（%）	个案数频率（%）
拥军优属	69	11.1	20.5
扶贫济困	247	39.9	73.3
救急难	200	32.3	59.3
改善社区设施、优化社区环境	74	12.0	22.0
其他	29	4.7	8.6
总计	619	100.0	183.7

*N=337

一些农村社区不仅会收到捐赠也会捐出一些善款。在农村社区捐出的善款当中，平均值为11816.5元，中位数是0元。因此农村社区捐款，尤其是大额的捐赠可能是非常特殊的农村社区才会有（见表2—152）。

表2—152　村2015年度捐出慈善资金（单位：元）

	均值	标准差	中位数	有效记录
捐出资金	11816.5	230168.9	0	1219

虽然宗教组织传统上是主持慈善活动的重要机构，但是数据显示71.1%的农村社区中并没有宗教组织或者机构参与到慈善活动中去，仅有1.5%的农村社区有宗教组织参与慈善活动（见表2—153）。

表2—153　宗教组织是否参与慈善活动

	频次	频率（%）	累计频率（%）
经常参与	19	1.5	1.5
偶尔参与	71	5.8	7.3

（续表）

	频次	频率(%)	累计频率(%)
从不参与	267	21.6	28.9
没有宗教组织或机构	877	71.1	100.0
总计	1234	100.0	——

虽然传统农村社区中，宗族在农村慈善活动中有很重要的地位，但是现在农村社区中宗族参与慈善活动并不频繁。50.5%的农村社区没有宗族参与过慈善活动，仅有5.6%的农村社区中有宗族经常参与到慈善活动中（见表2—154）。

表2—154 宗族是否参与慈善活动

	频次	频率(%)	累计频率(%)
经常参与	69	5.6	5.6
偶尔参与	167	13.6	19.2
从不参与	621	50.5	69.7
没有大姓族群	372	30.3	100.0
总计	1229	100.0	——

第八节 农村社区公共安全与防灾减灾

一、农村社区公共安全设施与案情

农村社区在公共安全方面也有一些措施。其中有警务室的农村社区占26.51%，有治安巡逻队的农村社区占33.72%，有应急广播的农村社区占 39.77%（见表 2—155）。可见目前农村社区公共安全最主要的措施为应急广播。

表 2—155　公共安全设施情况（%）

	有	没有	总计
是否有警务室	26.51	45.11	33.33
是否有治安巡逻队	33.72	32.67	33.33
是否有应急广播	39.77	22.22	33.33
总计	100	100	100

总体来看，农村社区的案件发生率较低（见表 2—156）。在数据统计的过去三年中，农村社区中发生的案件数量平均为 2.1 件，刑事案件数为 0.4 件，民事案件数为 1.5 件。从中位数上看，数值都为 0，可见大部分农村社区并无案件发生。

表 2—156　过去三年案件数

	均值	标准差	中位数	有效记录
案件数(件)	2.1	7.5	0	1177
刑事案件数(件)	0.4	1.5	0	1179
民事案件数(件)	1.5	6.1	0	1179

二、农村社区突发事件应急机制

在参与调查的农村社区中，75.4%的农村社区制定了突发事件应急机制，16.5%的农村社区没有制定突发事件应急机制，8.1%的农村社区正在制定突发事件应急机制（见表 2—157）。

表 2—157　是否制定了突发事件应急机制

	频次	频率(%)	累计频率(%)
制定了	931	75.4	75.4
没有制定	204	16.5	91.9
正在制定	100	8.1	100.0
总计	1235	100.0	—

除了制定突发事件应急机制，许多农村社区还成立了应急领导小组，其中已经成立的有 1002 个农村社区，占总数的 81.2%，正在筹备的有 74 个农村社区，占总数的 6%（见表 2—158）。

表 2—158　是否成立应急领导小组

	频次	频率(%)	累计频率(%)
成立了	1002	81.2	81.2
没有成立	158	12.8	94.0
正在筹备	74	6.0	100.0
总计	1234	100.0	—

三、农村社区安全防范与治安防控

在参与农村社区安全防范和治安防控方面，参与主体中最重要的是村委会，接下来分别是党员队伍、治安巡逻队和村警务部门，志愿者和村办企业参与相对较少（见表 2—159）。

表 2—159　本村有哪些主体参与安全防范和治安防控

	响应数	响应数频率(%)	个案数频率(%)
党员队伍	981	26.2	79.4

（续表）

	响应数	响应数频率（%）	个案数频率（%）
村警务部门	522	13.9	42.3
治安巡逻队（巡防队）	730	19.5	59.1
村委会	1114	29.7	90.2
志愿者队伍	321	8.6	26.0
村办企业	36	1.0	2.9
其他	45	1.2	3.6
总计	3749	100.0	303.6

*N=1235

就演习而言，我国农村社区目前做过的次数非常少。除消防演习外，2015 年农村社区举行过的其他各类演习的平均次数都低于 0.5 次（见表 2—160）。

表 2—160 2015 年的演习数（单位：次）

	均值	标准差	中位数	有效记录
消防演习	0.5	1.1	0	1234
防震演习	0.2	0.6	0	1235
其他自然灾害事件演习	0.4	2.5	0	1235
暴恐事件应急演习	0.1	0.3	0	1235
突发公共卫生事件应急演习	0.2	0.6	0	1235
突发群体性事件应急演习	0.2	0.6	0	1235
安全生产事故应急演习	0.4	2.5	0	1233
其他应急演习次数	2.4	12.8	0	145

第九节　大学生村官（个人调查）

一、大学生村官基本情况

本问卷由有大学生村官任职的农村社区中的一名大学生村官填写。如表 2—161 所示，有大学生村官的农村社区仅有 168 个，占总数的 13.6%。

表 2—161　是否有大学生村官

	频次	频率（%）	累计频率（%）
是	168	13.6	13.6
否	1067	86.4	100.0
总计	1235	100.0	—

从年龄上来看，大学生村官的平均年龄为 28 岁，中位数为 27 岁（见表 2—162）。

表 2—162　大学生村官年龄（单位：岁）

	均值	标准差	中位数	有效记录
年龄	28.0	4.5	27.0	164

从性别上来看，大学生村官中男性有 73 人，女性 95 人，女性数量略高于男性（见表 2—163）。

表 2—163　大学生村官性别

	频次	频率（%）	累计频率（%）
男	73	43.5	43.5

（续表）

	频次	频率（%）	累计频率（%）
女	95	56.5	100.0
总计	168	100.0	—

从基本情况来看，成为大学生村官前是本地户口的占54.2%，现在是本地户口的为57.1%，可见成为村干部后改变户口的人数接近3%；大学生村官是党员的人数为76.8%，参与村干部选拔考试的人占86.8%，居住在所任职村里的人为30.4%，而被上级部门借调过的人数占48.2%（见表2—164）。

表2—164 大学生村官相关情况（%）

	是	否	总计
成为村干部前是否本地户口	54.2	45.8	100.0
现在是否本地户口	57.1	42.9	100.0
是否党员	76.8	23.2	100.0
是否参与村干部选拔考试	86.8	13.2	100.0
是否居住在所任职村里	30.4	69.6	100.0
是否被借调	48.2	51.8	100.0
总计	61.1	38.9	100.0

* $N_{min} = 166$

二、大学生村官的教育背景

从教育程度来看，大学生村官多为本科学历，共136人，占总数的81.9%；专科和硕士以上学历分别为19人和11人，占总数的11.4%和

6.7%（见表2—165）。

表2—165　大学生村官教育程度

	频次	频率(%)	累计频率(%)
专科	19	11.4	11.4
本科	136	81.9	93.4
硕士及以上	11	6.7	100.0
总计	166	100.0	—

大部分大学生村官毕业于二本院校，共77人，占总数的48.4%，接近半数；毕业于"985""211"高校，或这些高校之外的一本院校的分别为17人和19人，分别占总数的10.7%和11.9%（见表2—166）。

表2—166　大学生村官毕业院校

	频次	频率(%)	累计频率(%)
"985""211"高校	17	10.7	10.7
"985""211"高校之外的一本	19	11.9	22.6
二本	77	48.4	71.1
其他	46	29.0	100.0
总计	159	100.0	—

三、大学生村官工作情况

从居住情况来看，44.8%的大学生村官住在县城，45.7%的大学生村官住在乡镇（见表2—167）。

表2—167 大学生村官实际居住地点

	频次	频率(%)	累计频率(%)
县城	52	44.8	44.8
乡镇	53	45.7	90.5
其他	11	9.5	100.0
总计	116	100.0	—

从工作时间和津贴来看，大学生村官两周内在村内办公的天数平均为8.1天，在三个月中被借调的周数平均为4.6周，在一个月内向他们求助的村民平均为23.1人，而他们能够获得的月平均津贴为1536元（见表2—168）。

表2—168 大学生村官工作时间和津贴

	均值	标准差	中位数	有效记录
两周内在村办公天数(天)	8.1	4.3	10.0	168
三个月中被借调周数(周)	4.6	5.2	2.0	79
月平均津贴(元)	1536.0	1217.3	1800.0	153
一个月内求助人数(人)	23.1	98.5	5.0	159

四、大学生村官工作评价情况

大学生村官的工作主要由乡镇政府进行评价，响应数为121个，响应率为22.1%，同时其个案频率也最高，达到72%（见表2—169）。这意味着在所有评价主体中，乡镇政府占比最高，同时认为乡镇政府是主要评价者的大学生村官也最多。

表2—169 工作主要是由谁来进行评价

	响应数	响应数频率（%）	个案数频率（%）
县政府	44	8.0	26.2
乡镇政府	121	22.1	72.0
村支书	98	17.9	58.3
村主任	82	15.0	48.8
村两委	116	21.2	69.0
村民	82	15.0	48.8
其他	5	0.8	3.0
总计	548	100.0	326.2

*N=168

在所有评价指标中，对县乡党委所布置任务的完成情况是针对大学生村官工作最主要的评价指标，所占比例为17.9%，其次为对村干部指令的执行情况和对村干部决策的帮助情况。大学生村官宣传普及国家政策的效果、开展科教文卫活动的情况、扶贫工作的效果和对村经济发展的贡献虽然也是考察的重要方面，但占比略低（见表2—170）。

表2—170 对您工作的评价主要依据哪些指标

	响应数	响应数频率（%）	个案数频率（%）
对村干部指令的执行情况	147	17.3	87.5
对县乡党委所布置任务的完成情况	152	17.9	90.5
扶贫工作的效果	107	12.6	63.7
宣传普及国家政策的效果	114	13.4	67.9
对村经济发展的贡献	91	10.7	54.2
对村干部决策的帮助情况	120	14.2	71.4

（续表）

	响应数	响应数频率（%）	个案数频率（%）
开展科教文卫活动的情况	109	12.9	64.9
其他	8	0.9	4.8
总计	848	100.0	504.8

* N = 168

大部分大学生村官选择这一工作最主要的原因是希望为农村的发展做出贡献，所占比例为 42.5%；另一个重要原因是想要积累基层经验，所占比例为 36.5%。而为了更容易考取公务员，或者因为解决就业困难、为了解决当地户口或为了考研加分而选择当村干部的人所占比例非常小（见表 2—171）。可见大部分大学生村官的这一选择都与国家未来的发展以及实现个人的理想，而非个人利益有着更重要的关联。

表 2—171　成为大学生村官的最主要原因

	频次	频率（%）	累计频率（%）
为农村发展做出贡献	71	42.5	42.5
积累基层经验	61	36.5	79.0
解决就业困难	11	6.6	85.6
解决当地户口	2	1.2	86.8
获得考研加分优惠	1	0.6	87.4
更容易考上公务员	16	9.6	97.0
其他	5	3.0	100.0
总计	167	100.0	—

大部分大学生村官来到农村后都受到了欢迎。其中，认为大学生村官很受欢迎的人占总数的 47.6%，较为受欢迎的人占 44%，反应一般

和不知道的人共占到 8.4%（见表 2—172）。可见村民对大学生村官普遍持积极的态度。

表 2—172 是否受欢迎

	频次	频率（%）	累计频率（%）
很受欢迎	80	47.6	47.6
较为受欢迎	74	44.0	91.7
反应一般	9	5.4	97.0
不知道	5	3.0	100.0
总计	168	100.0	——

在工作中，大部分大学生村官对其工作环境表示满意。其中，很满意的为 61 人，满意的为 81 人，两者加起来占到总数的 85%；而表示一般或者不太满意的人仅有 15%（表 2—173）。

表 2—173 对工作环境是否满意

	频次	频率（%）	累计频率（%）
很满意	61	36.5	36.5
满意	81	48.5	85.0
一般	22	13.2	98.2
不太满意	3	1.8	100.0
总计	167	100.0	——

从效果上看，大学生村官普遍起到一定的作用。认为作用很大的为 46 人，占到总数的 27.4%；认为作用较大的人数最多，共 71 人，所占比例为 42.3%；认为作用一般的有 47 人，所占比例为 28%；认为作用不大的人仅有 4 人，占比例为 2.4%（表 2—174）。

表2—174　发挥多大作用

	频次	频率（%）	累计频率（%）
很 大	46	27.4	27.4
较 大	71	42.3	69.6
一 般	47	28.0	97.6
不 大	4	2.4	100.0
总 计	168	100.0	—

五、大学生村官工作内容

在工作中遇到的各种各样的问题中，大学生村官面临的最大问题是专业不对口，所学的知识用不上（见表2—175）。除此之外，村里矛盾较多，人际关系复杂，以及与村民缺乏共同语言，难以融入村民生活也在一定程度上成为大学生村官在工作中遇到的困难。

表2—175　工作中面临的困难

	响应数	响应数频率（%）	个案数频率（%）
专业不对口，所学知识用不上	81	36.2	48.2
与村民缺乏共同语言，难以融入村民生活	34	15.2	20.2
村里矛盾较多，人际关系复杂	50	22.3	29.8
工资不能按时发放，生活困难	9	4.0	5.4
其他	50	22.3	29.8
总 计	224	100.0	133.4

*N=168

在调研开展的一个月内，村民向大学生村官求助最多的事情是政策咨询，这可能与村民对大学生的认识有重要关系。此外，求助频率比较多的项目分别有填写各类表格、信件，帮助申请家庭补贴。而村民对外出务工咨询以及投资方面的咨询相对较少（见表2—176）。

表2—176　主要涉及哪些方面的帮助

	响应数	响应数频率（%）	个案数频率（%）
生产技术咨询	34	7.5	28.3
外出务工咨询	29	6.4	24.2
政策咨询	103	22.7	85.8
帮助申请家庭补贴	80	17.7	66.7
填写各类表格、信件	82	18.1	68.3
子女教育咨询	43	9.5	35.8
网络、计算机问题咨询	43	9.5	35.8
市场相关信息咨询	23	5.1	19.2
投资咨询	7	1.5	5.8
其他	9	2.0	7.5
总计	453	100.0	377.5

*N = 120

从工作内容上来看，大学生村官做过最多的工作主要有四类，分别为"提升管理水平、选举透明度""解决村民的矛盾纠纷""推广农村合作医疗、保险"和"普及社会保障知识，让更多贫困人口获得国家福利"；没有做过的工作主要集中在"创办经济发展项目、建立稳定的销售渠道""为本村引进资金和农业技术"以及"帮助村民解决申请贷款等实际问题"（见表2—177）。从数据上看，大学生所做的工作更多地具有本地性和知识性，而缺乏资源性。这与村两委所建议的工作重点基本吻合，可见这方面的工作一方面可能符合大学生的知识结构和工作能力，另一方面也更符合村民以及村两委对大学生村官的期待和定位。

表2—177　大学生村官的工作内容（%）

	是否曾做过这方面工作			村两委是否建议做		
	做过大量	做过一定	没有做过	强烈建议	建议过	没有建议
是否做过经济发展	11.3	36.9	51.8	6.0	48.2	45.8
是否做过引进资金技术	10.1	31.0	58.9	4.2	47.6	48.2
是否做过公共服务	16.1	57.1	26.8	6.6	64.3	29.2
是否做过提升管理水平	22.0	59.5	18.5	10.1	64.3	25.6
是否做过解决纠纷	20.2	58.9	20.8	10.7	61.9	27.4
是否做过农村医疗	26.2	50.0	23.8	13.1	53.6	33.3
是否做过解决实际困难	9.5	43.5	47.0	5.4	42.9	51.8
是否做过社会保障	20.8	53.6	25.6	7.7	61.3	31.0
总　计	17.0	48.8	34.2	8.0	55.5	36.5

第十节　结论和对策

通过调查和分析农村社区中的村庄基本情况、政府治理角色与政府—村关系、党组织建设、村委会与村民自治、农村社区社会组织培育及其治理角色、农村社区服务项目与设施、农村社区志愿服务与慈善事业、农村社区公共安全与治安防控以及大学生村官九个方面的内容，可以看出，我国农村社区治理总体上呈现出良好的发展态势，社区治理体系逐步健全，社区治理水平稳步提升。不过，调查结果也表明，现阶段的农村社区治理过程中还存在一些问题，需要进一步加强治理体系和治理能力的建设。

由于我国幅员广阔，不同地区和不同省、市之间的经济社会发展水平差距较大，农村社区的集体经济发展水平、社区建设的资源投入力度和村庄治理服务水平之间也存在着明显差距。不同地区的农村社区治理与社区服务既存在着共性问题，也有着突出的个性问题。因此，需要因地制宜地改进农村社区治理和提升社区服务水平。

一、农村社区治理存在的问题

（一）农村社区党建工作面临的主要困难

农村社区党建工作缺少资金、党组织活动缺乏设施平台、党员队伍整体素质（特别是文化程度）不高，是目前村级党建工作中的三个主要困难。

（二）政府在农村社区治理中的角色不清

在农村社区公共服务的提供方式中，政府委派给村委会承担是最主要的方式，基层政府直接承担也占较大比例，而政府购买村委会或社会组织服务等方式所占的比例较低。与此同时，政府对于农村社区的考核评比制度还有待改进和完善，在调查的农村社区中，年度评比已经取消了"一票否决"的农村社区为38.7%，未取消的仍占61.3%。

（三）村公共事务决策的主体多元性欠缺

农村社区参与村公共事务决策的主体中，乡镇政府、村民代表、村党支部、村委会被认为是主要参与主体；相比而言，村监委会、村办企业、专业合作社、物业服务机构不是主要的参与主体。需要指出的是，在被访的农村社区中，没有集体经济组织的社区占比为 72.0%，没有物业服务企业的社区占比为 93.0%。可见，农村社区公共事务决策还未形成多元共治的局面。

（四）农村社区社会组织的培育发展不足

在被访的农村社区中，每个村所拥有的社会组织平均数量为 0.3 个，其中群众性文体类组织居多；这些社会组织在村民文化娱乐活动中参与的比例最高，在重大事项决策中参与的比例最低；而且，这些社会组织中，由村委会干部或村党支部组织干部兼任领导职务的社会组织比例较高。可见，农村社区社会组织的总量小、类型少、发展弱，在社区治理中的作用十分有限。

（五）农村社区服务项目建设结构不均衡

在设施方面，已经建设了一站式服务设施、农业农机技术服务站、集体灌溉系统的社区占比不到 50%；农村社区已建服务项目中，养老院敬老院和老年公寓数量最少，老年人日间照料机构、妇女儿童保护中心的数量也相对较少。在服务方面，提供机构养老和家庭中介服务的农村社区相对较少；非营利组织、专业社工、村办集体、个人或驻村私营企业提供的服务数量明显少于政府和村委会。

（六）志愿服务和慈善事业处于较低水平

在被访的农村社区中，志愿者和志愿者组织数量都很少。农村志愿活动在开展过程中受到很多因素的制约，主要是资金不足和村民参与度不足等。在被访的农村社区中，从未开展过慈善活动的社区占比为 57.2%。即使开展过慈善活动，大部分慈善资金也都是社区自己募集的，慈善资金十分缺乏。可见，我国农村社区中志愿服务和慈善活动的开展仍处于较低水平。

（七）大学生村官的覆盖面小和融入难题

前述调查数据显示，被访的农村社区中，有大学生村官的农村社区仅有 168 个，占总数的 13.6%，可见大学生村官的覆盖面不大。在工作中遇到的各种各样的问题中，大学生村官面临的最大问题是专业不对口，所学的知识用不上；除此之外，村里矛盾较多，人际关系复杂，以及与村民缺乏共同语言，难以融入村民生活等，也在一定程度上成了大学生村官在工作中遇到的困难。

二、相应的政策建议

（一）加强农村社区党组织建设

《中共中央国务院关于加强和完善城乡社区治理的意见》指出，要把加强基层党的建设、巩固党的执政基础作为贯穿社会治理和基层建设的主线。因此，有必要加强对农村社区党组织建设资金、党组织活动平台的投入力度，为村党组织成员提供更多的学习培训机会，不断提高村党组织队伍的整体素质。

（二）明确政府的社区治理角色

进一步明确政府在农村社区治理中的角色定位。一是推进政社合作、完善政府购买服务体系，依法厘清乡镇政府和村委会的权责边界，加大乡镇政府对村委会和社会组织等购买服务的力度；二是推进农村社区工作的减负增效，改进综合考核评比制度，取消对于社区工作的"一票否决"事项。

（三）推进农村社区的协商共治

积极支持和引导村办企业、专业合作社、物业服务机构、社会组织等参与到农村社区公共事务决策的过程中；支持和帮助村民培养协商意识、掌握协商方法，努力提高村民协商能力；在关系到村社区公共利益的各个方面，村党组织和村委会牵头建立协商平台，组织协商过程，推动形成多元共治的良好格局。

（四）增强社会组织的培育力度

制定完善孵化培育、人才引进、资金支持等扶持政策，落实税费优惠政策，大力发展在农村社区开展健康养老、公益慈善、邻里互助等活动的社会组织。一方面，努力培育农村社区内部形成不同类型的社区社会组织，尤其是公益类、互助类的社会组织；积极引入农村社区外部专业社会组织的力量为社区村民服务；另一方面，鼓励引导社会组织在社区治理中发挥重要作用，吸收社会组织主要负责人进入基层自治、共治或协商议事的平台中参与决策。

（五）注重社区服务的均衡发展

在农村社区公共服务体系建设中，必须注重服务项目之间的均衡发展。一方面，需要扩大一站式服务设施、农业农机技术服务站、集体灌溉系统建设的覆盖面，同时需要高度重视养老院敬老院和老年公寓、老年人日间照料机构、妇女儿童保护中心的建设和相关服务提供；另一方面，需要积极引导和支持非营利组织、专业社工、村办集体、个人或驻村私营企业为农村社区提供服务。

（六）提高志愿服务和慈善水平

政府需要增加对于农村社区志愿者和志愿者组织活动的资金支持力度，同时积极宣传引导、鼓励村民参与志愿服务，促进社区内部志愿者和志愿者组织数量的稳步增长。村党组织和村委会需要大力支持农村社区内部的慈善募捐活动，同时努力吸引外部的慈善资源，帮助村民解决实际困难。

（七）拓宽大学生村官的覆盖面

进一步拓宽大学生村官在农村社区中的覆盖面，为农村社区工作队伍注入新鲜的血液。充分发挥大学生村官在文化程度、创新能力等方面的优势，使其更好地协助村委会成员的工作，增进基层社区的学习氛围，为农村综合建设和发展提供新的思路；同时，村党组织和村委会成员要注重对大学生村官工作经验方面的指导和生活方面的帮助，使其能够更好融入农村社区的工作和生活。

第三章　城市居民参与社区治理状况

随着社会转型与体制转轨，我国的城市社区也发生着很大的变化。与以往以居委会辖区作为社区的基本形态与组织边界不同，今天的城市社区已经演变为以共同房产利益、生存环境和共同志趣爱好为纽带，自主连接而成的社会生活共同体，而社区居民也从"单位人"走向"社会人"。这样一来，自上而下的科层管理体制在社区建设中就会面临很多困境。因此，社区建设要取得好的效果，必须把基层的居民发动起来，使他们主动参与到社区建设的活动中去。居民的社区参与是社区发展的内在动力，是社区建设的中间环节，也是社区建设的主体力量。因此在这一章，我们基于居民参与调查问卷，来分析城市居民社区参与的状况。

第一节　城市居民基本状况

一、调查状况

"社会治理动态监测平台及深度观察点网络建设"项目 2016 年的调查中选取了 2169 个城市社区作为社区样本，并在其中选取了 113 个社区作为抽样单位选择受访者完成居民参与调查问卷。在这 113 个社区中，不同社区完成居民参与调查问卷的人数也不同，最少的 1 个社区仅有 1 名居民完成问卷，最多的 1 个社区中有 36 名居民完成问卷，这些社区中完成居民参与调查问卷居民数量的中位数则为 27 名，总计完成了 2353 份有效问卷。选取的 113 个社区分布在 24 个省份，具有较强的代表性。

问卷主要从居民基本情况、社会交往、社区参与和社区评价等四个方面来考察 2016 年我国城市居民的社区参与状况，这对我们了解城市居民在社区建设中发挥的作用、发掘居民社区参与中的不足与探索推进居民参与社区治理的对策均有着重要的参考意义。

二、居民基本状况描述

在城市居民样本中，共有 992 名男性受访者，1361 名女性受访者，女性占的比例偏大。从年龄来看，最小的受访者为 14 岁，最大的为 85 岁，其中年龄的中位数为 52 岁。分性别来看，受访男性中位数年龄为 54 岁，女性中位数年龄为 51 岁。图 3—1 显示了城市居民受访者的年龄分布，其中 30 岁及以下所占比例最小，仅为 6.25%，31—40 岁年龄群

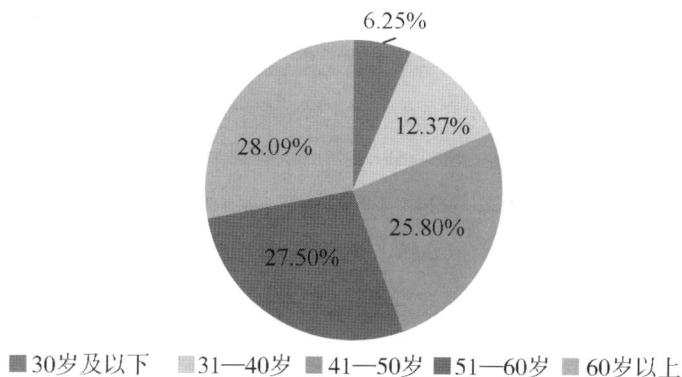

图 3—1　城市居民的年龄分布（N＝2353）

体的比例也不高，为 12.37%，41—50 岁、51—60 岁和 60 岁以上的年龄群体所占的比例较高，分别为 25.8%、27.5% 和 28.09%。

图 3—2 显示了受访城市居民的婚姻状况。大部分受访者都是已婚状况，未婚受访者的比例很小，仅占 4.25%，这与受访者年龄整体偏大也有一定的关系。离异与丧偶的受访者分别占 3.19% 和 5.95%。

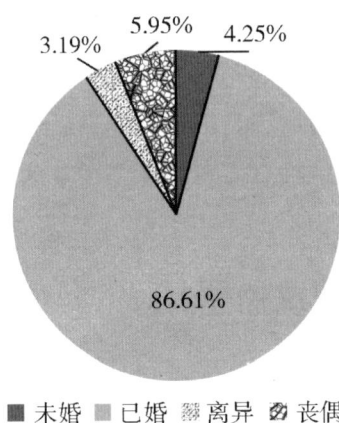

图 3—2　城市居民的婚姻状况（N = 2353）

就受访城市居民的教育程度而言，59.16% 的受访者教育程度在初中及以下，高中/中专教育程度的受访者占 24.48%，大专教育程度的受访者占 10.75%，本科及以上的受访者所占比例最小，仅为 5.61%（见图 3—3）。

在受访者中，有工作的居民为 1348 名，占 57.3%；处于退休和失业状态的居民为 1005 名，占 42.7%。有工作居民的比例较低主要与受访者的年龄分布有关。由于约 1/4 的受访者年龄都在 60 岁以上，导致退休的受访者所占的比例偏高。

城市居民问卷选取的是城镇地区的社区，但是由于人口流动，受访者的户口并不都是非农业户口。图 3—4 显示出，有 72.55% 的受访者为非农业户口，而 27.28% 的受访者为农业户口，这部分受访者很可能是

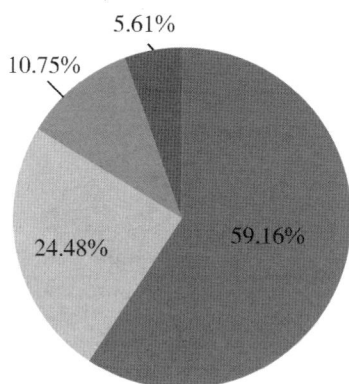

5.61%

10.75%

24.48%

59.16%

■ 初中及以下　■ 高中/中专　■ 大专　■ 本科及以上

图 3—3　城市居民的教育状况（N=2353）

从农村迁移到城市务工的流动人口。这种现象也有可能是因为城镇化过程中村改居后，社区性质改变而居民户口性质没有发生变化，仍然是农业户口。另外，调查结果也显示，80.66%的受访者户口在本社区，仅有 19.34%的受访者户口不在本社区。

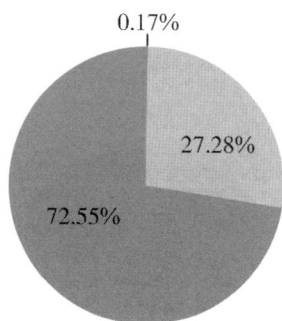

0.17%

27.28%

72.55%

■ 不知道　■ 农业户口　■ 非农业户口

图 3—4　城市居民的户口状况（N=2353）

图 3—5 显示了受访居民的政治面貌。其中，普通群众占了大多数，比例为 77.18%；中共党员的比例为 17.55%，比全国整体的党员比例要高；共青团员的比例为 5.01%；而民主党派成员的比例最少，仅为

0.21%。分性别来看，男性的中共党员比例为 23.89%，远高于女性的 12.93%。

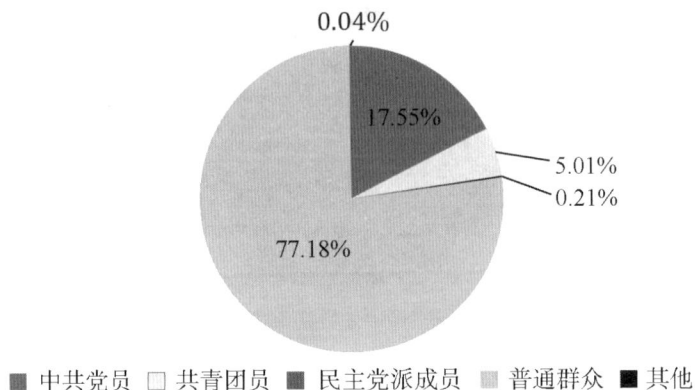

图 3—5　城市居民的政治面貌（N=2353）

受访居民的健康状况方面，18.61%的受访者自评健康状况为非常健康，28.64%自评为比较健康，超过 1/3 即 37.82%的居民自评健康为一般，而自评为不太健康和很不健康的受访居民比例则为 11.35%和 3.57%（见图 3—6）。总体来看，受访城市居民的健康状况还是较为良好的。

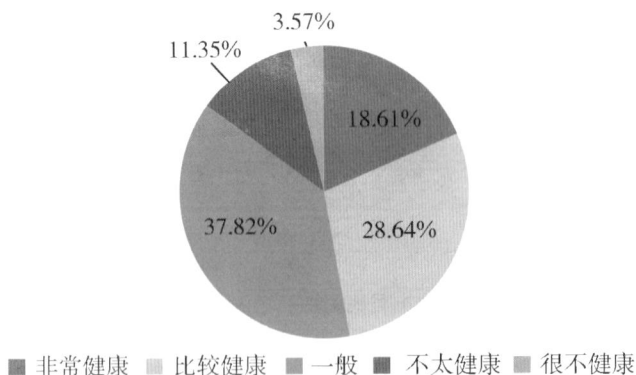

图 3—6　城市居民的健康状况（N=2353）

2015 年受访居民家庭收入的中位数为 3 万元，比统计公布的全国家庭平均收入水平要低，但这与受访者往往倾向于低报收入也有一定的关系。城市受访居民关于家庭收入在当地处于什么水平的自我评价还是呈现正态分布，31.49% 和 9.86% 的居民自评为 5 和 6 的收入水平，即中间的收入水平；自评为 1 和 2，即最低收入水平的居民也不占少数，分别有 16.74% 和 7.05%；自评收入水平为 9 和 10 的比例则最低，分别只有 0.17% 和 0.47%（见图 3—7）。

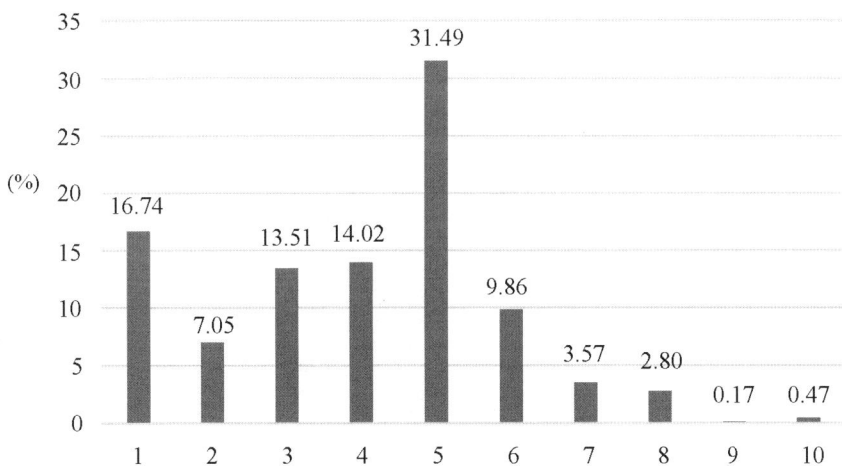

图 3—7　2015 年城市居民自评家庭收入水平（N＝2353）

在受访居民住房类型的调查中，我们可以看出在社区内拥有自有住房的比例还是比较高的，为 88.95%，租房的受访者仅占 10.84%（见图 3—8）。图 3—9 显示了受访者在此社区居住的时间。总的来看，受访居民在社区内居住的时间还是比较长的，80.15% 的受访者居住时间在 10 年及以上，居住 1 年及以下的居民仅占 1.44%，居住 2—5 年和 6—9 年的居民则分别占 9.43% 和 8.84%。

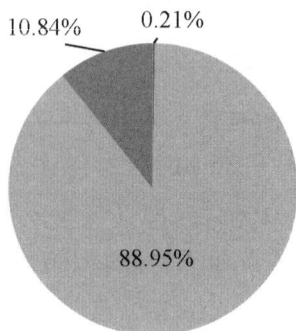

图3—8　城市居民住房类型（N＝2353）

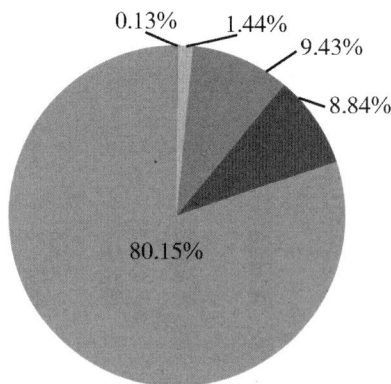

图3—9　城市居民在社区内居住时间（N＝2353）

　　受访居民的组织身份（即是否担任过一些组织的负责人或主要成员）调查数据显示，受访居民有组织身份的比例相对较低。其中，担任居民代表的比例最高，为19.1%；担任居委会成员和居民小组长的其次，分别为13.9%和12.2%；而担任业委会成员、驻社区单位领导、社会组织负责人、党代表/人大代表/政协委员的比例均不足5%，分别为3.1%、1.8%、3.5%和4.2%（见图3—10）。

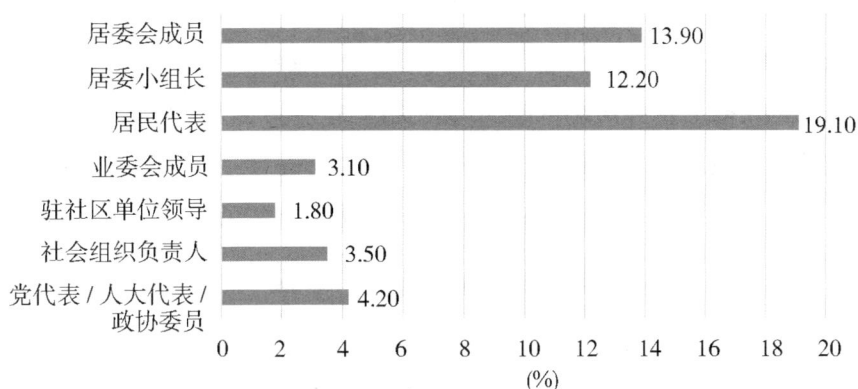

图3—10　城市居民的组织身份（N=2353）

我们从受访居民担任组织身份的数量可以看到，65.5%的居民没有任何的组织身份，拥有 1 个组织身份的人为 21.5%，而拥有 2 个、3 个、4 个、5 个及以上组织身份的比例则相对较低（见表3—1）。

表3—1　受访居民组织身份数量

居民组织角色数量	百分比（%）
一个也没有	65.5
1 个	21.5
2 个	6.8
3 个	3.7
4 个	1.5
5 个及以上	1.0
样本量	2353

我们从受访居民居住小区类型的比例可以看到，居住在商品房小区的居民比例最高，虽然居住在较高档商品房小区的居民仅占 0.25%，但居住在普通商品房小区的比例则为 24.69%，住在商品房与其他产权住宅相混合的小区的居民占 7.65%（见表3—2）。此外，还可以看出，单

位制的小区在城市中所占的比例已经下降了很多。6.25%的受访者住在机关团体、企事业单位产权住宅小区，17.04%的受访者住在公产老旧居民小区。政府保障房小区的居民在受访者中所占的比例为2.29%，相对较低。而城市化与村改居过程中带来的村民安置型住宅小区与村改居小区在城市居民样本中占有相当的比例，分别为8.16%和13.6%。

表3—2　受访居民居住小区类型

小区类型	频数	百分比（%）
不知道	16	0.68
当地较高档的商品房小区	6	0.25
当地普通商品房小区	581	24.69
商品房与其他产权住宅相混合的小区	180	7.65
机关团体、企事业单位产权住宅小区	147	6.25
公产老旧居民小区	401	17.04
政府保障房小区	54	2.29
村民安置型住宅小区	192	8.16
村改居小区	320	13.6
其他	456	19.38
总计	2353	100

第二节　居民社会网络与交往状况

居民在社区内的社会网络与社会交往是居民社区参与的重要影响因素。促进居民间的邻里交往，将使居民对社区有更强的社区归属感。而居民在社区内社会网络的扩大也将使得他们在办理社区相关事务、参与社区管理等方面更为便利。这一节我们来分析城市居民社会网络与交往的基本状况以及相关的影响因素。

一、基本状况

城市居民社会网络与交往的基本状况方面（见表3—3）：居民认识的居委会工作人员数量平均为5.7人，中位数为5人，数据也显示91.8%的社区居民至少认识1名居委会工作人员，可以看出居委会在社区居民生活中仍然有着非常重要的作用。

居民小区里见面会彼此打招呼的邻居数量的平均值为71.7人，中位数则较低，为30人。造成这一差别的主要原因在于受访者中有些是居委会工作人员，认识社区居民数量非常多，这些极值拉大了平均数，但是可以看出，受访居民对邻居还是有一定的了解。

然而相比于打招呼，更深入的交往，如登门拜访和遇到烦心事可以倾诉的邻居数量就少了很多。平均来看，受访居民有20.1个可以登门拜访的小区居民，而中位数仅为6人。类似地，这也是一些居委会等其他社区组织工作人员的极端值拉大了均值造成的。而遇到烦心事时，可以倾诉的邻居数量则更少，平均每个受访者有6人，而中位数仅为2人。这里可以看出，随着交往的深入，交际圈是在不断缩小的。而最近一个月拜访邻居的平均次数为8.2次，中位数为3次；最近一个月邻居来拜访次数的平均值为7.9次，中位数为3次。一定程度上表明社区居民还是与邻居有一定的往来，在社区内具有一定的社会网络。

而至于实质性的帮助，包括"如果出远门，能不能委托其他居民帮您收挂号信、拿牛奶和报纸等"和"您是否可以顺利从邻居家借到需要的东西"，大部分居民都给予了肯定的答复，分别有86.95%和95.62%的居民能够得到邻居这两类的帮助。所以可以看出，城市居民在社区内的交往并不像以往很多人谈到的那样，是疏离的个体状态，反而是大部分居民都具有相当的社交网络，与邻居保持一定的互动。

表3—3　居民社会网络与交往状况（单位：人，次）

内容	均值	中位数
您认识几个居委会的工作人员	5.7	5
小区里和您见面会彼此打招呼的邻居数量	71.7	30
您可以登门拜访的小区居民数量	20.1	6
您遇到烦心事时，可以倾诉的邻居数量	6.0	2
最近一个月您拜访邻居的次数	8.2	3
最近一个月邻居拜访您的次数	7.9	3
内容	百分比（%）	
如果出远门，能不能委托其他居民帮您收挂号信、拿牛奶和报纸等	86.95	
您是否可以顺利从邻居家借到需要的东西	95.62	

* N = 2353

二、分性别的社区内交往情况

社区中，男性平均认识5.1个居委会工作人员，而女性认识居委会工作人员的平均值则更高，为6.2人。但是在见面打招呼、登门拜访、倾诉与拜访邻居的数量上，男性则相对较多，这与我们通常认为的女性更擅长社交有些偏差。而涉及实质性的帮助，包括委托其他居民帮助收信等和借东西，女性给予肯定答复的比例则略高（见表3—4）。

表3—4　不同性别居民的社交状况（单位：人）

性别	社区交往类型							
	认识居委会工作人员数（均值）	见面会彼此打招呼的邻居数（均值）	已登门拜访的小区居民数（均值）	可以倾诉的邻居数（均值）	最近一个月您拜访邻居次数（均值）	最近一个月邻居拜访您次数（均值）	能否委托其他居民帮收信等（%）	是否可从邻居家借东西（%）
男性	5.1	91.4	25.8	7.5	8.8	8.8	86.4	95.1
女性	6.2	57.3	15.9	4.9	7.7	7.4	88.1	96.5

*N = 2353

三、分年龄的社区内交往状况

根据不同年龄的城市居民的社区交往状况调查发现，在认识居委会工作人员的数量上，30岁以下的居民的均值最小，为4.8人，31—40岁，41—50岁，51—60岁和60岁以上的年龄群体的均值则差的不多。在见面会打招呼的邻居数量上，可以看出随着年龄递增而增长。其中，60岁以上群体的均值最大，为90.8人；30岁及以下群体的数量最少，仅为26人。类似的，在可以登门拜访和可以倾诉的邻居数量上，也可以观察出随着年龄增大而呈现递增趋势。但是在委托其他居民帮忙收信和借东西上，不同的年龄群体间的差异并不是很大，且年龄较大的群体反而较少地给予肯定的回答。但是总体来说，60岁以上的老年人在社区内的交往上最为积极，尤其是在情感性的交往上，年轻的群体尤其是30岁及以下的群体在社区交往上相对比较欠缺，但在实质性如借东西和帮忙上的交往则相对更多，呈现出了不同年龄群体在社区交往上的差异性（见表3—5）。

表3—5　不同年龄居民的社交状况（单位：人）

年龄	社区交往类型							
	认识居委会工作人员数（均值）	见面会彼此打招呼的邻居数（均值）	已登门拜访的小区居民数（均值）	可以倾诉的邻居数（均值）	最近一个月您拜访邻居次数（均值）	最近一个月邻居拜访您次数（均值）	能否委托其他居民帮收信等（％）	是否可从邻居家借东西（％）
30岁及以下	4.8	26.0	12.0	2.8	5.6	4.1	92.4	98.6
31—40岁	5.7	49.4	17.2	3.3	7.8	6.5	90.7	97.9
41—50岁	5.9	74.5	22.5	5.7	7.8	8.2	90.8	98.3
51—60岁	5.7	70.7	19.2	6.9	8.7	8.4	84.2	95.0
60岁以上	5.8	90.8	21.8	7.3	8.8	8.9	84.9	92.9

* N = 2353

四、分教育的社区内交往状况

不同教育程度的居民的社区交往状况不尽相同。在认识居委会工作人员的数量上，初中及以下教育程度的群体的平均值最小为5.3人，其次为高中/中专教育程度的群体为5.8人，大专教育程度群体认识居委会工作人员数量的均值最大为7.8人，本科及以上教育程度群体的均值为6.2人。认识居委会工作人员与居民在社区内办事和社区参与都有很大的关系，这一教育程度上的差别显示出，较低教育程度的群体在社区内与组织的关联较弱。然而在见面打招呼、登门拜访、倾诉与拜访邻居方面，则呈现出教育程度越高，交往圈越小、频度越低的状况，本科及以上教育程度的群体在这几个指标上的均值都最低，而初中及以下教育程度的群体在这几个指标上的均值则最高。但是在拜托邻居帮忙和借东西这两个实质性交往的指标上，不同教育程度的群体倒并没有呈现出太大的差别。总的来说，教育程度较低的群体更多地集中于社区中的情感性交往，但是在与组织关联和实质性交往上，则呈现出较弱的状况（见表3—6）。

表3—6　不同教育程度居民的社交状况（单位：人）

教育程度	社区交往类型							
	认识居委会工作人员数（均值）	见面会彼此打招呼的邻居数（均值）	已登门拜访的小区居民数（均值）	可以倾诉的邻居数（均值）	最近一个月您拜访邻居次数（均值）	最近一个月邻居拜访您次数（均值）	能否委托其他居民帮收信等（%）	是否可从邻居家借东西（%）
初中及以下	5.3	80.6	21.4	7.0	9.3	9.8	86.4	95.6
高中/中专	5.8	68.7	19.9	4.7	8.0	6.5	88.3	95.6
大专	7.8	52.6	19.3	4.6	5.1	4.7	90.9	96.8
本科及以上	6.2	29.4	8.3	3.0	3.1	2.3	86.9	97.7

* N＝2355

五、住房类型、居住时间与社区内交往状况

以往的研究与理论均认为，在社区内拥有自己的住房，即成为业主会让人对社区更有归属感，也会促进社区内的交往，而租户往往有一种过客心态，不与社区里的人有太多来往。但是从表3—7中我们可以看到，情况略有区别。在见面打招呼、登门拜访、倾诉与拜访邻居方面上，社区内有自己房屋的受访者有更多的社区交往，在借东西等实质性的交往上，业主给予肯定回答的比例也更高。但在认识居委会工作人员数量上，租户与业主并没表现出太大的差别，这可能与租户需要去居委会办理相关居留手续有关。

表3—7 不同住房类型与居民的社交状况（单位：人）

住房类型	社区交往类型							
	认识居委会工作人员数（均值）	见面会彼此打招呼的邻居数（均值）	已登门拜访的小区居民数（均值）	可以倾诉的邻居数（均值）	最近一个月您拜访邻居次数（均值）	最近一个月邻居拜访您次数（均值）	能否委托其他居民帮收信等（%）	是否可从邻居家借东西（%）
租房及其他	5.8	45.6	11.8	2.7	4.7	4.6	83.3	94.1
自有房	5.7	74.9	21.1	6.4	8.6	8.4	87.9	96.1

*N=2535

表3—8显示的是居住时间与社交状况之间的关系。在认识居委会工作人员数量上，居住时间最短的群体反而认识人数的均值更高，这可能与他们刚搬入社区，需要去居委会办理一些事务有关。但是在其他社交方面，可以看出居住时间越长的居民，交往的频度与深度也越高。

表3—8 不同居住时间与居民的社交状况（单位：人，次）

居住时间	社区交往类型							
	认识居委会工作人员数（均值）	见面会彼此打招呼的邻居数（均值）	已登门拜访的小区居民数（均值）	可以倾诉的邻居数（均值）	最近一个月您拜访邻居次数（均值）	最近一个月邻居拜访您次数（均值）	能否委托其他居民帮收信等（%）	是否可从邻居家借东西（%）
1年及以下	8.1	54.2	13.8	4.6	3.1	1.3	79.4	88.2
2—5年	5.0	28.1	7.2	2.6	3.9	3.8	84.0	94.6
6—9年	4.9	63.2	15.9	3.9	5.6	5.1	83.4	96.1
10年及以上	5.8	78.2	22.1	6.6	9.1	8.9	88.4	96.1

*N=2535

六、小区类型与社区内交往状况

表3—9 显示的是居住在不同类型小区居民的社交状况。随着城市社区从单位社区向商品房社区转型，很多人认为邻里关系变得更疏远，社区内的交往也有所减少，调查结果也在一定程度上印证了这一观点。在见面打招呼、登门拜访、倾诉与拜访邻居等情感交往方面，商品房小区居民的交往圈与交往频度都较小。但是居住在单位产权或混合产权小区，即传统的城市社区中的居民，他们在社区内的交往也并非最为深入和频繁的。相比之下，村民安置小区与村改居小区的居民有更多的社区情感

交往，这是因为以往村落中居民更为熟悉彼此。但是在认识居委会工作人员数量上，商品房小区居民的均值最高为6.1，而村改居小区的居民均值最低为5.4，这表明在村改居后，农村居民在组织关联上较弱。

表3—9　不同小区类型与居民的社交状况（单位：人，次）

社区类型	社区交往类型							
	认识居委会工作人员数（均值）	见面会彼此打招呼的邻居数（均值）	已登门拜访的小区居民数（均值）	可以倾诉的邻居数（均值）	最近一个月您拜访邻居次数（均值）	最近一个月邻居拜访您次数（均值）	能否委托其他居民帮收信等（％）	是否可从邻居家借东西（％）
商品房小区	6.1	48.3	14.3	4.0	5.0	4.3	88.8	96.9
单位/混合产权小区	6.0	69.7	19.2	5.4	6.5	7.4	85.2	96.6
老旧/保障房小区	5.8	48.0	13.3	3.8	5.7	5.0	83.7	93.6
村民安置小区	5.6	89.0	23.8	7.0	7.7	7.1	83.8	96.8
村改居小区	5.4	97.7	21.7	7.6	10.4	10.8	91.2	97.5
其他类型小区	5.3	101.6	31.9	9.4	14.4	14.4	89.3	94.7

*N = 2353

七、地区与社区内交往状况

根据城市的人口规模与经济发展水平，我国的城市可以被分为一线、二线、三线、四线等。根据这种划分，我们调查了不同地区居民的社交状况（见表3—10）。在认识居委会工作人员数量上，一线城市的居民均值最大，为8.1人；而四线城市居民认识的人数则最少，仅为4.8人。这表明在一线城市中的居民与组织的关联更为紧密。但是在与邻居的交往上，一线城市的居民则整体表现出较弱的状况，这与一线城市生活节奏快、生存压力大，居民没有太多时间在社区内社交有着很大的关系。

表3—10　不同城市与居民的社交状况（单位：人，次）

城市类型	社区交往类型							
	认识居委会工作人员数（均值）	见面会彼此打招呼的邻居数（均值）	已登门拜访的小区居民数（均值）	可以倾诉的邻居数（均值）	最近一个月您拜访邻居次数（均值）	最近一个月邻居拜访您次数（均值）	能否委托其他居民帮收信等（％）	是否可从邻居家借东西（％）
一线城市	8.1	36.4	9.9	4.9	4.2	3.4	84.7	93.4
二线城市	6.4	66.3	20.3	6.5	6.7	6.1	85.5	95.9
三线城市	5.9	82.3	17.2	4.1	8.6	9.2	87.0	95.9
四线城市	4.8	77.7	23.0	6.6	9.8	9.7	89.4	96.3

*N = 2353

第三节 城市居民社区治理参与状况

充分发挥居民在社区中的能动性，鼓励居民积极参与各项社区活动是社区充满活力与社区建设的关键因素。因此本节我们将分析城市居民社区参与的状况与相关的影响因素。具体来说，我们将分析城市居民在社区居委会换届、业委会选举、社区事务管理与监督、社区协商、社区网络互动、社区文娱活动、社区公益活动、社会组织等方面的参与状况。

一、居委会换届参与状况

从城市居民参与选民登记、投票和选举工作服务的调查中我们可以看出，大部分居民都参加了选民登记与投票，比例分别为71.40%与75.20%。这说明居委会选举工作在动员居民上做得较好。但是为选举工作服务的居民比例则较低为33.90%，而这部分人属于更深入地参与居委会换届过程中的居民（见图3—11）。

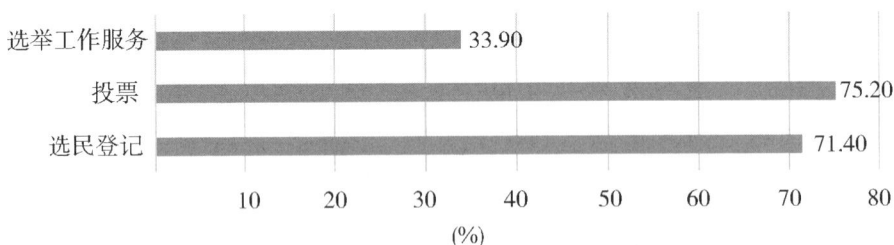

图3—11 城市居民居委会换届参与 （N=2353）

从不同群体在居委会换届参与上的差异的调查数据可以看出：从性别上看，男性在居委会换届上参与的比例更高，男性受访者中参与过选民登记、投票与选举工作服务的比例分别为75.30%、78.32%和

35. 28%，而女性受访者参与的比例则为 68.69%、72.96% 和 32.92%。

从年龄上看，岁数较大的群体是居委会换届参与中的主力，尤其是 60 岁以上的群体，参与选民登记、投票与选举工作服务的比例分别为 80.33%、83.36% 和 37.06%；最年轻的 30 岁及以下的群体在居委会换届中的参与比例则较低，大约一半参加过选民登记和投票，远低于年龄较大的群体。

从教育程度上来看，初中及以下、高中/中专、大专这三个教育程度的群体在居委会换届选举上的参与比例基本差不多，但是教育程度最高的本科及以上群体在选民登记与投票上的参与比例最低。

而不同户口的居民在居委会换届选举上则并没有呈现出特别明显的差异。仅仅在选民登记上，非农业户口的居民登记的比例为 73.11%，略高于农业户口的 67.18%。

是否在社区内拥有住房，即是否为业主身份对于居委会换届选举的参与则表现出较为明显的影响。在社区内租住的居民参与选民登记与投票的比例分别为 62.74% 和 65.49%，而社区内的业主参与的比例则相对较高，为 72.52% 和 76.49%。

居住在不同类型社区的居民在居委会换届参与上也显示出了一定的差别。其中商品房小区在选民登记和投票上的参与比例最低，分别为 68.48% 和 71.55%；而传统的城市社区，即单位产权/混合产权小区中的居民在居委会换届中的参与比例则最高。

不同地区的居民在居委会换届上的参与比例也有着很大的差别。在一线城市中，参与选民登记与投票的比例均超过了 90%，而在四线城市中，参与比例则为 66.95% 和 71.31%。这表明在一线城市的居委会选举中，对社区居民的动员做得更好，居委会选举的宣传度、普及率也更高（见表 3—11）。

表 3—11　居委会换届参与状况的影响因素分析

	居委会换届参与状况的百分比(%)		
	参与选民登记	参与投票	参与选举工作服务
性别			
男性	75.30	78.32	35.28
女性	68.69	72.96	32.92
年龄			
30 岁及以下	54.42	55.78	28.57
31—40 岁	60.82	67.01	29.20
41—50 岁	67.38	72.32	35.74
51—60 岁	74.96	77.74	32.30
60 岁以上	80.33	83.36	37.06
教育程度			
初中及以下	70.18	74.93	29.53
高中/中专	74.30	77.08	37.50
大专	74.31	76.67	48.22
本科及以上	67.42	67.42	37.12
户口与居住地			
农业	67.18	74.30	33.74
非农业	73.11	75.57	33.97
中共党员			
党员	87.65	88.37	60.29
非党员	68.04	72.42	28.29
是否拥有住房			
否	62.74	65.49	33.73

（续表）

	居委会换届参与状况的百分比（%）		
	参与选民登记	参与投票	参与选举工作服务
是	72.52	76.49	33.97
社区类型			
商品房小区	68.48	71.55	34.92
单位产权/混合产权小区	76.75	77.67	39.14
老旧/保障房居民小区	70.32	72.52	30.76
村民安置小区	70.83	76.56	30.21
村改居小区	69.06	75.00	33.75
其他类型小区	74.57	80.29	33.68
地区			
一线城市	93.87	93.36	47.95
二线城市	73.94	76.19	29.15
三线城市	67.95	74.69	36.14
四线城市	66.95	71.31	33.62

[*] N = 2353

图3—12 显示的是参加了选举的居民在选举中扮演的角色。可以看出，大部分参与的居民扮演的角色还是普通选民，占了88.8%；而担任监委会成员、选委会成员和候选人的居民比例分别为3.46%、3.23%和4.40%。

图3—13 显示的是居民没有参加居委会换届选举的原因。选择"没人通知"这一原因的受访者占了相当的比例，即42.13%。这表明居委会换届选举的通知工作还有进步的空间，应该利用更多的方式动员居民参与进来。选择"没有时间"的居民占了27.47%，这可能需要居委会

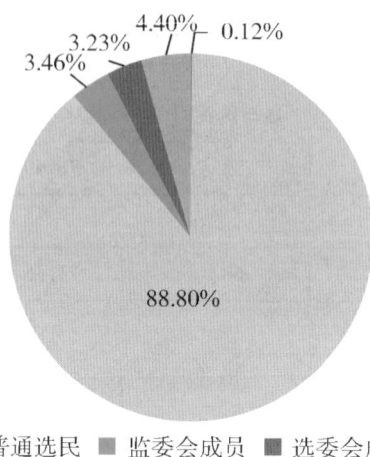

4.40%　　0.12%
3.23%
3.46%

88.80%

■ 不知道　■ 普通选民　■ 监委会成员　■ 选委会成员　■ 候选人

图 3—12　参加居委会换届选举的居民在其中扮演的角色（N=1705）

换届选择在一个更适合大多数居民、更灵活的时间进行。不可忽视的是选择"没有作用"和"没有兴趣"的居民，他们对于居委会换届选举的认识可能还不够深入，并没有认识到自己作为社区居民参与选举的权利。这需要进行更多的宣传工作，增加居民在居委会选举换届中的参与度，保证居委会换届选举的结果能够代表大多数民意。

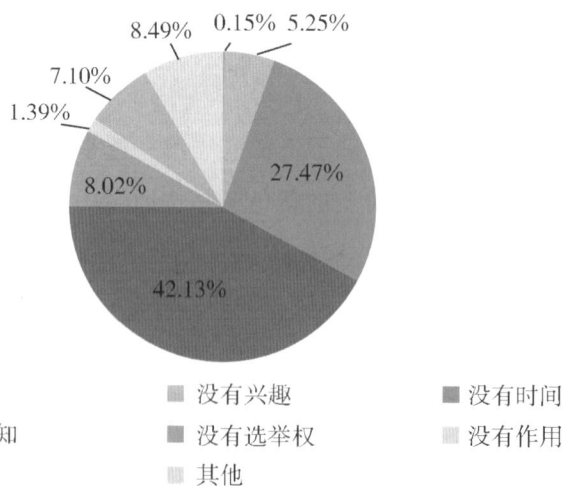

8.49%　　0.15%　5.25%
7.10%
1.39%
8.02%　　　　　　　　　　27.47%

42.13%

■ 不知道　　　　　■ 没有兴趣　　　　　■ 没有时间
■ 没人通知　　　　■ 没有选举权　　　　■ 没有作用
■ 不方便　　　　　■ 其他

图 3—13　没有参加居委会换届选举的原因（N=648）

228

二、业委会选举

业委会是居民监督物业、维护自己权利的重要组织。对居民所在小区是否有业委会的统计显示，仅有 18.36%的小区有业委会，还有 20.65%的居民不知道所在的小区是否有业委会（见图 3—14）。

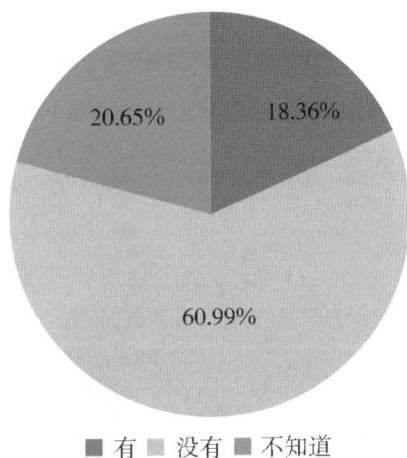

图 3—14　所在小区是否有业委会（N＝2353）

从不同类型小区是否有业委会的统计可以看出，商品房小区中有业委会的比例最高为 34.58%，其次是单位产权/混合产权小区有 25.69%有业委会。比例最低的是村改居小区，受访居民回答有业委会的比例仅为 7.5%（见表 3—12）。

表 3—12　不同类型小区是否有业委会（%）

小区类型	是否有业委会			
	有	没有	不知道	总计
商品房小区	34.58	52.64	12.78	100
单位产权/混合产权小区	25.69	58.41	15.90	100

（续表）

小区类型	是否有业委会			
	有	没有	不知道	总计
老旧/保障房居民小区	14.51	67.25	18.24	100
村民安置小区	13.54	59.90	26.56	100
村改居小区	7.50	61.56	30.94	100

图 3—15 显示的是城市居民是否参加本届业委会选举的比例。可以看出，参与选举的居民比例非常少，仅有 14.34%。一定程度上显示出居民对业委会的了解和参与都较少。

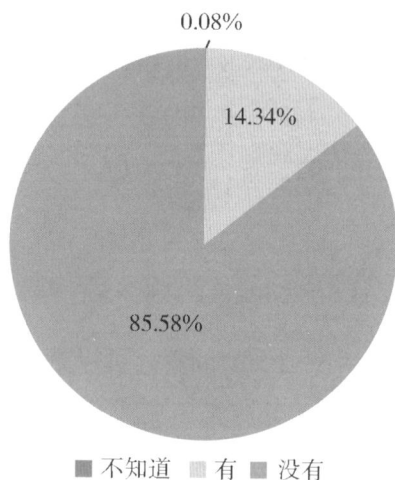

图 3—15　是否参加业委会选举（N＝1262）

三、社区事务管理与监督参与状况

图 3—16 显示的是城市居民是否参与过社区事务管理与监督的比例。可以看出，大部分居民都没有参与过社区事务的管理与监督，占

77.73%，参与过的居民仅占 22.23%。

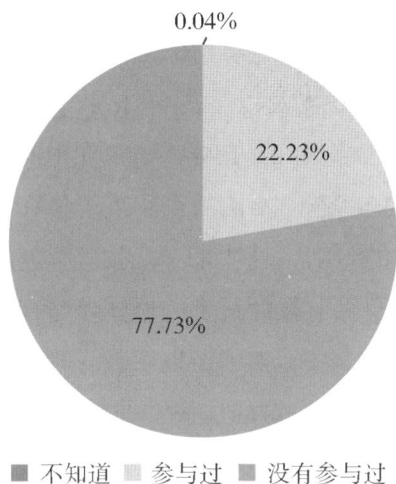

图 3—16　是否参与过社区事务的管理与监督（N=2353）

图 3—17 中显示的是参加过社区事务管理与监督的居民所参加的事项。可以看出，参与最多的是居务公开情况，有 64.02%的居民参与过。其次是参与社区干部廉洁自律情况和最低生活保障审核情况，分别有 47%和 42.36%的居民参加过监督。参加最少的是涉及资金使用的项目，其中参加过集体经济所得收益的使用监督的仅有 19.54%，参与过社区财务收支监督管理的也只有 32.11%。

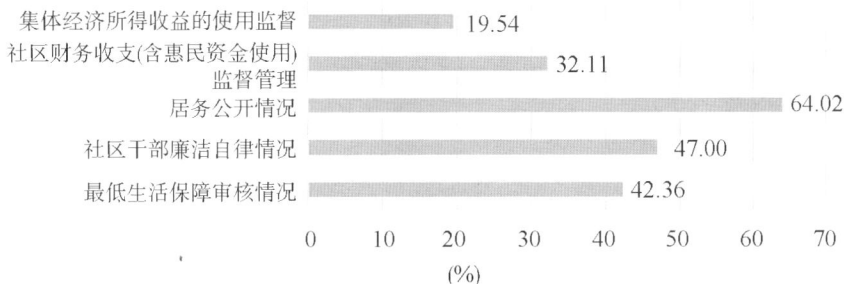

图 3—17　参与过哪些社区事务的管理与监督（N=517）

　　表3—13显示的是不同群体参加过各类社区事务管理与监督的百分比。总体来看，女性参与社区事务管理与监督的比例更高，为23.29%，而男性的比例则为20.77%。不同年龄组的群体也显示出在社区事务管理监督参与上的差异。30岁及以下的群体参与的比例最高为28.57%，其次为60岁以上的群体，为23.15%。而处在中间年龄的居民的整体参与比例则呈现比较低的状态。不同教育程度群体在参与社区事务管理监督上的比例也有很大的差别。总体来看，教育程度越高，参与的比例越高。拥有大专和本科及以上教育程度的群体参与社区事务管理监督的比例分别为45.85%和38.64%，初中及以下教育程度的群体参与的比例仅仅为15.09%。相比于农业户口的居民，非农业户口的居民参与社区事务管理监督的比例更高，为24.60%。党员身份对参与社区事务管理监督也有着很大的影响。超过一半的党员，即51.33%的党员都参与过。业主身份对参与社区事务监督管理的影响倒并不十分明显。业主参与过的比例为22.46%，租户参加的比例为20.39%。不同社区类型在参与社区事务监督管理上的比例也有一定的差距。其中参与最多的是商品房小区，有29.30%的居民参与过；其次是单位产权/混合产权小区，为28.44%；参与比例最低的是居住在村改居小区中的居民，仅有15.63%的居民参与过社区事务管理与监督。不同地区的居民在参与比例上也呈现出明显的差别。在一线城市中，36.73%的居民参与过社区事务管理与监督，但在二线、三线和四线城市中，参与的比例要远远低于一线城市，分别为23.94%、20.72%和18.99%。

表3—13　参与社区事务监督管理及人员情况（%）

	总体	最低生活保障的审核情况	社区干部廉洁自律情况	居务公开情况	社区财务收支监督管理	集体经济所得收益的使用监督
性别						
男性	20.77	47.76	56.22	70.15	43.78	27.86
女性	23.29	38.92	41.14	60.13	24.68	14.24
年龄						
30岁及以下	28.57	23.81	45.24	76.19	23.81	11.90
31—40岁	20.96	44.26	45.90	75.41	31.15	19.67
41—50岁	22.90	41.73	47.48	61.87	31.65	20.14
51—60岁	19.78	52.42	47.58	56.45	31.45	22.58
60岁以上	23.15	39.07	47.02	64.24	35.76	18.54
教育程度						
初中及以下	15.09	42.51	42.51	58.45	28.99	18.84
高中/中专	25.35	48.61	45.83	61.81	35.42	19.44
大专	45.85	40.87	57.39	73.04	36.52	25.22

（续表）

	总体	最低生活保障的审核情况	社区干部廉洁自律情况	居务公开情况	社区财务收支监督管理	集体经济所得收益的使用监督
本科及以上	38.64	27.45	45.10	72.55	25.49	9.80
户口与居住地						
农业	16.10	42.04	48.51	65.92	33.58	22.64
非农业	24.60	43.48	41.74	57.39	26.96	8.70
中共党员						
党员	51.33	35.9	34.31	56.86	19.93	12.42
非党员	16.08	51.7	65.40	74.41	49.76	29.86
是否拥有房屋						
否	20.39	31.37	27.45	54.90	31.37	9.80
是	22.46	43.66	49.03	65.16	32.26	20.65
社区类型						
商品房小区	29.30	38.01	44.44	60.82	24.56	14.04
单位产权/混合产权小区	28.44	48.91	51.09	71.74	43.48	21.74

（续表）

	总体	最低生活保障的审核情况	社区干部廉洁自律情况	居务公开情况	社区财务收支监督管理	集体经济所得收益的使用监督
老旧/保障房居民小区	19.34	45.35	48.84	59.30	30.23	12.79
村民安置小区	20.83	43.59	56.41	58.97	28.21	25.64
村改居民小区	15.63	38.00	36.00	68.00	26.00	18.00
其他类型小区	17.16	43.04	48.10	67.09	43.04	34.18
地区						
一线城市	36.73	36.11	34.72	68.06	38.89	13.89
二线城市	23.94	34.76	45.73	55.49	22.56	16.46
三线城市	20.72	47.67	50.00	62.79	38.37	19.77
四线城市	18.99	48.72	51.28	70.26	34.87	24.10
样本量	2353	517	517	517	517	517

图3—18显示的是当对社区事务有意见时的反映渠道。可以看出，居民最主要的反映渠道是居委会，有93.09%的居民选择了这一项，这说明居委会在居民中的威信还是相当高的，当居民对社区事务有意见时，居委会成为他们主要的反映渠道。向上级政府反映的比例并不高，占16.31%。向人大代表、政协委员和党代表反映的比例也不高，占10.56%，这说明居民在反映问题时，求助政府部门和权威人员并不是很常见的选择。向媒体反映的比例最小，仅为4.41%，虽然当前媒体成为很多困难群体维权的重要渠道，但是在社区事务反映上，并不是居民主要的选择。

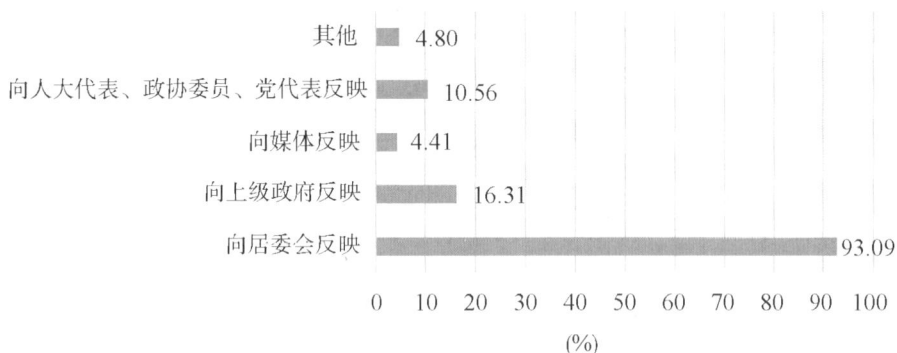

图3—18　当对社区事务有意见时的反映渠道（N=526）

图3—19显示的是没有参与社区事务管理监督的原因。选择最多的原因是没有时间，有48.77%没有参加的居民选择了这一原因，这可能需要社区事务管理监督活动选择一个适合大多数人的时间。其次，有37.22%的居民选择了"不知道怎么参加"，这与社区事务管理监督的宣传渠道有关，很多居民对于相关事务如何参与缺乏了解的渠道。选择"身体不好"和"没有兴趣"的居民分别占16.86%和14.78%。不容忽视的是有8.81%的居民选择了"感觉不管用"和1.92%的居民选择了"参加过，感觉失望"，这与社区事务管理监督过程中的公正公开可能有着很大关系，如何让居民产生信任感、进而参与到社区事务中来，是

发动社区居民建设社区积极性的关键因素。

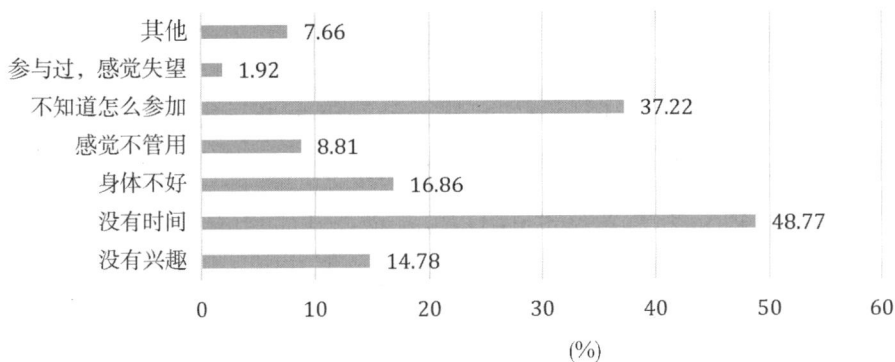

图3—19　没有参与社区事务管理监督的原因（N＝1827）

四、社区协商

社区协商是基层群众自治的生动实践，是社会主义协商民主建设的重要组成部分和有效实现形式。图3—20显示的是城市居民对社区协商

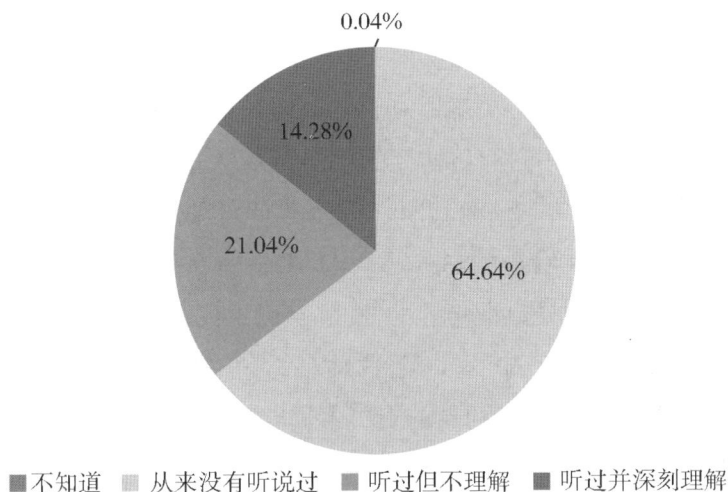

■不知道　■从来没有听说过　■听过但不理解　■听过并深刻理解

图3—20　对社区协商的了解程度（N＝2353）

的了解程度，大部分居民对于社区协商的了解还是较少的，64.64%的居民选择了"从来没有听说过"，听过但不十分理解的居民占了21.04%，仅有14.28%的居民听说过社区协商且深刻理解其中的意义。

表3—14显示的是听说过社区协商的居民中参与社区协商的次数。可以看到虽然听说过，但是参与的比例仍然不高，有52.05%的居民虽然听说过，但是并没有参加过社区协商。参加过1—3次的居民占32.29%，4—10次的占12.41%，10次以上的比例则最小，仅有3.25%。

表3—14　了解社区协商的居民中参与社区协商的次数

次数	百分比(%)
0次	52.05
1—3次	32.29
4—10次	12.41
10次以上	3.25

*N=830

表3—15显示的是不同群体对于社区协商的了解和参与上的差异。从性别来看，女性听说过社区协商的比例和参与过社区协商的比例都略高于男性，分别有37.77%和17.41%的女性听说和参与过社区协商；而男性的比例为31.96%和16.23%。不同年龄群体在是否听说过社区协商上呈现出较明显的差异。最年轻的30岁及以下的群体有超过一半的人听说过社区协商，而60岁以上群体听说过社区协商的比例仅为30.11%。但是在社区协商的参与上，不同年龄群体间并没有呈现出特别大的差异，这说明较年轻的群体在获取资讯上比较年长的群体有更多的优势，但是在具体参与行为上，则并没有表现出明显的优势。教育程度与听说过和参与过社区协商的关系也很明显。教育程度最高的大专和

本科及以上群体分别有49.41%和48.48%听说过社区协商，远高于初中及以下教育程度群体的29.38%和高中/中专教育程度的40.45%。但是在参与社区协商的行为上，高中/中专、大专、本科及以上群体的参与率差别不大，但是均远高于初中及以下教育程度群体的12.36%，这说明教育程度很大程度上会影响社区居民对于社区资讯的了解和社区事务的参与。农业户口和非农业户口的群体在社区协商的听说和参与比例上并没有表现出非常明显的差异。非农业户口的群体听说过和参与过的比例略高于农业户口的居民。党员与非党员在社区协商的了解度和参与比例上则呈现出非常显著的差异。超过一半，即52.06%的党员听说过社区协商；超过1/3，即36.32%的党员参与过社区协商。而对于非党员群体，听说过的比例仅为31.75%；参与过的比例也不高，仅为12.78%。业主与租户在社区协商的了解和参与比例上并没有太大的差别，这表明拥有小区住房的产权并不一定会促进对社区事务的参与。居住在不同类型社区的居民在社区协商的了解与参与度上也有着较明显的差异。商品房小区、单位产权/混合产权小区的居民对社区协商有着更多的了解，村改居小区居民的了解度则最低，类似的，参与比例上也呈现着这种差异。村改居小区居民仅有12.5%参与过社区协商，远低于商品房小区和单位产权/混合产权小区居民。社区协商的了解度与参与比例在不同地区间并没有呈现出非常明显的差异，这说明社区协商在全国各城市地区的推进呈现出较均衡的状态。

表3—15　居民对社区协商的了解与参与程度及人员社会情况

	听说过社区协商的百分比（%）	参与过社区协商的百分比（%）
性别		
男性	31.96	16.23
女性	37.77	17.41

（续表）

	听说过社区协商的百分比 （%）	参与过社区协商的百分比 （%）
年龄		
30 岁及以下	53.06	17.01
31—40 岁	39.18	15.81
41—50 岁	38.55	18.78
51—60 岁	31.84	15.15
60 岁以上	30.11	17.40
教育程度		
初中及以下	29.38	12.36
高中/中专	40.45	23.26
大专	49.41	24.90
本科及以上	48.48	21.97
户口与居住地		
农业	34.83	16.86
非农业	37.36	17.14
中共党员		
党员	52.06	36.32
非党员	31.75	12.78
是否拥有房屋		
否	36.08	16.08
是	35.21	17.06
社区类型		
商品房小区	41.40	20.27
单位产权/混合产权小区	44.65	24.77

（续表）

	听说过社区协商的百分比（%）	参与过社区协商的百分比（%）
老旧/保障房居民小区	32.09	15.82
村民安置小区	32.29	14.06
村改居小区	30.31	12.50
其他类型小区	29.03	12.50
地区		
一线城市	34.69	17.86
二线城市	39.01	17.32
三线城市	29.64	15.66
四线城市	35.17	16.96

*N = 2353

图 3—21 显示的是居民参与社区协商的主题。可以看到，居民参与最多的是关于社区公共环境卫生治理问题的主题，占 70.10%。参与比

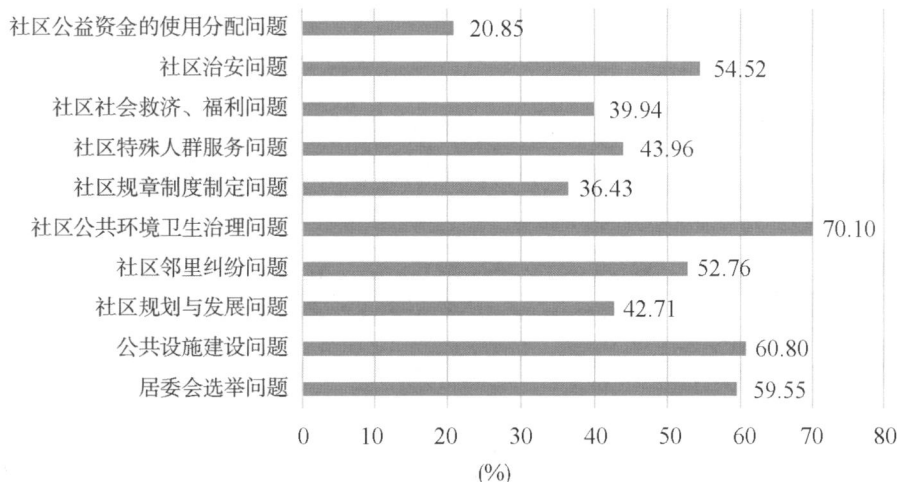

图 3—21 参与社区协商的主题（N = 398）

例次之的是公共设施建设问题和居委会选举问题，分别有 60.8% 和 59.55% 参与过这些主题。社区治安问题和社区邻里纠纷问题也是社区协商的主要问题，分别有 54.52% 和 52.76% 参与过这两个主题。社区社会救济、福利问题与社区特殊人群服务问题的参与比例不太高，分别为 39.94% 和 43.96%。社区规章制度制定的参与比例也不太高，仅有 36.43% 参与过这一主题的协商会议。参与比例最低的就是社区公益资金的使用和分配问题仅有 20.85%。

在 398 个参与过社区协商的居民中，占 95.72% 的居民表示社区对协商的结果进行了公示，这表明社区协商的程序还是普遍正规的。图 3—22 显示的是社区协商结果的公示方式，可以看出最主要的公示方式是公示栏公示，比例为 91.31%，这表明社区的公示栏仍然是现在社区内信息传播的主要方式之一。利用社区居民会议和社区居民代表会议进行公开的比例也较高，分别为 69.47% 和 64.21%。口头通知的比例占 60%。采用手机短信、电视、网络公开、公开信、传单和小报进行公示的比例分别为 34.74%、23.16% 和 35.52%。

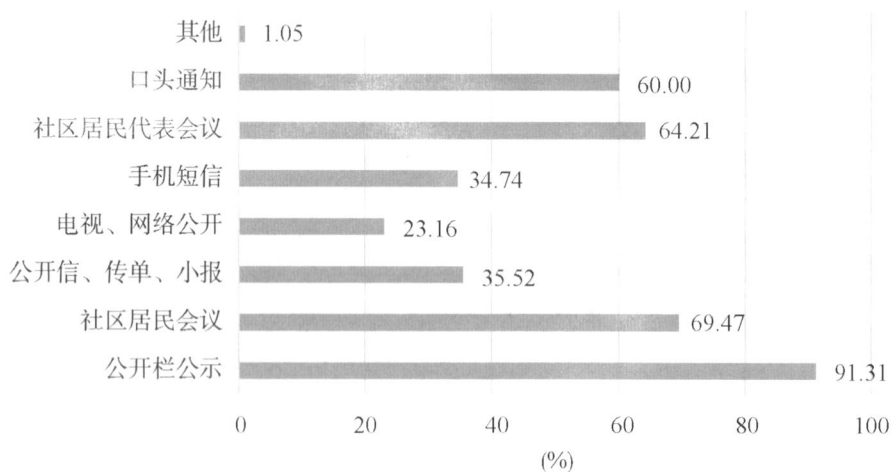

图 3—22　社区协商结果的公示方式（N=398）

图 3—23 显示的是社区协商意见的落实情况。选择全部被落实的比例为 21.11%，大部分被落实的比例为 73.12%，两者相加占了将近95%，这说明社区协商各个议题的落实情况比较好的。

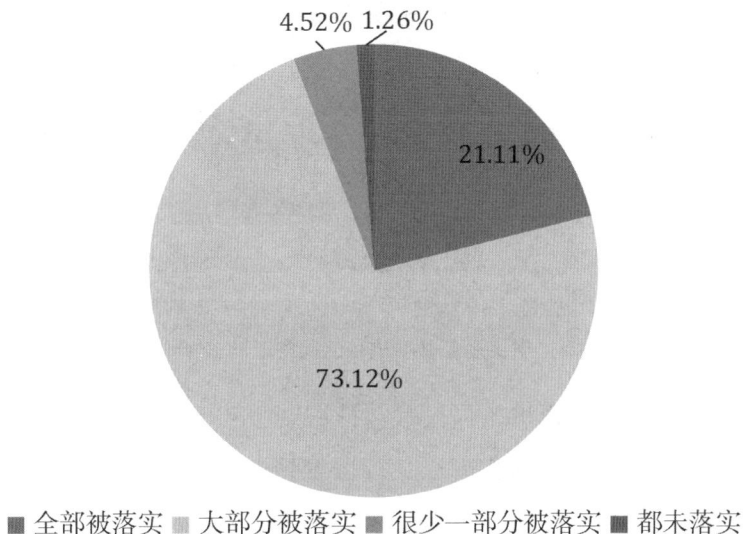

4.52% 1.26%

21.11%

73.12%

■ 全部被落实 ■ 大部分被落实 ■ 很少一部分被落实 ■ 都未落实

图 3—23　社区协商意见的落实情况 （N＝398）

五、社区网络互动

随着互联网的普及与各种即时通信方式的发展，网络已经成为人们生活中不可或缺的一部分，很多社交也转移到了网络平台上。

图 3—24 显示的是居民是否参与过社区网络互动。可以看到，即便在较为发达的城市社区中，参与社区网络互动的比例也较低，仅有17.42%的居民参与过社区网络互动，18.49%的居民回答没有这些网络平台，而 64%的居民则直接回答没有参加过社区网络互动。这表明目前社区中的交往还是更多地集中在现实中，而非网络世界里。

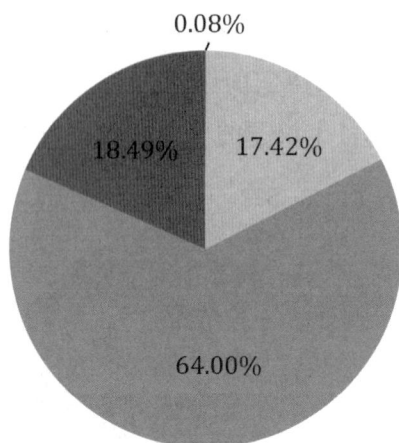

图 3—24　居民是否参与过社区网络互动（N = 2353）

　　从图 3—25 中可以看出居民参与社区网络互动的频率。在参与过社区网络互动的居民中，大部分还是维持着相当频率的社区网络互动，有 21.46% 的居民选择了"一天多次"，14.88% 的居民选择了"一天一次"，选择"几天一次"的居民比例最高为 36.34%。互动较低的居民比例则较低，"几周一次"和"几个月一次"的比例仅为 18.29% 和 9.02%，这说明居民参与社区网络互动还是有一定的强度的。

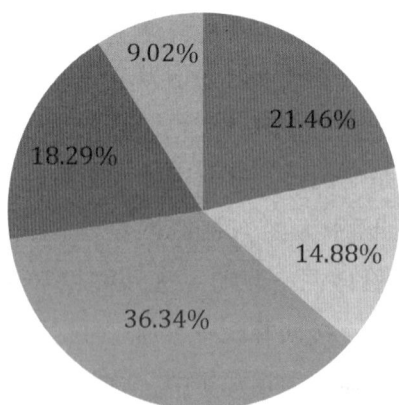

图 3—25　参与社区网络互动的频率（N = 410）

图 3—26 显示的是居民在社区网络互动中的角色。绝大多数居民还是普通成员的角色，占了 67.32%；还有相当一部分居民是关注者的角色，这部分群体占 24.88%；而担任群主和管理员的比例则分别为 3.66% 和 4.15%，仅仅占很少的一部分比例。

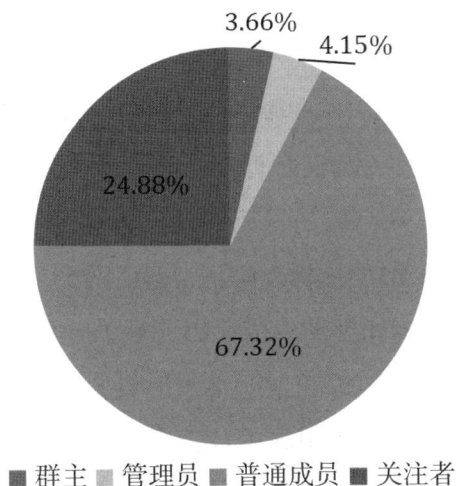

3.66%

4.15%

24.88%

67.32%

■群主　■管理员　■普通成员　■关注者

图 3—26　在社区网络互动中的角色 （N=410）

不同群体参加社区网络互动的影响因素存在差异（见表 3—16）。女性在社区网络互动上更为积极，有 21.75% 的女性参与过社区网络互动，而男性的比例仅为 11.49%。而从年龄上来看，年轻的群体社区网络互动的参与比例要更高，随着年龄的增加，参加网络互动的比例也有所下降。30 岁及以下的群体有超过 1/3，即 34.01% 的受访者参与过社区网络互动，在 60 岁以上的群体中，仅有 8.02% 的受访者参与过社区网络互动。不同教育程度的群体在社区网络互动的参与比例上也呈现出较为明显的差异。初中及以下的群体中参与过网络互动的仅有 6.75%，而大专和本科及以上的群体参与过社区网络互动的比例为 43.87% 和 39.39%，这表明在网络的使用和社区网络活动的参与上，教育程度较低的群体参与网络互动较少。相比于农业户口的居民，非农业户口的居民社区网络参与的比例更高，前者为16.28%，后者为22.20%。党员参与过社区网络互动的比例也要远远高于非党员。然而是否是业主对于参与社区网络互动的影响则并不十分明显，业主和租户参与社区网络互动的比例分别为17.58%和16.47%。居住在不同类型社区的居民在社区网络互动的参与比例上也呈现出非常明显的差异。居住在商品房小区中的居民参与网络互动的比例最高，为28.96%，其次为单位产权/混合产权小区，为25.99%。而老旧/保障房居民小区和村民安置小区的居民在社区网络参与上的比例则较低，分别为13.63%和15.63%，村改居小区居民的参与比例最低，仅仅为7.19%，这与居住在不同类型小区居民所处的社会阶层不同也有一定的关系。一、二、三线城市社区居民参与社区网络的比例差异不大，但是四线城市居民参与的比例则相对较低，仅为13.28%。

表3—16 居民参与社区网络互动的比例情况

	参与过网络互动的百分比（%）
性别	
男性	11.49
女性	21.75
年龄	
30 岁及以下	34.01
31—40 岁	27.84
41—50 岁	24.71
51—60 岁	11.75
60 岁以上	8.02

（续表）

	参与过网络互动的百分比（%）
教育程度	
初中及以下	6.75
高中/中专	26.56
大专	43.87
本科及以上	39.39
户口与居住地	
农业	16.28
非农业	22.20
中共党员	
党员	33.41
非党员	14.02
是否拥有房屋	
否	16.47
是	17.58
社区类型	
商品房小区	28.96
单位产权/混合产权小区	25.99
老旧/保障房居民小区	13.63
村民安置小区	15.63
村改居小区	7.19
其他类型小区	8.47
地区	
一线城市	22.45

（续表）

	参与过网络互动的百分比（%）
二线城市	19.86
三线城市	21.20
四线城市	13.28

* N＝2353

图 3—27 显示的是居民没有参与社区网络互动的原因。42.37% 的受访者不参与社区网络互动的原因是不会上网，同时有 7.63% 的居民选择了家里没有电脑或网络，这表明即便是在当今的信息时代，网络使用的普及率仍然没有想象中的那么高，相当一部分城市居民仍然不会使用网络。选择 "没有时间" 和 "不知道有这类活动" 的受访居民各有 18.5%，另外还有 8.02% 和 2.12% 的居民不参与社区网络互动的原因是不感兴趣和不解决实际问题。

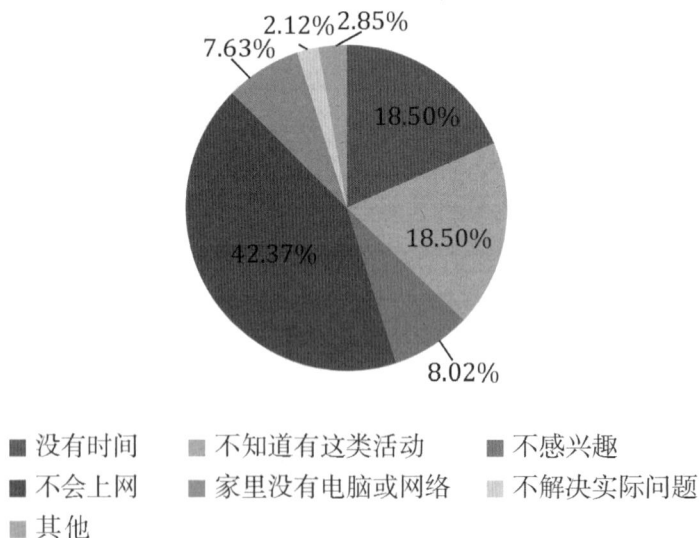

图 3—27　没有参与社区网络互动的原因（N＝410）

六、社区文娱活动

图3—28显示的是受访居民参与社区文娱活动的比例。可以看出，参与社区文娱活动的居民比例不高，仅有31.96%的居民参与了进来。

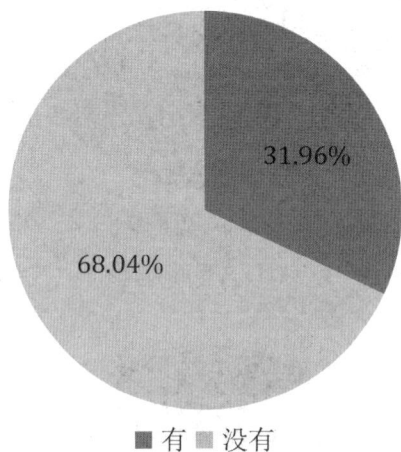

图3—28 是否参加社区文娱活动（N=2353）

居民参与社区文娱活动的频率方面（见图3—29），大部分居民还是维持了相当比例的参与频率，26.53%和26.27%的居民参与频率是一天一次和几天一次；一天多次的居民有3.73%；几周参与一次和几个月参与一次社区文娱活动的居民比例为18.27%和25.2%。

居民在社区文娱活动中扮演的角色方面（见图3—30），69.55%的居民在社区文娱活动中是参与者，还有21.01%的居民是观众，仅有9.44%的居民在社区文娱活动中扮演组织者的角色。

3.73%

25.20%　　26.53%

18.27%　　26.27%

■ 一天多次 ■ 一天一次 ■ 几天一次 ■ 几周一次 ■ 几个月一次

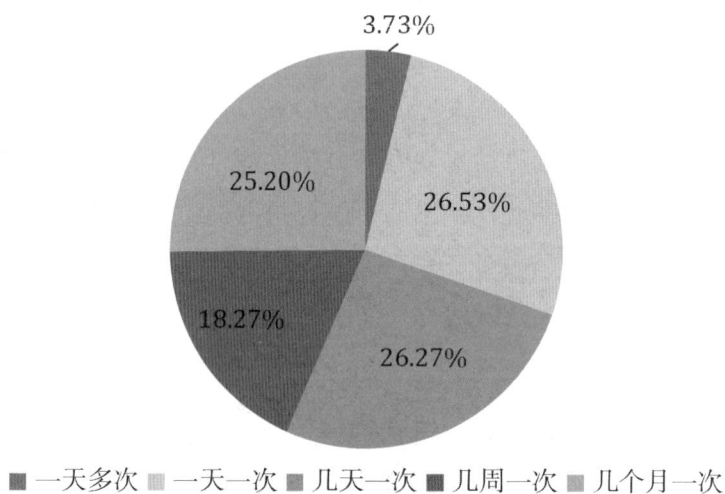

图 3—29　参与社区文娱活动的频率（N=752）

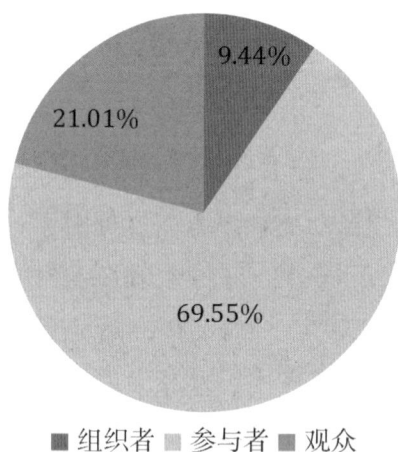

9.44%

21.01%

69.55%

■ 组织者 ■ 参与者 ■ 观众

图 3—30　在社区文娱活动中扮演的角色（N=752）

　　根据不同群体参与社区文娱活动的比例可以看出（见表 3—17），有 38.50% 的女性参与到了社区的文娱活动中，而男性仅为 22.98%，女性相比于男性更积极参与社区文娱活动。而相比于年轻的群体，较为年长的群体，尤其是 60 岁以上的居民参与社区文娱活动的比例要更高，为 40.24%。不同教育程度的群体在社区文娱活动的参与比例上也有一定的差别，整体来看呈现出教育程度越高，参与比例越高的情况。初中及以下教育程度的群体参与率为 27.16%，而大专和本科及以上教育程度群体的参与比例则相对更高，分别为 46.64% 和 40.15%。非农业户口的居民比农业户口居民参与社区文娱活动的比例要高一点，前者为 36.04%，后者为 30.98%。党员在社区文娱活动上也更为积极。43.58% 的党员参与过社区文娱活动，而非党员中的参与比例为 29.48%。业主身份对于社区文娱活动参与的影响并不十分明显。租户和业主的参与比例分别为 33.73% 和 31.77%。居住在不同类型社区的居民在社区文娱活动的参与上也有着一定的差异，其中商品房小区的居民有 40.72% 参与过社区文娱活动，而老旧/保障房居民小区、村民安置小区和村改居小区居民的参与比例则较低，分别为 29.01%、29.17% 和 30.00%。不同地区的居民在社区文娱活动上的参与比例也有着很大的差异。一线城市中的居民参与比例最高，为 61.73%，二、三、四线城市的参与比例则呈现递减，四线城市中的居民社区文娱活动的参与比例仅为 23.84%。

表 3—17　居民参与社区文娱活动的情况比例

	参与过社区文娱活动的百分比（%）
性别	
男性	22.98
女性	38.50
年龄	
30 岁及以下	28.57
31—40 岁	25.77
41—50 岁	26.85
51—60 岁	31.84
60 岁以上	40.24

（续表）

	参与过社区文娱活动的百分比(%)
教育程度	
初中及以下	27.16
高中/中专	35.24
大专	46.64
本科及以上	40.15
户口与居住地	
农业	30.98
非农业	36.04
中共党员	
党员	43.58
非党员	29.48
是否拥有房屋	
否	33.73
是	31.77
社区类型	
商品房小区	40.72
单位产权/混合产权小区	37.61
老旧/保障房居民小区	29.01
村民安置小区	29.17
村改居小区	30.00
其他类型小区	22.46
地区	
一线城市	61.73

（续表）

	参与过社区文娱活动的百分比(%)
二线城市	35.07
三线城市	32.77
四线城市	23.84

* N = 2353

七、社区公益类活动

居民是否参加过社区公益类活动的比例方面（见图 3—31）：41.39%的居民参与过社区公益类活动，高于社区文娱类活动，这表明居民参加公益的积极性较高。

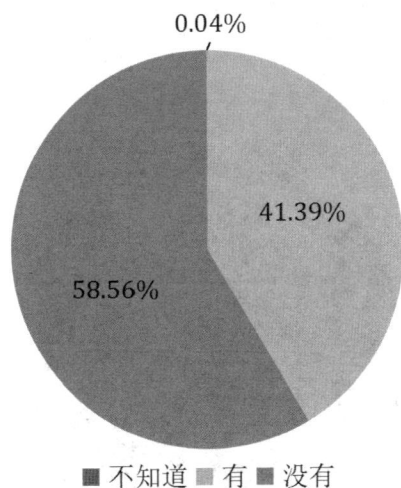

0.04%

41.39%

58.56%

■ 不知道 ■ 有 ■ 没有

图 3—31　是否参加过社区公益类活动（N = 2353）

居民参与社区公益类活动的频率方面（见图 3—32）：60.16%的居民会偶尔参加社区的公益类活动，而经常参加的比例为 38.19%。

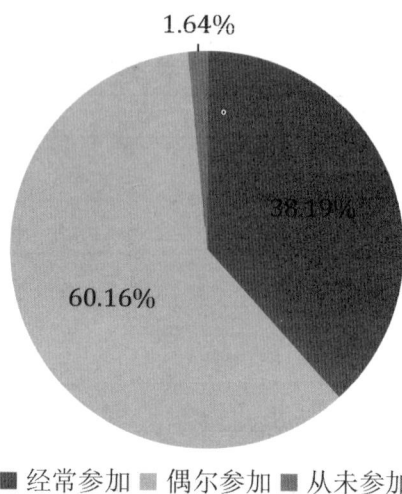

经常参加　　偶尔参加　　从未参加

图3—32　参与社区公益类活动的频率（N＝974）

居民在社区公益类活动中扮演的角色方面（见图3—33）：93.31%扮演的是参与者的角色；发起者与组织者比例较少，各占到2.06%和4.63%。

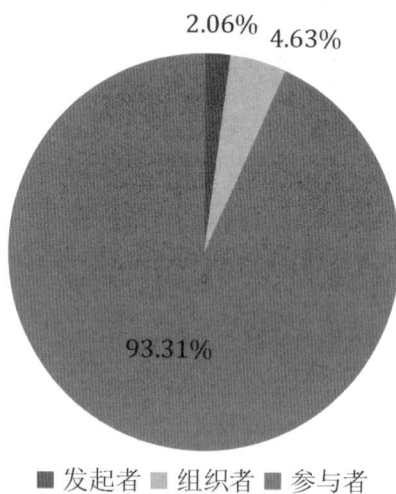

发起者　　组织者　　参与者

图3—33　在社区公益类活动中扮演的角色（N＝974）

不同群体参与社区公益类活动存在差异（见表3—18）。女性在社区公益类活动中更为积极，有46.8%的女性参与过社区公益类活动，远高于男性的33.97%。各个年龄群体在社区公益类活动的参与上都较为积极，并没有显示出非常明显的差异，这表明社区公益的宣传和影响力在各个年龄群体中都是较大的，社区居民也非常热心参与到这些活动中来。农业户口与非农业户口的居民在社区公益类活动的参与比例上也没有明显的差异。但是党员中参与过社区公益类活动的比例相比于非党员要高出许多，前者的比例为63.44%，后者为36.70%。业主与租户在社区公益类活动的参与比例上也没有明显的差异。居住在不同类型小区的居民参加公益类活动的比例有着较为明显的差别。商品房和单位产权/混合产权小区的居民参与社区公益类活动的比例分别为52.47%和49.85%，但是村改居小区居民的参与比例则要远远低于以上两种，仅为34.38%。不同地区居民的社区公益类活动的参与比例的差异比较明显。一线城市的居民有2/3参与过社区公益类活动，而四线城市的居民参与比例不足1/3，这可能与不同地区的社区举办的公益类活动数量的差异也有一定的关系。

表3—18 居民参与社区公益类活动的比例情况

	参与社区公益类活动的百分比(%)
性别	
男性	33.97
女性	46.80
年龄	
30岁及以下	44.90
31—40岁	45.70
41—50岁	40.36

（续表）

	参与社区公益类活动的百分比(%)
51—60 岁	39.26
60 岁以上	41.75
教育程度	
初中及以下	32.76
高中/中专	48.26
大专	61.26
本科及以上	64.39
户口与居住地	
农业	41.36
非农业	41.54
中共党员	
党员	63.44
非党员	36.70
是否拥有房屋	
否	43.14
是	41.23
社区类型	
商品房小区	52.47
单位产权/混合产权小区	49.85
老旧/保障房居民小区	38.46
村民安置小区	43.23
村改居小区	34.38
其他类型小区	28.60

（续表）

	参与社区公益类活动的百分比(%)
地区	
一线城市	67.86
二线城市	51.41
三线城市	36.87
四线城市	31.30

* N = 2353

不同年龄群体参与社区公益类活动的频繁程度上还是有着一定的差异。30 岁及以下的年龄群体大部分都选择了偶尔参加社区公益类活动，但是 60 岁以上的群体有超过一半选择了经常参加，这可能与他们其中大部分已经退休，有更多的时间参与公益类活动有着很大的关系（见表 3—19）。

表 3—19　不同年龄群体参与社区公益类活动的频繁程度

年龄群体	参与频度的百分比(%)			
	经常参加	偶尔参加	从未参加	总计
30 岁及以下	27.27	69.70	3.03	100
31—40 岁	29.32	69.17	1.50	100
41—50 岁	31.84	66.94	1.22	100
51—60 岁	38.58	59.45	1.97	100
60 岁以上	50.36	48.19	1.45	100

八、社会组织

对城市居民参与社会组织数量的统计可以看出，85%的居民没有参加过任何社会组织，9.43%的居民参加过 1 个，3.7%的居民参加过 2

个，参加过 3 个和 3 个以上的居民均占 1.06%（见图 3—34）。总体来说，城市居民的社会组织参与比例较低。

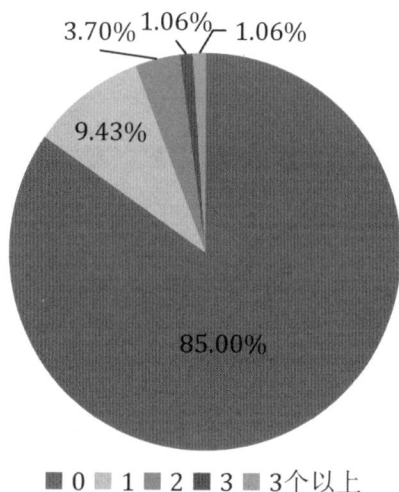

图 3—34　居民参加社会组织数量（N=2353）

居民参与社会组织所属的领域中，社区服务类组织占了大约一半，有 49.58%，这说明居民参与的社会组织更多的是依托社区发

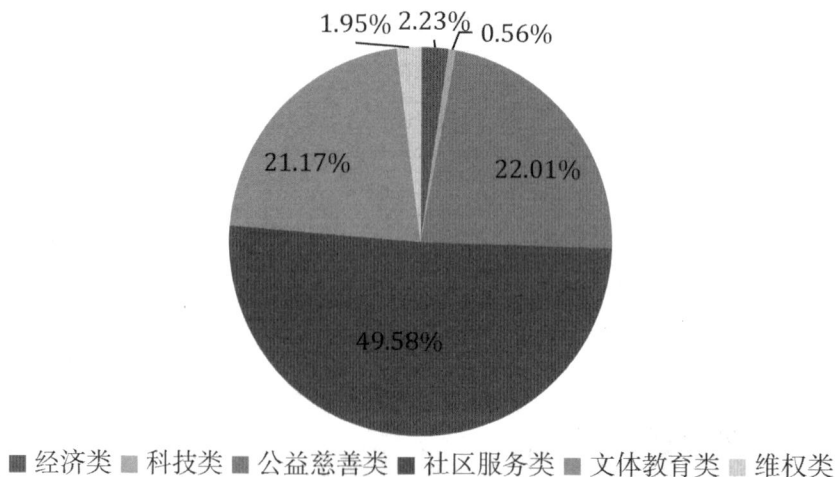

图 3—35　居民参加社会组织所属的领域（N=359）

展、服务于社区的；公益慈善类的组织数量，占了 22.01%；其次为文体教育类组织，占了 21.17%；经济类、科技类和维权类社会组织的参与比例则要远远低于其他，分别占到 2.23%、0.56% 和 1.95%（见图 3—35）。

城市居民在社会组织中所扮演的角色中，74.09% 的居民是社会组织中的志愿者，有 6.96% 的居民是社会组织的负责人，而 2.23% 是社会组织的发起人，还有 2.51% 是项目主管，这都是社会组织的领导力量。此外，机构社工也占了 6.13%（见图 3—36）。

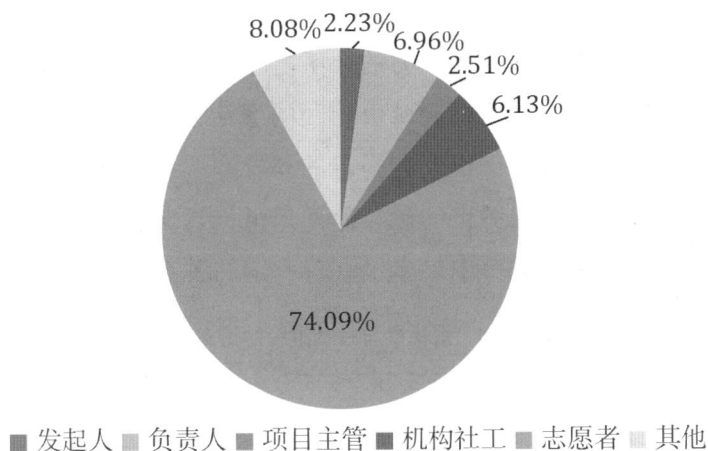

图 3—36　居民在社会组织中扮演的角色（N＝359）

表 3—20 显示的是不同群体的居民参与社会组织的比例。可以看出，女性是社会组织的主要参与者，有 18.44% 的女性参加过社会组织，而仅有 10.89% 的男性参加过社会组织。从年龄上来看，较年轻和较年长的群体参加社会组织的比例更高，41—50 岁和 51—60 岁的中年人参与的比例较低，这可能与他们既需要照顾孩子，又需要照顾老人，工作又正值壮年，较少有时间参与到社会组织的活动中来有关。教育程度较高的群体参与社会组织的比例远高于教育程度较低的群体。初中及以下教育程度的群体仅有 9.12% 的人参与过社会组织，

但是大专和本科及以上的居民中，参与社会组织的比例可以达到近1/3，分别是31.62%和28.79%。相比于农业户口的居民，非农业户口居民的社会组织参与比例更高，前者为14.33%，后者为19.12%。党员参与社会组织的比例可以达到31.96%，远远高于非党员的11.70%。业主身份对于社会组织参与的影响并不十分明显。不同类型社区居民的社会组织参与比例的差异非常明显，在商品房小区居住的居民中，有24.02%参与过社会组织，其次为单位产权或混合产权小区的居民，为19.57%。参与比例最低的是村改居小区，仅有6.56%的居民参与过社会组织，这表明在城市化和村改居的过程中，如何真正建立具有凝聚力和活力的社区是未来社区建设的重点，需要动员原有的农村人口积极适应城市社区的生活并参与进来。不同地区居民社会组织的参与比例也存在一定的差异。一线城市居民的社会组织参与比例最高，四线城市的参与比例最低，这与社会组织在经济更发达、人口更密集的城市中更多也有着一定的关系。

表3—20　居民参与社会组织的比例情况

	参加过社会组织的百分比(%)
性别	
男性	10.89
女性	18.44
年龄	
30岁及以下	19.05
31—40岁	17.87
41—50岁	14.50
51—60岁	12.83
60岁以上	16.34

（续表）

	参加过社会组织的百分比（%）
教育程度	
初中及以下	9.12
高中/中专	19.79
大专	31.62
本科及以上	28.79
户口与居住地	
农业	14.33
非农业	19.12
中共党员	
党员	31.96
非党员	11.70
是否拥有房屋	
否	13.33
是	15.53
社区类型	
商品房小区	24.02
单位产权/混合产权小区	19.57
老旧/保障房居民小区	16.92
村民安置小区	11.46
村改居小区	6.56
其他类型小区	7.20
地区	
一线城市	27.55

（续表）

	参加过社会组织的百分比(%)
二线城市	17. 75
三线城市	21. 20
四线城市	8. 82

* N = 2353

  数据显示，城市居民中有 11.30% 的居民接受过社会组织的服务，这说明当前社会组织无论在参与比例还是受众面上都存在着一定的不足。表 3—21 显示的是不同群体接受社会组织服务的比例。可以看出，女性比男性接受社会组织服务的比例要高，前者为 13.08%，后者为 8.87%。最年轻的 30 岁及以下的群体接受社会组织服务的比例最高为 17.01%，但是 60 岁以上的老年人，即最需要服务的人群，接受社会组织的服务率反而不是很高，仅占 12.25%。这表明，社会组织还需要进一步找准其服务的目标。类似的，教育程度高的群体接受社会组织服务的比例反而更高，但是教育程度较低的群体往往更可能处于贫困和弱势的社会地位，他们接受社会组织服务的比例反而最低，仅有 9.34%。户口状态对于接受社会组织服务的比例倒并没有很大的差异。党员接受社会组织服务的比例要高于非党员，前者为 16.95%，后者为 10.10%。租户比业主接受服务的比例略微高一些，一定程度上因为他们可能更需要社区提供的各种帮助。商品房小区中的居民接受社会组织服务的比例最高，为 14.65%，其次为村民安置小区。村改居小区中居民接受社会组织服务的比例最低，仅为 7.19%。同样，不同地区居民接受社会组织服务的比例也有所差异，一线城市可能因为社会组织数量更多，居民接受服务的概率也更高，而四线城市可能还需要进一步的发展社会组织。

表3—21　接受社会组织服务的比例情况

	接受过社会组织服务的百分比(%)
性别	
男性	8.87
女性	13.08
年龄	
30岁及以下	17.01
31—40岁	11.68
41—50岁	10.05
51—60岁	10.05
60岁以上	12.25
教育程度	
初中及以下	9.34
高中/中专	12.33
大专	17.79
本科及以上	15.15
户口与居住地	
农业	11.28
非农业	11.43
中共党员	
党员	16.95
非党员	10.10
是否拥有房屋	
否	12.94
是	11.13

（续表）

	接受过社会组织服务的百分比(%)
社区类型	
商品房小区	14.65
单位产权/混合产权小区	12.54
老旧/保障房居民小区	10.99
村民安置小区	14.58
村改居小区	7.19
其他类型小区	8.05
地区	
一线城市	17.35
二线城市	13.94
三线城市	13.73
四线城市	7.36

* N = 2353

居民接受社会组织服务的类型中，有64.66%接受过生活服务类服务，31.58%为社会参与类，文体类的有30.83%，就业类与教育类的比例并不高，各为16.17%和19.17%（见图3—37）。社会组织的发展应该更多样化，提供的服务也应该更多地帮助社区居民提升自我和改善生活。

在问卷中，受访居民对社会组织的满意度进行评分，10分为最高。根据调查数据，居民的满意度平均为8.58分，中位数为9分。总体来说对社会组织的服务是满意的。

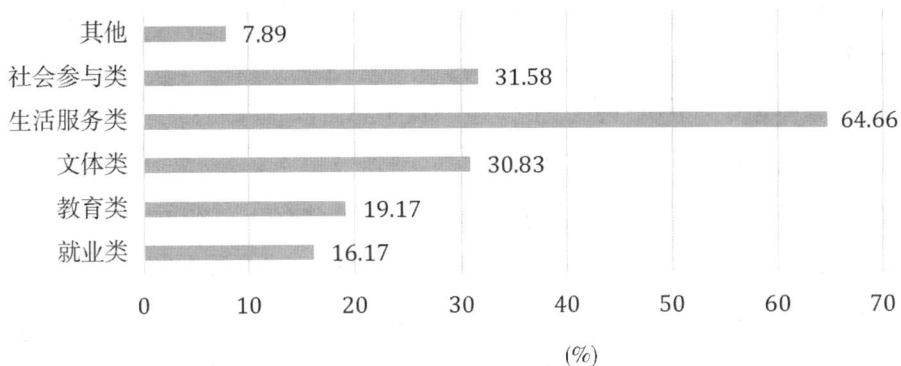

图3—37　居民接受社会组织服务的类型（N=266）

九、社工

不同群体的城市居民是否听说过社会工作这个职业和是否接受过社会工作服务存在差异（见表3—22）。总体来看，39.23%的居民听说过社会工作这个职业，这说明社会工作在我国近些年的发展较好，有越来越多的居民知道并了解这一职业。然而相比于了解这一职业，接受过社会工作专业服务的比例则非常低，仅有4.76%。虽然全国现在有越来越壮大的社工队伍，但是真正受惠到的居民的比例较低。

女性在听说和接受社会工作服务的比例上都高于男性，前者分别为43.72%和5.88%，后者分别为33.06%和3.23%。从年龄群体来看，年龄越大，听说过社会工作这个职业的比例就越低，30岁及以下的群体有63.95%听说过，但是60岁以上的居民仅有28.74%听说过。在接受服务上，同样是30岁及以下的群体接受服务的比例最高，为7.48%；而60岁以上群体则仅为4.69%。老年人是社区中最需要服务的群体之一、社会工作者的主要服务对象之一，然而数据显示，老年人接受服务的比例并不高，很多老年人对社会工作这个职业不了解，在有需求时不知道向什么人求助，造成接受服务的比例较低。这就需要未来对社会工作这个职业的进一步宣传，以及社会工作者更积极地去寻找服务对象。教育程度越高，听说过社会工作这个职业的比例就越高，初中及以下的群体听说过的比例仅仅为 27.37%，而本科及以上的群体听说过的比例为 78.03%。这一比例同样反映在接受服务的比例上，初中及以下群体接受过服务的比例仅为 2.51%，而大专和本科及以上教育程度的群体接受服务的比例则为 11.86% 和 10.61%。这在一定程度上反映出，社会经济地位的不平等也同样的发生在接受服务上，如何让更多困难群体接受到更专业的服务是未来工作需要关心的重点。农业与非农业户口的居民在听说社会工作和接受其服务上的差异并不是非常大。党员相比于非党员，听说过社会工作这个职业的比例要更高，接受过服务的比例也要更高。业主身份对于听说过社会工作职业和接受服务并不呈正向关系，租户反而有更大的比例听说过社会工作职业和接受过服务。不同社区类型居民在社会工作了解度和服务接受比例上也有着显著的差异。商品房小区的居民的了解度和接受服务比例都最高，而村改居小区在这两项上的比例都最低。一线城市中的居民对社会工作职业还是相当了解的，接受过服务的比例也达到 15.31%，这表明社会工作在经济较发达的城市中发展得更好，居民也更有可能接受到服务。相比之下，二、三、四线城市更需要大力发展社会工作。

表3—22　居民听说过社会工作与接受其服务的比例情况

	听说过社会工作这个职业的百分比（%）	2015 年接受过专业社会工作服务的百分比（%）
总体	39.23	4.76
性别		
男性	33.06	3.23
女性	43.72	5.88

（续表）

	听说过社会工作这个职业的百分比(%)	2015年接受过专业社会工作服务的百分比(%)
年龄		
30岁及以下	63.95	7.48
31—40岁	54.64	5.50
41—50岁	43.66	5.44
51—60岁	33.23	3.25
60岁以上	28.74	4.69
教育程度		
初中及以下	27.37	2.51
高中/中专	43.58	5.73
大专	74.31	11.86
本科及以上	78.03	10.61
户口与居住地		
农业	36.99	4.48
非农业	48.57	5.93
中共党员		
党员	58.35	9.20
非党员	35.15	3.81
是否拥有房屋		
否	48.63	7.45
是	38.03	4.44
社区类型		
商品房小区	53.15	6.30
单位产权/混合产权小区	46.79	6.73

（续表）

	听说过社会工作 这个职业的百分比(%)	2015 年接受过专业社会 工作服务的百分比(%)
老旧/保障房居民小区	43.52	5.49
村民安置小区	31.25	4.69
村改居小区	25.62	3.13
其他类型小区	25.00	1.91
地区		
一线城市	70.41	15.31
二线城市	44.65	5.77
三线城市	32.05	4.58
四线城市	32.46	2.13

*N = 2353

在问卷中，受访居民对社会工作服务的满意度进行评分，10 分为最高。根据调查数据，居民的满意度平均为 8.75 分，中位数为 9 分。总体来说对社会工作的服务是满意的。

十、城市居民社区参与总体状况及与 2015 年的对比

2015 年和 2016 年居民参与不同类型社区活动的总体状况有所不同（见表 3—23）。2016 年的数据显示，居民参与社区居委会换届的比例是最高的，有 72.5% 的居民参与过，相比于 2015 年的 56.6% 有着较大幅度的提高。居民参与社区公益的热情较高，2016 年有 41.3% 的居民有过社区公益的参与经历，这一比例在 2015 年也比较高，为 40.4%。2016 年城市居民文体活动的参与率也较高，有 31.9%，略高于 2015 年的 30.6%。2016 年的调查显示，在社区公共事务管理上，包括社区事

务管理与监督和社区协商，居民的参与率都不是很高，分别为22.2%和16.9%，但是在社区事务管理与监督上，参与率有所提高，比2015年的17.4%提高了近5个百分点。总体来看，参与社区网络互动的居民的比例并不高，但是2016年相比于2015年已经有很大的进步，从9.9%提高到17.4%。总体来看，2016年居民各项社区活动的参与率都有所提高，这表明过去一年我国社区建设过程中发动居民参与热情、调动发展积极性的工作有相当效果。

表3—23　2015年和2016年社区参与的总体状况

社区参与类型	2015年参与过（%）	2016年参与过（%）
居委会换届	56.6	72.5
社区事务管理与监督	17.4	22.2
业主委员会选举	不适用	7.7
社区协商	不适用	16.9
社区网络互动	9.9	17.4
社区文体活动	30.6	31.9
社区公益	40.4	41.3

* N＝4224　　N＝2353

在居委会换届、社区事务管理与监督、业主委员会选举、社区协商、社区网络互动、社区文体活动和社区公益这7项活动中，仅有8.7%的居民一项都没有参加过，这说明社区居民在社区参与上较积极。参加过1项活动的居民占18.4%，绝大多数居民都参与过不止一项社区活动，其中参与2、3和4项活动的居民比例分别为23.0%、18.2%和13.7%。参加过5项以上活动的居民比例相对较少，参与过5项和6项活动的居民比例为9.1%和6.2%，还有

2.6%的居民7项活动全部参与过，这部分是社区中最为活跃的居民（见表3—24）。

表3—24　2016年社区居民参与社区活动的数量

社区活动参与数量	百分比（%）
都没有参加	8.7
1项	18.4
2项	23.0
3项	18.2
4项	13.7
5项	9.1
6项	6.2
7项全部参加	2.6
总计	100

* N = 2353

第四节　城市居民社区评价

居民对社区提供的各项服务的满意度，以及对社区组织和个人的信任度是居民能否参与到社区活动中来的重要因素。同时，居民对社区的评价也是帮助社区服务的提供者改善社区服务的重要渠道，下面我们将分析社区居民对物业服务的满意度、对社区中组织的信任度、对居务公开的满意度、社区服务水平的满意度和居民的社区归属感。

一、物业服务满意度

社区居民对各项物业服务的满意度方面。不太满意和很不满意所占的比例都较少，在物业服务收费、设施维修、账目公开和物业服务水平四项上都不到20%。但是选择一般的居民也不在少数，在这四项上分别有35.19%、34.82%、29.39%和38.65%。这说明物业服务水平有一定的进步空间（见表3—25）。

表3—25　社区居民对各项物业服务的满意度（%）

内容	物业服务收费	设施维修	账目公开	物业服务水平
非常满意	16.79	17.35	22.88	16.01
比较满意	34.84	30.90	26.70	30.03
一般	35.19	34.82	29.39	38.65
不太满意	8.15	10.87	12.11	9.92
很不满意	4.88	6.06	6.80	5.20
拒答/不知道	0.14	0	2.12	0.21
总计	100	100	100	100
样本量	1435	1683	1412	1462

﹡N = 2353

从居民所在小区是否有业委会与居民对物业服务满意度之间的关系可以看出，虽然业委会的作用是维护业主权益、帮助业主接受更好的物业服务，但是否有业委会对居民对物业服务的满意度并没有明显的影响，居住小区有业委会与否并不直接影响他们对物业服务的评价（见表3—26）。

表 3—26　是否有业委会与居民物业服务满意度的关系 （%）

内容	物业服务收费		设施维修		账目公开		物业服务水平	
有没有业委会	没有	有	没有	有	没有	有	没有	有
非常满意	18.37	15.98	18.16	14.64	25.32	21.04	16.56	16.58
比较满意	33.61	37.11	31.84	33.00	28.28	28.24	29.14	31.16
一般	34.29	35.82	32.60	38.71	25.19	29.97	38.28	38.94
不太满意	8.57	7.22	11.60	8.19	13.88	10.95	10.60	9.05
很不满意	5.03	3.87	5.80	5.46	6.56	7.49	5.43	4.27
拒答/不知道	0	0.14	0	0	0.77	2.31	0	0
总计(%)	100	100	100	100	100	100	100	100
样本量	735	388	914	403	778	347	398	755

表 3—27 显示的是居民对各项物业服务满意度的 OLS 回归结果。总体来看，居民的个人因素对于其评价物业服务满意并没有太多显著的影响。在对设施维修、账目公开和物业服务水平的评价上，最年轻即 30 岁及以下的群体评价都更好，31—40 岁和 41—50 岁的群体的评价显著要低。相比于农业户口的居民，非农业户口的居民在设施维修和物业服务水平上的评价都要更好。而社区居住类型的分析结果显示，不同类型小区的居民对物业服务水平的评价都差不多，除了村改居小区相比于商品房小区在设施维修商方面更加满意，和老旧/保障房居民小区的居民相比于商品房小区的居民在账目公开方面要更加满意。从地区来看，二、三、四线城市居民对物业服务的评价都显著要好于一线城市的居民，这与一线城市居民维权意识和业主意识更强，以及物业服务收费更高也有很大的关系。

表 3－27　居民对物业服务满意度的 OLS 回归结果

	物业服务费收费	设施维修	账目公开	物业服务水平
女性	−0.017	0.040	−0.133**	0.070
	(0.056)	(0.055)	(0.065)	(0.057)
年龄（参照组：30 岁及以下）				
31—40 岁	−0.066	−0.217*	−0.179	−0.206*
	(0.122)	(0.126)	(0.151)	(0.121)
41—50 岁	−0.089	−0.281**	−0.288**	−0.202*
	(0.119)	(0.122)	(0.146)	(0.119)
51—60 岁	−0.111	−0.183	−0.184	−0.185
	(0.121)	(0.123)	(0.150)	(0.121)
60 岁以上	0.164	0.007	0.001	0.096
	(0.125)	(0.127)	(0.155)	(0.126)
教育程度（参照组：初中及以下）				
高中/中专	0.044	0.020	0.020	0.066
	(0.066)	(0.065)	(0.078)	(0.066)
大专	−0.019	−0.092	0.067	0.065
	(0.097)	(0.098)	(0.117)	(0.097)

（续表）

	物业服务费收费	设施维修	账目公开	物业服务水平
本科及以上	-0.132 (0.130)	-0.071 (0.132)	-0.301 (0.175)	0.063 (0.129)
非农业户口	-0.054 (0.066)	-0.183*** (0.066)	-0.106 (0.084)	-0.153** (0.066)
党员	0.114 (0.075)	0.102 (0.074)	0.140 (0.085)	-0.032 (0.074)
有无房屋	0.006 (0.090)	-0.127 (0.087)	-0.088 (0.104)	0.030 (0.091)
社区类型（参照组：商品房小区）				
单位产权/混合产权小区	-0.004 (0.085)	0.047 (0.084)	0.127 (0.099)	0.004 (0.085)
老旧/保障房居民小区	0.114 (0.082)	-0.024 (0.083)	0.289*** (0.101)	0.150* (0.082)
村民安置小区	0.002 (0.102)	0.023 (0.103)	-0.089 (0.120)	-0.013 (0.101)
村改居小区	0.007 (0.089)	0.196** (0.090)	0.0475 (0.105)	0.129 (0.090)

（续表）

	物业服务费收费	设施维修	账目公开	物业服务水平
其他类型小区	0.253***	0.205**	0.359***	0.263***
	(0.094)	(0.085)	(0.100)	(0.095)
地区（参照组：一线城市）				
二线城市	0.675***	0.455***	0.595***	0.595***
	(0.109)	(0.109)	(0.131)	(0.109)
三线城市	0.753***	0.690***	0.936***	0.861***
	(0.122)	(0.121)	(0.141)	(0.122)
四线城市	0.540***	0.367***	0.578***	0.571***
	(0.109)	(0.108)	(0.129)	(0.109)
常数项	2.898***	3.214***	3.055***	2.809***
	(0.184)	(0.184)	(0.221)	(0.186)
样本量	1429	1679	1380	1455

注：括号内是标准误差；*** p<0.01，** p<0.05，* p<0.1。

二、组织信任程度

从居民对社区中不同类型组织的信任度可以看出，居民对社区中权威性的组织——社区党组织和社区居委会的信任度都相当高，接近80%的居民选择了非常信任和比较信任。对小区的业主委员会、社区社会组织和专业社工机构的信任度较好，有60%左右的居民选择了非常信任和比较信任，这说明居民对社会性的社区服务提供方较为信任。社区居民对小区物业公司的信任度最低，仅40%左右的居民选择了非常信任和比较信任，还有40%左右的居民选择了一般，这说明商业性的组织在社区内的受信任程度较低（见表3—28）。

表3—28　居民对社区中组织的信任度

内容	社区党组织	社区居委会	小区业主委员会	小区物业公司	社区社会组织	专业社工机构
非常信任(%)	46.10	47.19	25.81	16.04	28.31	23.78
比较信任(%)	30.98	31.10	32.18	26.91	35.78	35.33
一般(%)	18.93	17.72	31.97	41.94	31.09	34.46
不太信任(%)	2.30	2.53	5.94	9.68	2.85	3.65
很不信任(%)	1.33	1.29	2.59	4.79	0.68	0.69
拒答/不知道(%)	0.35	0.17	1.51	0.65	1.29	0.09
总计(%)	100	100	100	100	100	100
样本量	2256	2331	926	1085	1473	1152

表3—29显示的是居民对社区内各类组织信任度的 OLS 回归结果，将很不信任、不太信任、一般、比较信任和非常信任分别赋值为1、2、3、4和5，然后选择了性别、年龄、教育程度、户口、党员身份、业主

表3—29　居民对社区内组织信任度的 OLS 回归结果

	社区党组织	社区居委会	小区业主委员会	小区物业公司	社区社会组织	专业社工机构
女性	0.062 (0.040)	0.072* (0.039)	0.104 (0.071)	0.223*** (0.066)	0.112** (0.049)	0.093* (0.056)
年龄（参照组：30 岁及以下）						
31—40 岁	-0.034 (0.094)	-0.046 (0.092)	-0.095 (0.140)	-0.294** (0.131)	-0.070 (0.107)	-0.208* (0.118)
41—50 岁	0.009 (0.090)	-0.011 (0.089)	-0.114 (0.139)	-0.154 (0.128)	-0.021 (0.102)	-0.209* (0.115)
51—60 岁	0.036 (0.091)	-0.032 (0.090)	-0.253 (0.143)	-0.199 (0.132)	-0.032 (0.103)	-0.218* (0.118)
60 岁以上	0.209** (0.094)	0.126 (0.092)	0.034 (0.155)	0.202 (0.138)	0.308*** (0.107)	-0.031 (0.128)
教育程度（参照组：初中及以下）						
高中/中专	0.113** (0.048)	0.069 (0.047)	-0.075 (0.083)	0.080 (0.076)	0.049 (0.056)	-0.004 (0.065)
大专	0.128* (0.071)	0.097 (0.070)	-0.023 (0.122)	0.033 (0.106)	0.010 (0.081)	-0.006 (0.094)

（续表）

	社区党组织	社区居委会	小区业主委员会	小区物业公司	社区社会组织	专业社工机构
本科及以上	0.187*	0.159	-0.315**	0.038	0.001	-0.052
	(0.100)	(0.097)	(0.156)	(0.138)	(0.108)	(0.125)
非农业户口	-0.127**	-0.131***	-0.236***	-0.136*	-0.068	-0.033
	(0.050)	(0.049)	(0.083)	(0.074)	(0.058)	(0.066)
党员	0.336***	0.273***	0.230**	-0.009	0.215***	0.192***
	(0.053)	(0.053)	(0.096)	(0.084)	(0.062)	(0.072)
有无房屋	0.076	-0.026	0.055	0.013	-0.037	0.030
	(0.064)	(0.063)	(0.103)	(0.102)	(0.072)	(0.080)
社区类型（参照组：商品房小区）						
单位产权/混合产权小区	-0.047	-0.042	0.057	0.058	-0.009	-0.042
	(0.064)	(0.063)	(0.102)	(0.095)	(0.073)	(0.086)
老旧/保障房居民小区	-0.035	-0.028	0.010	0.101	-0.017	0.005
	(0.060)	(0.058)	(0.100)	(0.094)	(0.068)	(0.077)
村民安置小区	-0.143*	-0.181**	0.069	-0.028	0.026	-0.049
	(0.078)	(0.076)	(0.131)	(0.120)	(0.090)	(0.100)
村改居小区	-0.268***	-0.394***	-0.183	0.069	-0.135	-0.103
	(0.067)	(0.066)	(0.122)	(0.107)	(0.083)	(0.102)

（续表）

	社区党组织	社区居委会	小区业主委员会	小区物业公司	社区社会组织	专业社工机构
其他类型小区	-0.159*** (0.061)	-0.171*** (0.060)	-0.056 (0.118)	0.221* (0.123)	-0.064 (0.078)	-0.077 (0.090)
地区（参照组：一线城市）						
二线城市	-0.033 (0.077)	-0.043 (0.076)	0.038 (0.160)	0.528*** (0.116)	0.150* (0.086)	-0.112 (0.099)
三线城市	0.315*** (0.085)	0.271*** (0.084)	0.142 (0.170)	0.842*** (0.134)	0.379*** (0.098)	0.027 (0.113)
四线城市	0.108 (0.077)	0.115 (0.076)	0.021 (0.159)	0.539*** (0.117)	0.181** (0.088)	-0.066 (0.099)
常数项	3.929*** (0.131)	4.139*** (0.130)	3.762*** (0.236)	2.751*** (0.204)	3.599*** (0.147)	3.930*** (0.170)
样本量	2243	2322	910	1075	1451	1126

注：括号内是标准误差；*** $p<0.01$，** $p<0.05$，* $p<0.1$。

身份、社区类型和地区作为自变量进行回归分析。总体来看，女性对各类组织的信任度比男性要高，尤其在社区居委会、物业公司、社区社会组织和专业社工机构上。不同年龄组对社区内组织的信任度并没有特别显著的差别。60 岁以上的群体对党组织和社区社会组织的信任度最高，31—40 岁的居民对小区物业公司的满意度最低，30 岁及以下的群体对专业社工机构的信任度最高。不同教育程度居民在对社区内组织信任度上并没有特别大的差异。在对社区党组织的信任度上，教育程度越高，信任度越高。但是对于小区业主委员会，本科及以上教育程度的群体的信任度最低。相比于农业户口的居民，非农业户口的居民在对社区党组织、社区居委会、小区业主委员会和小区物业公司上的信任度都更低。党员对各类社区内组织的信任度都比非党员更高，但是与非党员的差异并不显著。业主身份对于居民对社区内组织的信任度没有显著的影响。相比于商品房小区，村民安置小区和村改居小区对于社区党组织和社区居委会这两个社区内权威组织的信任度都更低。这可能与村民转换为市民身份还没有适应，在生活中出现了一些问题影响到其对社区党组织和社区居委会的信任度。在对社区党组织和社区居委会的信任度上，三线城市的居民要显著地高于一线城市的居民。而在对小区物业公司和社区社会组织的信任度上，一线城市居民的评价最低。

三、居务公开满意度

从居民对居务公开各项内容的满意度可以看出，居民对于居务公开的内容、频次和形式的满意度都是较高的，回答不太满意和很不满意的居民仅占 6% 左右（见表 3—30），这说明居务公开工作做得相当不错。

表 3—30　居民对居务公开的满意度

内容	居务公开的内容	居务公开的频次	居务公开的形式
非常满意(%)	35.44	30.11	31.97
比较满意(%)	36.36	36.48	35.51
一般(%)	22.71	26.30	25.91
不太满意(%)	3.57	3.53	4.23
很不满意(%)	1.42	2.18	1.70
拒答/不知道(%)	0.50	1.39	0.69
总计(%)	100	100	100
样本量	2184	2152	2177

根据居民是否参与过居委会换届对他们对居务公开满意度的影响方面可以看出，参与过居委会换届选举的居民，对居务公开的满意度要更高（见表 3—31）。这在一定程度上能够说明，提升居民对社区事务的参与，将增进他们对于社区事务的满意度。因此，思考如何让居民更将社区当成家，增进他们的参与是非常有意义的。

表 3—31　参与居委会换届与对居务公开满意度之间的关系

内容	居务公开的内容		居务公开的频次		居务公开的形式	
是否参与过居委会换届	没有	有	没有	有	没有	有
非常满意(%)	21.43	40.43	19.65	33.84	19.03	33.4
比较满意(%)	36.93	36.15	32.74	37.81	32.01	37.21
一般(%)	33.10	19.01	36.11	22.81	34.43	22.39
不太满意(%)	5.23	2.98	5.84	2.71	5.54	2.69
很不满意(%)	2.26	1.12	2.65	2.02	2.42	1.94
拒答/不知道(%)	1.05	0.31	3.01	0.82	2.42	0.69

（续表）

内容	居务公开的内容		居务公开的频次		居务公开的形式	
总计(%)	100	100	100	100	100	100
样本量	574	1610	565	1587	578	1599

四、社区服务水平满意度

从居民对社区内各项服务的满意度可以看出，居民对社区内各项服务的满意度较高，评价为非常满意和比较满意的占了60%以上；但是相比于其他项服务，社区居民对于流动人口管理与服务的满意度是较低的（见表3—32）。

表3—32 居民对社区各项服务的满意度

内容	非常 满意 （%）	比较 满意 （%）	一般 （%）	不太 满意 （%）	很不 满意 （%）	拒答/ 不知道 （%）	总计 （%）	样本量
社区居家养老服务	31.28	34.56	26.16	4.60	2.13	1.27	100	1739
妇女/儿童/青少年保护	31.62	38.05	25.68	3.22	0.99	0.45	100	2021
司法法律服务	28.18	35.01	30.14	4.07	1.41	1.19	100	1845
社区公共环境维护	28.11	37.51	25.99	5.37	2.99	0.04	100	2309
最低生活保障服务	28.58	35.04	26.75	5.13	3.11	1.38	100	2026
流动人口管理与服务	24.58	36.81	29.31	6.07	1.70	1.54	100	1945
社区医疗服务	30.63	39.84	23.42	4.30	1.48	0.32	100	2161
社区治安	28.86	39.60	23.12	5.35	3.06	0	100	2318

为了考察不同群体的居民对社区服务满意度的比例，我们对满意度进行了赋值，将很不满意、不太满意、一般、比较满意和非常满意

分别赋值为 1、2、3、4 和 5，然后将居民对社区居家养老服务、妇女/儿童/青少年保护、司法法律服务、社区公共环境维护、最低生活保障服务、流动人口管理与服务、社区医疗服务和社区治安这 8 项服务的评分相加后除以 8，得到居民对社区服务水平的整体满意度，以此作为因变量，然后选择了性别、年龄、教育程度、户口、党员身份、业主身份、社区类型、地区和居民的社区参与作为自变量进行回归分析。可以看出，居民的很多个人特征，如性别、年龄、教育程度、户口、党员身份、业主身份等对居民对社区服务满意度都没有显著的影响。相比于商品房小区，村改居小区居民对社区服务的满意度要更低。相比于一线城市，二、三、四线城市的居民对社区服务的满意度都更高。值得我们注意的是，参与居委会换届、参与业主委员会选举、参加社区公益活动都将显著地增进居民对于社区服务的满意度，这表明居民如果能够参与到社区的各项事务中，他们也会更多地了解社区服务的内容，对其的满意度也将会越高。

表3—33　居民对社区服务满意度的 OLS 回归结果

	系数	标准误差
女性	−0.020	0.041
年龄（参照组：30 岁及以下）		
31—40 岁	−0.134	0.089
41—50 岁	−0.139	0.087
51—60 岁	−0.080	0.090
60 岁以上	0.090	0.094
受教育程度（参照组：初中及以下）		
高中/中专	−0.050	0.050
大专	0.061	0.073

（续表）

	系数	标准误差
本科及以上	−0.011	0.098
户口（非农业＝1）	−0.074	0.049
党员（党员＝1）	−0.009	0.054
有无房屋（有＝1）	0.030	0.064
社区类型（参照组：商品房小区）		
单位产权/混合产权小区	−0.089	0.062
老旧/保障房居民小区	0.001	0.060
村民安置小区	0.130	0.079
村改居小区	−0.139**	0.066
其他类型小区	−0.014	0.062
地区（参照组：一线城市）		
二线城市	0.291***	0.089
三线城市	0.554***	0.098
四线城市	0.293***	0.091
参与居委会换届（参与＝1）	0.280***	0.048
参与社区事务管理与监督（参与＝1）	0.052	0.051
参与业主委员会选举（参与＝1）	0.049	0.041
参与业主委员会选举（参与＝1）	0.150***	0.052
参与社区网络互动（参与＝1）	−0.049	0.043
参与社区文体活动（参与＝1）	0.073	0.046
参与社区公益（参与＝1）	0.140***	0.046
常数项	3.423***	0.141
样本量	1283	

注：*** $p < 0.01$，** $p < 0.05$，* $p < 0.1$。

五、社区归属感

从居民对一些能够体现他们社区主人翁意识和效能感的评价可以看出，居民在社区中的主人翁意识和效能感一般，对大部分题目而言，选择同意与不同意的人数相差不多（见表3—34）。但对于一些题目，如"社区的事不是我该操心的"这一题目，大部分居民选择了不同意，说明居民还是热衷于关心社区的事务，因为与他们在社区中的生活息息相关。另外，对于"我觉得让我来当社区里的领导，会干得和别人一样好"这一题目，大部分居民选择了不同意，这说明居民对于社区内领导人员的能力还是较为认可的。

表3—34　居民对社区的主人翁意识和效能感

	非常同意（%）	同意（%）	不同意（%）	非常不同意（%）	拒答/不知道（%）
1. 在我们社区里，人们有许多办法影响社区事务的决定	9.22	49.72	35.19	3.40	2.46
2. 在我们社区里，像我这样的人说话不管用	7.31	40.25	45.01	6.46	0.98
3. 我觉得我比一般人更了解本社区里的情况	11.05	48.02	37.95	2.42	0.55
4. 社区里的事不是我该操心的	5.35	33.06	51.30	10.07	0.21
5. 我认为我完全有能力参与社区里的事	9.86	49.85	37.06	2.97	0.25
6. 社区里的事务操纵在少数特权人的手中，像我这样的人无法过问	6.08	32.26	49.55	10.84	1.27

（续表）

	非常同意（%）	同意（%）	不同意（%）	非常不同意（%）	拒答/不知道（%）
7. 我觉得让我来当社区里的领导，会干得和别人一样好	5.52	27.28	59.07	7.22	0.89

* N = 2353

为了考察什么因素会影响居民对社区整体的主人翁意识和效能感，我们首先对选项进行了赋值。针对第1、3、5和7题，将回答非常同意、同意、不同意和非常不同意分别赋值为4、3、2和1，针对第2、4和6题，将回答非常同意、同意、不同意和非常不同意分别赋值为1、2、3和4，这保证了回答分数越高，居民的主人翁意识和效能感越强，然后我们将这7道题目得分值相加后除以7，得到了居民对社区整体的主人翁意识和效能感的评分，以此作为自变量，选择了性别、年龄、教育程度、户口、党员身份、业主身份、社区类型、地区和居民的社区参与作为自变量进行回归分析（见表3—35）。可以看出，性别和年龄对居民的主人翁意识和效能感并没有产生显著的影响。但是相比于初中及以下教育程度的群体，高中/中专、大专、本科及以上教育程度群体的主人翁意识和效能感都更高。相比于非党员，党员的主人翁意识和效能感也明显弱一些。相比于商品房小区，村改居小区的居民的主人翁意识和效能感更弱，这与农村居民还没有适应城市社区的生活有一定的关系。非常值得我们关注的是，参与社区各项事务能显著地增加居民的主人翁意识和效能感。参与居委会换届、社区事务管理与监督、社区协商、社区文体活动和社区公益的居民，其主人翁意识和效能感都要更高。但是有趣的是，参与业主委员会选举的居民，主人翁意识和效能感反而要低，这可能与业委会选举中居民对过程与结果的不满有关系。参加社区网络互动对于居民的社区主人翁意识和效能感倒是并没有显著的正向影响。

表3—35　居民对社区的主人翁意识和效能感的 OLS 回归结果

	系数	标准误差
女性	-0.022	0.015
年龄（参照组：30 岁及以下）		
31—40 岁	0.012	0.034
41—50 岁	0.026	0.033
51—60 岁	0.003	0.034
60 岁以上	0.002	0.035
教育程度（参照组：初中及以下）		
高中/中专	0.048***	0.018
大专	0.123***	0.027
本科及以上	0.086**	0.037
户口（非农业=1）	-0.025	0.019
党员（党员=1）	0.077***	0.020
有无房屋（有=1）		
社区类型（参照组：商品房小区）	-0.014	0.024
单位产权/混合产权小区	-0.008	0.023
老旧/保障房居民小区	-0.023	0.022
村民安置小区	-0.040	0.028
村改居小区	-0.073***	0.024
其他类型小区	-0.046**	0.022

（续表）

	系数	标准误差
地区（参照组：一线城市）		
二线城市	0.052*	0.029
三线城市	0.036	0.032
四线城市	0.035	0.029
参与居委会换届（参与＝1）	0.091***	0.017
参与社区事务管理与监督（参与＝1）	0.172***	0.020
参与业主委员会选举（参与＝1）	−0.027*	0.015
参与社区协商（参与＝1）	0.102***	0.021
参与社区网络互动（参与＝1）	0.006	0.015
参与社区文体活动（参与＝1）	0.055***	0.017
参与社区公益（参与＝1）	0.068***	0.016
常数项	2.411***	0.050

注：***p<0.01，**p<0.05，*p<0.1。N＝2238。

　　居民也对于"在小区有家的感觉""愿意在这个小区长期住下去"这两道题目进行了1—10分的打分，分数越高表示越赞同。"在小区有家的感觉"的平均评分是7.9分，中位数是8分；"愿意在这个小区长期住下去"的平均评分是8.3分，中位数是9分。整体来说，社区居民在小区中的归属感很强。

第五节　结论和对策

社区建设依赖于政府、社区组织和居民在信任、互惠和认同基础上的相互合作，这种合作是政府、社区组织和居民等多方利益主体在持续互动过程中经过重复博弈而建立的互惠合作关系。根据对城市居民参与问卷的数据分析，我们发现了一些社区参与中存在的问题，并提出了相应的解决方案。

一、存在的问题

总体来看，城市居民社区参与在社区类型、参与人群、参与类型等存在着一定的差异性和不平衡的发展状况，参与的效能感也有待进一步提高。

（一）城市居民在社区内的交往状况较好，但也呈现出一些群体上的差异

大部分城市社区居民都具有相当的社交网络，并与邻居保持互动。女性的社交更具实质性，男性的社交网络则整体更大一些。老年人在社区内更多的是情感性的交往，而年轻的群体在借东西和帮忙这些实质上的交往更多。教育程度较低的群体更多地集中于社区中的情感性交往，而在与组织关联和实质性交往上，则呈现出较弱的状况。居住时间越长，居民与其他社区居民交往的频度与深度也越高。商品房小区的居民在社区情感性交往上较弱，但在组织关联，即认识居委会工作人员的数量上较高。村民安置小区与村改居小区的居民有更多的社区情感性交往，但是组织关联是最弱的。由于生活节奏快、生存

压力大，在与邻居的交往上，一线城市的居民整体呈现出较弱的状况。

（二）2016年城市居民的社区参与较2015年有较大的提升，但在不同类型的参与上也呈现出较大的差异

1. 社区居委会换届参与比例最高，但其中社会经济地位较高群体反而参与比例最低。参与居委会换届选民登记与投票的居民占了将近80%，覆盖面很大。但是年轻的群体、教育程度高的群体、居住在商品房小区的群体反而在居委会换届中的参与比例最低。

2. 仅有不到20%的小区有业委会，其中商品房小区有业委会的比例最高。整体来看，居民参与业委会选举的比例也较低。

3. 约1/5的城市社区居民参与过社区事务管理与监督，社会经济地位较差的群体更多地被排除在社区事务管理与监督之外。居务公开状况是居民参与最多的社区事务管理与监督事项，对于资金的使用居民的参与最少。居委会是居民对社区事务有意见时最重要的反馈渠道。

4. 社区协商在社区内的宣传与推动力度仍然不够，仅有约1/3的群体听说过，不到1/5的群体参与过。社区公共环境卫生治理是居民在社区协商中参与最多的主题，而与社区事务管理与监督类似，对于社区公益资金这一社区资金问题的协商参与的比例最低。大部分社区协商意见都被落实，说明协商的效果较为显著。

5. 虽然大部分社区都有网络互动平台，但居民社区网络互动的参与比例较低。女性、30岁及以下、教育程度高的群体中参与网络互动的比例较高，老年人和教育水平较低的居民很大程度上被排斥在了社区网络互动之外。村改居小区居民和四线城市居民的参与比例也非常低。

6. 约1/3的居民参与了社区文娱活动，女性和老年人是其中的参

与主体。商品房小区居民有很大一部分参与过社区文娱活动，但在社区整体发展较差，如老旧小区中，居民文娱活动的开展也受到了一定限制。一线城市居民有将近 2/3 参与过社区文娱活动，但在四线城市中，这一比例仅为 23.84%。

7. 社区公益类活动的参与比例仅次于居委会换届，表明居民对参与公益活动的积极性较高。不同年龄群体都很积极地参与公益类活动，无论是在社区居委会换届、文娱等活动中参与积极性较低的 30 岁及以下群体，还是在社区协商和网络互动中参与积极性较低的 60 岁以上群体，他们都很热心参与社区公益类活动中来，这表明社区公益类活动对社区所有年龄群体都有很大的号召力。且 60 岁以上群体参与社区公益的频繁程度也是最高的。商品房小区居民、教育程度较高的居民和居住在一线城市的居民都有着较高的社区公益类活动参与比例，这与公益类活动推广力度的不均衡也有一定的关系。

8. 城市社区居民参与社会组织的比例较低，仅为 15%。女性、较年轻群体和教育程度较高群体参与社会组织的比例更高。村改居小区中社区社会组织的参与比例远低于商品房小区，四线城市居民社会组织参与比例也远低于一线城市居民。城市居民中接受过社会组织服务的比例仅为 11.3%，且较年轻群体、教育程度高的群体、商品房小区居民和一线城市居民接受服务的比例也较高，这说明社区社会组织在寻找精准服务对象上可能有些疏漏，并没有找到那些真正需要服务的群体，如老年人、贫困人口等。

9. 社工在城市居民中的知度度较高，但是接受过专业社工服务的比例却较低，仅为不到 5%。而且与社会组织提供服务类似，年轻的、教育程度高的、商品房小区、一线城市的居民反而接受过更多的社会工作的专业服务，对服务有着更迫切需求的居民反而无法获得社工的服务。

（三）城市社区居民对社区中具有权威性的党组织和居委会信任度较高，但对物业服务满意度一般。值得注意的是，城市社区居民的主人翁意识和效能感还有很大进步空间

1. 城市社区居民对物业服务的满意度还有很大的提升空间，总体来看，居民的个人因素对于其评价物业服务满意度并没有太多显著的影响，尤其是居住在不同类型小区的居民对物业服务水平的评价也都差不多，这说明物业服务整体还需要很大的进步。

2. 居民对社区党组织和社区居委会的信任度都相当高，对社会性的社区服务提供方，如小区业主委员会、社区社会组织和专业社工机构的信任度较好，但对商业性的社区组织，即小区物业公司的信任度最低。

3. 居民对于居务公开的内容、频次和形式的满意度都较高。此外，参与居委会换届选举的居民，对居务公开的满意度要更高。这在一定程度上能够说明，提升居民对社区事务的参与比例，将增进他们对于社区事务的满意度。

4. 总体来说居民对社区内各项服务的满意度较高。居民的很多个人特征，如性别、年龄、教育程度、户口、党员身份、业主身份等对居民对社区服务满意度都没有显著的影响。值得注意的是，参与社区内的活动，如参加社区公益活动等都将显著地增进居民对于社区服务的满意度，这表明参与社区活动对于社区居民对社区的评价有很大的影响。

5. 城市居民在社区中的主人翁意识和效能感一般。教育程度高的群体和党员社区主人翁意识更强。参与社区各项事务将增加居民的主人翁意识和效能感。参与居委会换届、社区事务管理与监督、社区协商、社区问题活动和社区公益的居民，其主人翁意识和效能感都要更高。

二、对策建议

基于以上这些对分析结果的总结，我们提出了一些建议，以推动更多的居民参与到社会建设中来，让更多的社区居民接受更好的服务，有更强的社区主人翁意识。

一是加大力度发展党员在社区参与中的代表与模范作用。党员群体在不同类型的社区参与中参与比例都远远高于非党员，这表明党员在社区参与中起到了一定的带头作用，但是如何利用这些作用更多的影响居民，则需要进一步努力。从带动居民到转变居民思想，让他们在未来能够更加积极主动地参与到社区建设中来，是影响社区发展的重要因素。

二是对于城市化进程中产生的村改居与村民安置小区在社区居民参与方面需要投入更多的资源与精力。一方面村改居和村民安置小区的环境与硬件可能略差于商品房等其他类型的小区，所以需要改善居民社区参与的客观条件。另一方面，从思想上，也需要培养这些居民成为"社区人"，增强其社区参与意识，才能让他们真正地融入城市。

三是改善社区参与上的地区不平等，重点发展二、三、四线城市居民的社区参与热情。一线城市的居民在不同的社区参与事务上都有着更高的比例，这也一定程度上反映了经济发展水平对社区建设的影响。但是经济水平并不完全决定了居民的社区参与热情，因此，未来的工作应该更多地侧重于调动二、三、四线城市居民的社区参与积极性，让社区参与在全国呈现一个较为均衡的状态。

四是社会组织与社会工作者需要找准更迫切需要服务的社区居民，提高服务的精准性。数据显示，对于年轻的、教育程度高的、居住在商品房小区和一线城市的居民，他们有更高的比例接受社会组织和社会工作者提供的服务，这与不同群体居民对服务的需求可能恰恰是反过来的。社区中年长的、教育程度低的群体和那些在村改居和老旧小区中的居民可能是社会组织和社会工作服务更迫切的需求者，但接受服务的比例反而更低。这与社会组织与社工发展的地域不平衡有关，要求社会组织与社工在未来的工作中，需要更多地渗入到欠发达地区及弱势群体和弱势社区中去开展工作，让服务的影响力更高也更有效率。

五是以社区公益活动为切入点，联结不同年龄群体的社区居民共同参与到社区建设中。以往的社区参与中，老年人往往是其中的主体，年轻人与中年人由于工作太忙、家庭负担较重，往往没有办法全方位地参与到社区中来，居委会工作人员联系到他们的机会也很少。但是从数据分析中我们发现，所有年龄群体的居民都很热衷于公益，这说明可以将公益活动作为一个切入点大力开展，是很有助于提高社区居民整体的参与比例的，而且公益活动举办的频次可以比居委会换届、社区协商等都高，形式也更为灵活，这可能是未来开展社区居民参与工作中一个非常有效的着力点。

六是改善社会经济地位较差群体在社区参与中的弱势地位。在社区管理与监督、社区协商等涉及居民权利的活动上，社会经济地位较差的群体往往被排除在外，没有办法发出自己的声音。但是动员社区内所有居民都积极参与到社区中来，才会让一个社区真正焕发出活力，所以社区工作者在未来的工作中，需要加大力度给这些弱势的群体发声的机会，让他们行使自己在社区中的权利，并积极参与到社区建设中来。

第四章　农村居民参与社区治理状况

　　传统的农村社区是以血缘和地缘关系聚集起来，以农业生产为主要谋生手段的生活共同体。随着经济的发展与现代化的推进，农村社区也发生了很大的变化，包括生产方式的多样化、家庭居住的变迁、凝聚力的下降以及开放性的增强。在这些变化下，农村社区的建设与我国农村地区的发展和农村居民的福利都息息相关。而如何让农村居民更多地参与到社区活动与社区建设中来，则是农村社区发展中非常重要的方面。简单来说，农村居民的社区参与就是让他们以主人翁的身份参与社区内各种活动与事务的决策、管理和运作中来，充分发挥他们在农村社区建设中的积极性与能动性。本章基于农村居民参与调查问卷来分析农村居民社区参与的现状，并分析影响其参与的相关因素。

第一节　农村居民基本状况

一、抽样状况

　　"社会治理动态监测平台及深度观察点网络建设"项目在 2016 年的调查中选取了 1235 个农村社区作为样本，并在其中选取了 30 个农村社区作为抽样单位，并在其中选择受访者完成农村居民参与问卷。在这30个社区中，不同社区完成居民参与问卷的人数也不同，最少的1个社区仅有1名居民完成问卷，最多的1个社区中有35名居民完成问卷，这些社区中完成居民参与问卷居民数量的中位数则为26个，总计完成了1780份有效问卷。在选取的30个社区中分布在了22个省市地区，具有较高的全国代表性。

问卷主要从居民基本情况、社区参与、社区评价、村干部与第一书记等几个方面来考察2016年我国农村居民的社区参与状况，这对我们了解我国农村居民在社区建设中发挥的作用、发掘居民社区参与中的不足与探索推进居民参与社区治理的对策均有重要的参考意义。

二、居民基本状况描述

在城市居民样本中，共有1045名男性受访者，735名女性受访者，男性占的比例偏大。从年龄来看，最小的受访者18岁，最大的为84岁，其中年龄的中位数为53岁。分性别来看，受访男性中位数年龄为54岁，略大于女性的51岁。其中30岁及以下所占比例最小，仅为4.38%，31—40岁年龄群体的比例也不高，为10.17%，41—50岁、51—60岁和60岁以上的年龄群体所占的比例较高，分别为27.64%、27.98%和29.83%（见图4—1）。

从受访农村居民的婚姻状况来看，未婚受访者的比例很小，仅占2.42%，这与受访者年龄整体偏大也有一定的关系；离异与丧偶的受访者分别占1.46%和6.29%，已婚受访者的比例最高，占89.83%（见图4—2）。

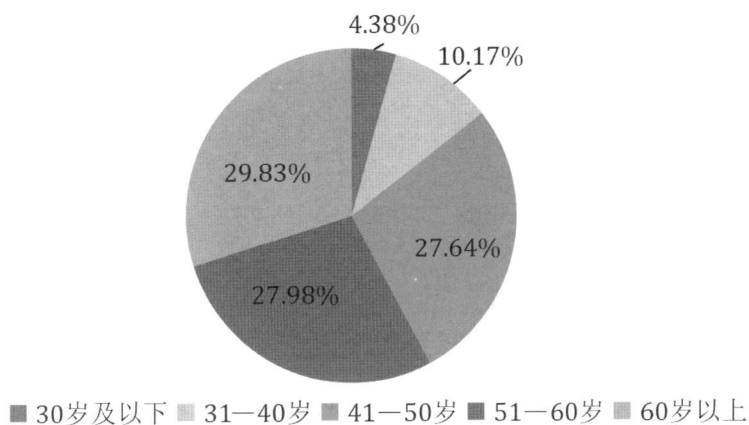

图4—1 农村居民的年龄分布（N=1780）

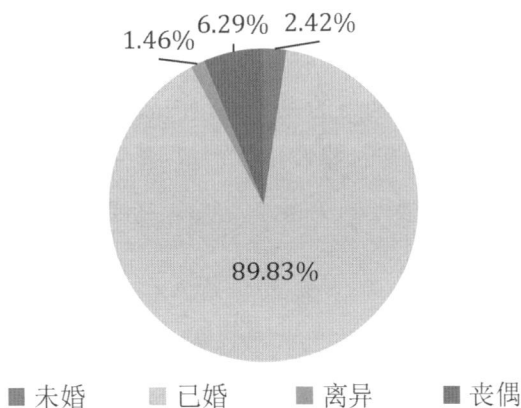

图4—2 农村居民的婚姻状况（N=1780）

从受访农村居民的教育程度来看，87.19%的受访者教育程度在初中及以下，高中/中专教育程度的受访者占11.01%，而大专教育程度的受访者占1.52%，本科及以上的受访者所占比例最小，仅为0.28%。相比于城市受访者，农村受访者的教育程度要低得多（见图4—3）。

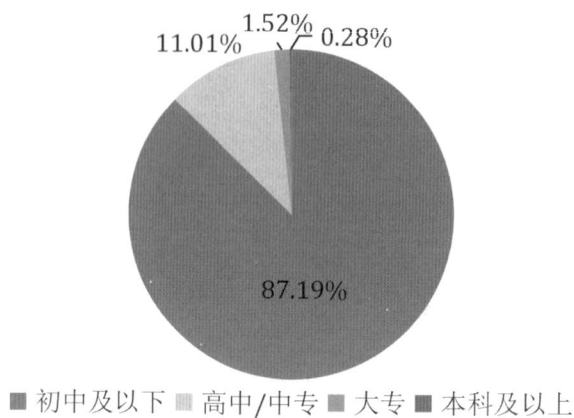

图4—3 农村居民的教育程度（N=1780）

在受访的农村居民中，68.31%的居民目前正从事农业活动，这表明农业活动依然是农村劳动力的主要工作内容（见图4—4）。在受访者里有28.43%的农村居民有着非农工作，这是一个较高的比例，与工业在农村地区的发展有着很大的关系（见图4—5）。

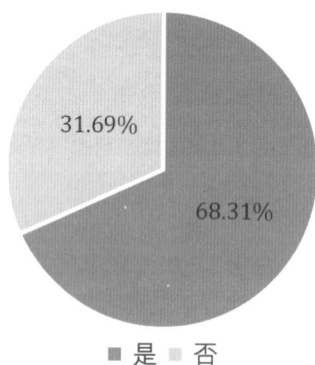

图4—4 农村居民是否从事农业活动（N=1780）

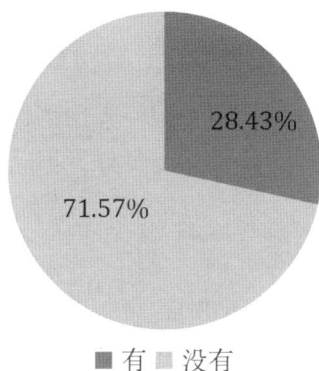

图 4—5 农村居民是否有非农工作（N=1780）

受访农村居民中的政治面貌显示，普通群众占了绝大多数，比例为84.72%；中共党员的比例为11.24%，比城市居民中的党员比例要低；共青团员的比例为3.88%；而民主党派成员的比例最少，仅为0.11%（见图4—6）。分性别来看，男性的中共党员比例为16.65%，远高于女性的3.54%。

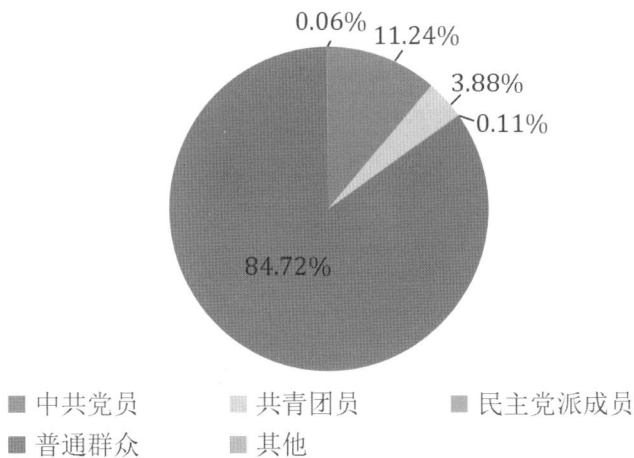

图 4—6 农村居民的政治面貌（N=1780）

受访农村居民的健康状况显示，18.26%的受访者自评健康状况为非常健康，19.44%自评为比较健康，37.87%的居民自评健康为一般，而自评为不太健康和很不健康的受访居民比例分别为18.37%和6.07%。总体来看，受访农村居民的健康状况良好，但略低于城市居民的自评健康状况（见图4—7）。

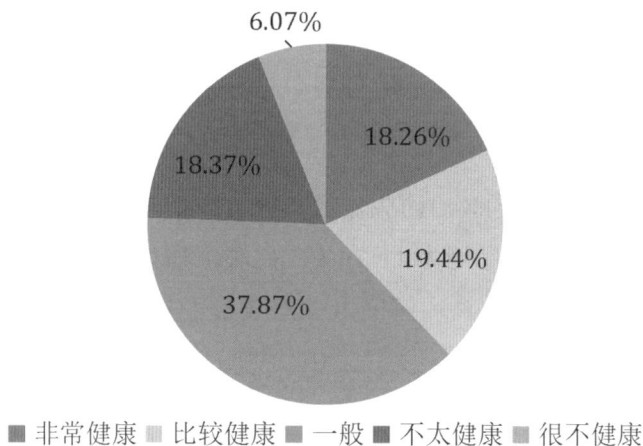

图4—7　农村居民的健康状况（N=1780）

2015年受访农村居民家庭收入的中位数为1.5万元，是城市居民家庭收入中位数的一半，表明城乡居民在收入上的差距比较明显。图4—8显示的是农村受访居民自我评价的家庭收入在当地水平。可以看出，整体的评价呈现正态分布，33.54%和9.72%的居民自评为5和6的收入水平，即中间的收入水平。但是自评为1和2，即最低收入水平的居民也不占少数，分别有19.04%和7.81%。而自评收入水平为9和10的比例则最低，分别只有0.28%和1.01%。

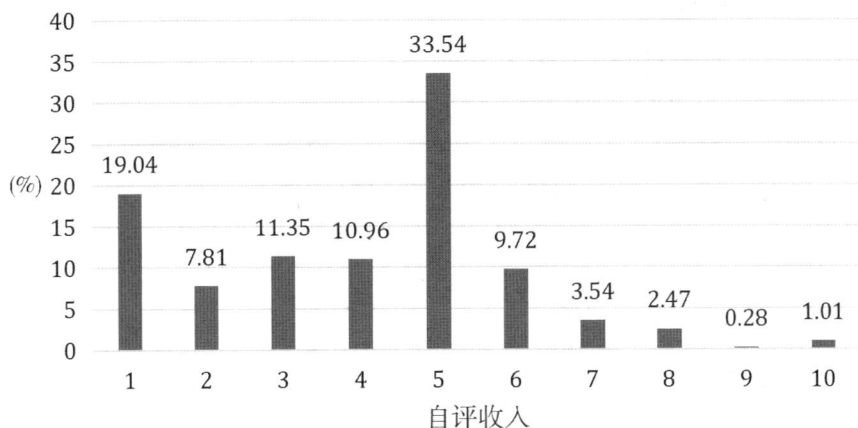

图4—8　农村居民自评家庭收入水平（N=1780）

图4—9显示的是农村居民主要的收入来源。可以看出，绝大部分居民的收入来源是农业收入，占65.56%，打工收入作为来源的比例也不低，为41.52%。还有一部分年龄较大的居民，其收入来源主要是子女供养，占17.42%。个体经营收入和手工业收入作为收入来源的居民分别占9.38%和2.53%。

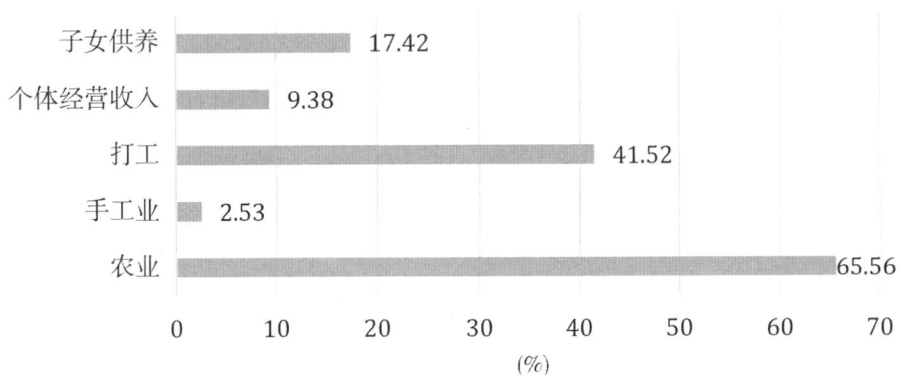

图4—9　农村居民的主要收入来源（N=1780）

图4—10显示的是农村居民盖房的年份，可以看到1990年以前盖房的居民占了25.34%，1990—2000年和2001—2010年盖房的居民分别

有 25.11% 和 29.61%，17.53% 的居民房屋是在 2010 年以后建的。此外，还有 9.72% 的农村居民享受过政府的危房改造。

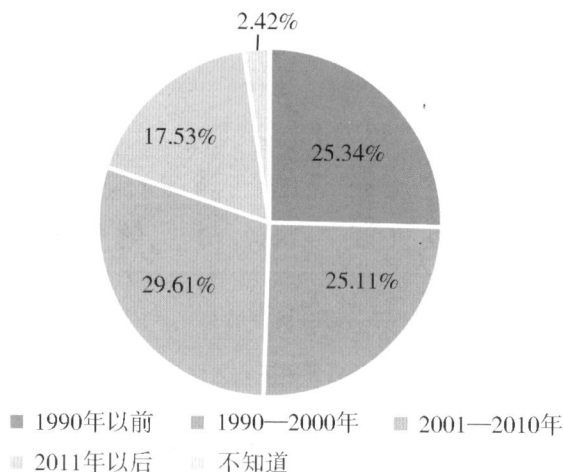

图 4—10　农村居民的盖房年份（N＝1780）

根据调查数据，受访的农村居民中，有 16.4% 的居民接受过社会救助，2015 年收到社会救助款平均为 2126 元，中位数为 1200 元，收到的最大救助款为 30000 元。

表 4—1 显示的是受访农村居民对有关传统活动问题的回答。可以看出，40% 受访居民的家族还保留有自己的家谱，但是依然保留有自己家族祠堂的比例则远远要低，仅为 10.11%，28.88% 受访居民的家族还有定期的祭祖活动。这表明在农村地区，传统的家庭观念与行为仍然有着相当的影响力。

表 4—1　受访农村居民家族的传统活动情况

传统活动	是(%)	否(%)	不知道(%)	总计(%)
您的家族是否保留有自己的家谱？	40.00	59.33	0.67	100
您的家族是否保留有自己家族的祠堂？	10.11	89.66	0.22	100
您的家族是否有定期的祭祖活动？	28.88	71.07	0.06	100

表4—2显示的是受访的农村居民的宗教信仰。绝大多数、占91.63%的农村居民并没有宗教信仰。在有宗教信仰的居民中，佛教占的比例最高，整体有6.46%的居民信仰佛教，道教、基督教和天主教分别占了0.34%、0.84%和0.39%。

表4—2　受访农村居民的宗教信仰

	频数	百分比(%)
佛教	115	6.46
道教	6	0.34
基督教	15	0.84
天主教	7	0.39
无宗教信仰	1631	91.63
其他宗教	6	0.34
总计	1780	100

表4—3显示的是对149个有宗教信仰的农村居民来说，宗教在生活中的重要程度。大部分居民，约56.38%的居民认为宗教的重要性一般。有12.75%和17.45%的居民认为非常重要和比较重要，认为不太重要和很不重要的比例分别为9.4%和4.03%。

表4—3　宗教信仰的重要程度

宗教重要程度	频数	百分比(%)
非常重要	19	12.75
比较重要	26	17.45
一般	84	56.38
不太重要	14	9.40
很不重要	6	4.03
总计	149	100

图 4—11 显示的是农村居民的组织身份，即是否在村庄中担任什么职务。可以看到，有组织身份的居民比例比较低。受访居民中有 9.33% 担任村民小组长的职务，3.37% 的是妇联主任/治保主任/团支部书记，还有 2.42% 担任书记/主任、1.8% 担任副书记/副主任。村办经济组织负责人的比例为 1.29%，另外还有 0.11% 是大学生村官。

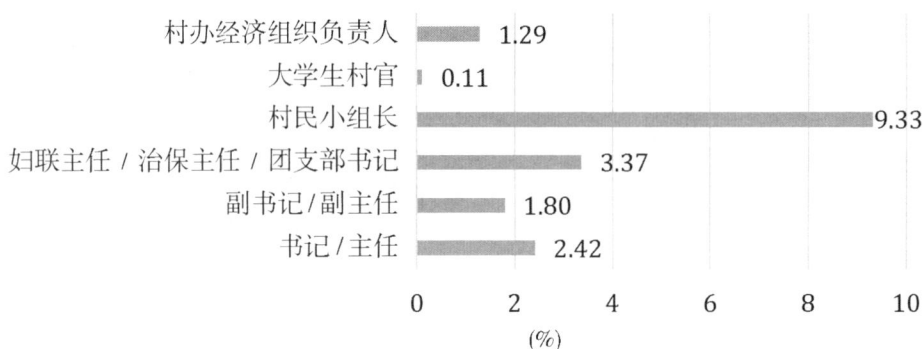

图 4—11　农村居民的组织身份（N=1780）

第二节　农村居民社区治理参与状况

一、村委会换届参与状况

农村居民参与选民登记、投票和选举工作服务情况中，大部分居民都参加了选民登记与投票，比例分别为 73.43% 与 83.09%，略高于城市居委会换届参与，这表明村委会换届选举工作在农村地区较为到位，为选举工作服务的比例较低，为 26.57%（见图 4—12）。总体来说，农村居民在村委会换届工作中的参与比例较高。

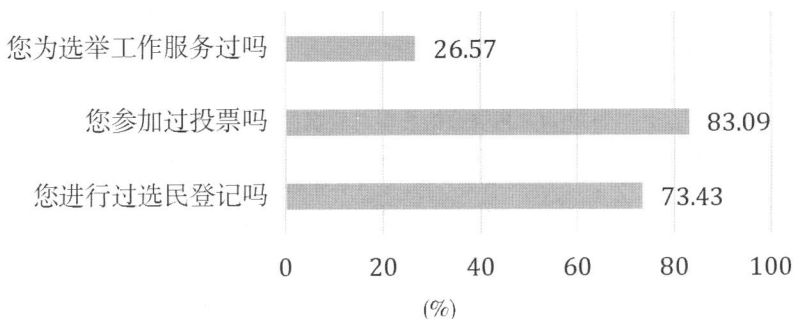

图4—12 农村居民村委会换届参与比例（N＝1780）

不同群体在村委会换届参与上的差异情况可以看出（见表4—4），男性在村委会换届上参与的比例更高，男性受访者中参与过选民登记、投票与选举工作服务的比例分别为76.46%、85.93%和31.39%，而女性受访者的比例则分别为69.12%、78.78%和19.73%；从年龄上看，岁数较大的群体是村委会换届参与中的主力，尤其是51—60岁的群体，参与选民登记、投票与选举工作服务的比例分别为76.91%、86.75%和28.31%，而最年轻的、30岁及以下的群体在村委会换届中的参与比例则较低，62.82%参加过选民登记和投票，略低于年龄较大的群体；从教育程度上来看，教育程度越高，参与比例并没有更高，高中教育程度的群体在选民登记、投票与选举工作服务三项上的参与比例都最高，分别为83.16%、89.29%和37.76%，本科及以上教育程度的居民由于人数太少，所以虽然参与比例太低，但是并没有很好的代表性；户口是否在本村对居民村委会换届选举参与比例有着比较明显的影响，户口在本村的居民在选民登记、投票与选举工作服务三项活动的参与比例都高于户口不在本村的居民；党员的参与比例远高于非党员，在选民登记和投票上，党员的参与比例都达到了90%以上，另外也有近2/3的党员为选举工作进行了服务；类似的，担任村庄职务的居民在村委会换届的参与比例也要高于普通村民；从地区上来看，不同地区农村居民在村委会换

305

届选举的参与比例上差别并没有很大，这说明村委会换届选举工作的推行在全国呈现一个比较平衡的状况。

表4—4 村委会换届参与状况的比例情况

	参与过本届村委会换届的百分比(%)		
	选民登记	投票	选举工作服务
性别			
男性	76.46	85.93	31.39
女性	69.12	78.78	19.73
年龄			
30岁及以下	62.82	62.82	23.08
31—40岁	71.27	81.22	24.86
41—50岁	71.54	80.89	28.25
51—60岁	76.91	86.75	28.31
60岁以上	74.20	84.93	24.48
教育程度			
初中及以下	72.62	82.86	25.19
高中/中专	83.16	89.29	37.76
大专	59.26	51.85	29.63
本科及以上	20.00	40.00	0.00
户口			
非本村	50.00	55.56	20.83
本村	74.41	84.13	26.81
中共党员			
非党员	71.33	81.33	21.90
党员	90.00	96.00	63.50

（续表）

	参与过本届村委会换届的百分比(%)		
	选民登记	投票	选举工作服务
担任村庄职务			
没有	71. 39	81. 17	20. 67
有	85. 55	93. 75	61. 72
地区			
二线城市	78. 87	89. 43	29. 43
三线城市	68. 24	78. 89	30. 41
四线城市	77. 33	84. 44	23. 85
五线城市	69. 35	81. 85	21. 77

* N = 1780

调查数据显示，大部分参与选举的还是普通选民，占了 89.61%，而担任监委会成员、选委会成员和候选人的比例分别为 3.8%、2.51% 和 4.01%（见图 4—13）。

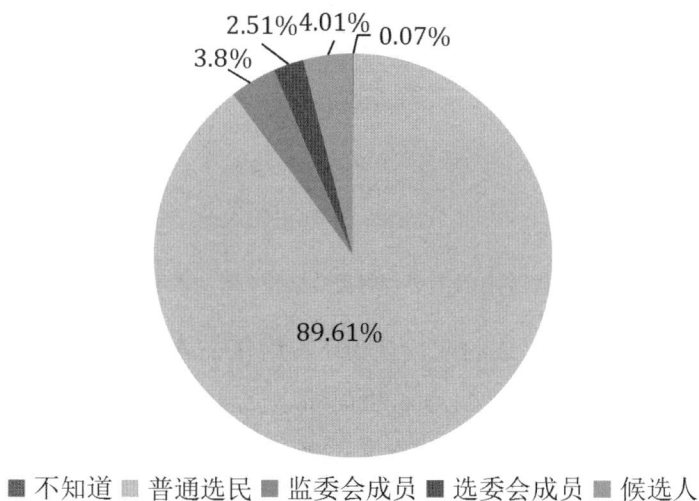

图 4—13　农村居民在村委会换届中担任的角色（N=1473）

图4—14显示的是农村居民没有参加村委会换届选举的原因。选择"不知道，没有人通知"这一原因的受访者占了相当的部分，达32.57%，这表明村委会换届选举的通知工作还需要进一步改善，应该利用更多的手段动员居民参与进来。选择"没有时间"的居民占了28.01%，这可能需要村委会换届选择一个适合更多农村居民参加的时间。而不可忽视的是选择"没有作用"和"没有兴趣"的居民，分别占了0.98%和4.56%，他们对于村委会换届选举的认识还不够深入，或者是以往的换届选举对他们产生不好的影响。如何转变人们的看法，动员更多的农村居民参与到村委会选举中来也是未来农村村委会工作的重点之一。

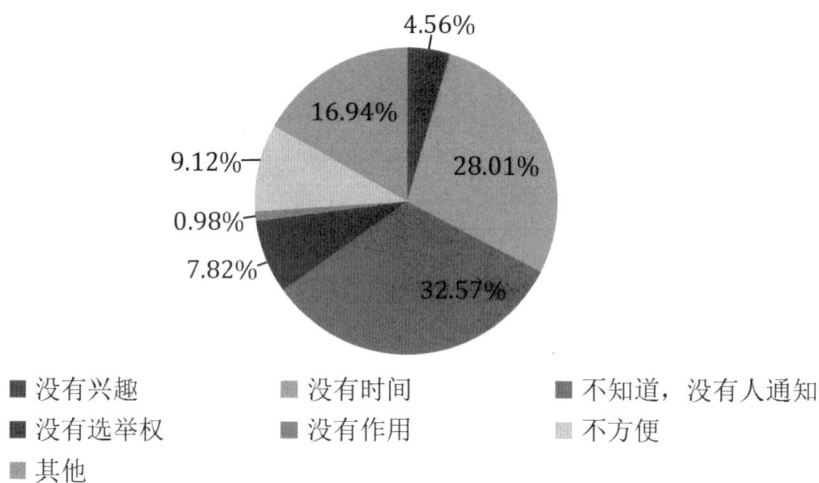

图4—14　农村居民没有参加村委会换届选举的原因（N＝307）

图4—15显示的是农村居民认为所在村庄宗族势力对村内事务决策的影响。大多数居民，即74.1%的居民认为宗族势力没有影响；认为有一般影响的居民占19.55%，还有5.28%的居民认为有很大影响。

表4—5显示的是农村居民在村委会换届中是否投给了同姓的候选人以及家族状况对投票决策的影响。总体来看，27.53%的居民投票给

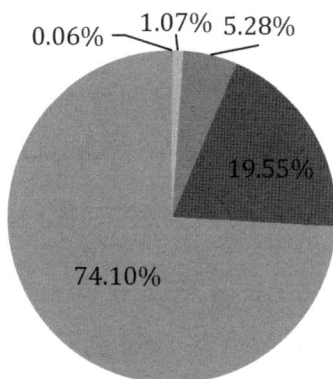

0.06%　1.07%　5.28%

19.55%

74.10%

■拒绝回答 ■不知道 ■很大影响 ■一般影响 ■没有影响

图4—15　宗族势力对村内事务决策的影响（N＝1780）

了同姓候选人。另外，调查发现，如果所在家族中保留家谱、有祠堂、定期祭祖，那么居民投票给同姓候选人的比例要略高一些。这说明传统的家族对于村内事务有一定的影响。

表4—5　村委会换届参与状况的影响因素分析

		投票给同姓候选人(％)
总体		27.53
家族是否保留家谱	是	34.33
	否	24.20
家族是否有祠堂	是	29.38
	否	28.20
家族是否有定期祭祖	是	31.54
	否	26.99

* N＝1731

关于居民没有投票给同姓候选人的原因，有46.84%认为异姓的候选人更加优秀，这说明选举工作还是较为公平公正的，没有同姓候选人有 39.33% 的居民选择；另外，还有 4.64%、4.8% 和 5.76% 的居民选择了"即便同姓的候选人当选，也不能给我带来实际利益""虽然同姓，我与候选人的关系并不紧密"和"我们的姓氏不是大姓，投了也无法当选"（见图 4—16）。

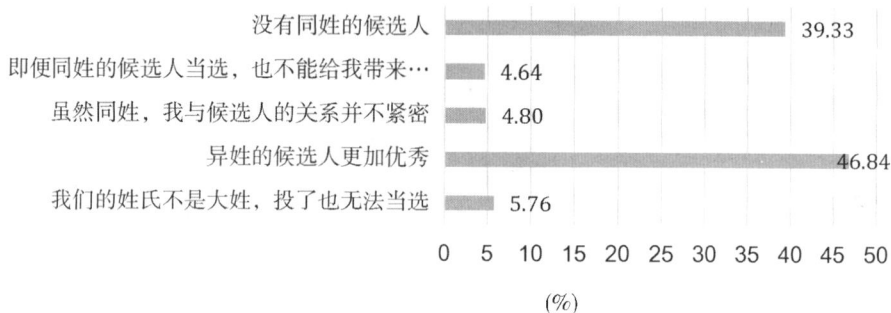

图 4—16　为什么没有投票给与您同姓的候选人（N=1251）

居民对上一次换届竞选有没有违反程序的回答中，91.63% 的居民回答否，这说明村委会换届工作整体正规；但是还是有 4.78% 的居民回答了是，说明换届工作还有一定的改进空间（见图 4—17）。

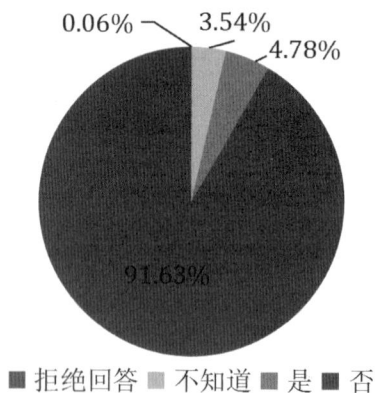

图 4—17　上一次换届竞选是否违反程序（N=1780）

对于回答上一次换届有违反程序的居民，问卷又追问了他们有没有收取候选人好处。92.94% 的居民回答没有，仅有 4.71% 的居民回答有。

同时，调查结果显示，一张选票的价格最高为 500 元。

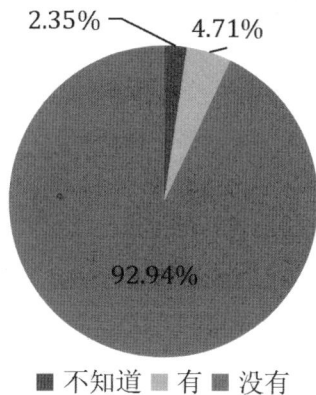

图 4—18　有没有收取候选人好处（N=85）

二、村庄各类会议参与情况

表 4—6 显示的是农村居民在 2015 年参与村庄各类会议的比例。可以看出，农村居民参与村民会议的比例最高，为 38.48%，其次为村民小组会议和村民代表会议，分别为 22.70% 和 21.74%。参与党群议事会、村庄议事协商会和村务听证会的比例则相对较低，分别为 12.53%、10.00% 和 10.73%。

表4—6　农村居民参与村庄各类会议的比例

	参加过（%）	没有参加（%）	不适用（%）	不知道（%）	样本量
村民会议	38.48	58.54	2.92	0.06	1780
村民代表会议	21.74	75.96	2.25	0.06	1780

（续表）

	参加过（%）	没有参加（%）	不适用（%）	不知道（%）	样本量
村民小组会议	22.70	74.33	2.98	0	1780
党群议事会	12.53	80.67	6.80	0	1780
村庄议事协商会	10.00	82.08	7.81	0.11	1780
村务听证会	10.73	82.19	6.91	0.17	1780

表4—7显示的是2015年参与过各类会议的居民一年中参与会议的次数。党群议事会的参会频率最高，平均为6.91次，其次为村民代表会议，为5.60次。居民参与村务听证会的频率最低，为4.12次。但是总体来说，村民还是定期会参与村庄各类会议的。

表4—7　农村居民参与村庄各类会议的次数

	参加次数（均值）	样本量
村民会议	4.22	685
村民代表会议	5.60	387
村民小组会议	4.84	504
党群议事会	6.91	223
村庄议事协商会	4.73	178
村务听证会	4.12	191

表4—8显示的是不同群体的居民参加过村庄各类会议的比例，如果居民参与过村民会议、村民代表会议、村民小组会议、党群议事会、村庄议事协商会和村务听证会任何其一，则视为其参与过村庄会议。可以看出，男性的参与比例要远高于女性，前者有58.56%，后者则只有36.33%。年龄越高，村庄会议的参与比例则越高，30岁及以下的群体参与比例仅有38.46%，而60岁以上的群体参与比例可以达到56.31%。

总体来看，教育程度越高，村庄会议的参与比例越高，因为本科及以上群体的人数太少，所以结果并不太具有代表性。本村居民参与会议的比例远高于非本村的居民。而党员中，有91%在2015年参与过村庄的各类会议，是非党员的两倍。类似的，担任村庄职务的村民比普通村民参与村庄会议的比例也要高出许多，前者为89.06%，后者则为42.72%。此外，也可以观察到，不同地区农村参与会议的比例差异并不大。

表4—8 农村居民参与村庄各类会议的比例情况

	参加过本村会议的百分比(%)
性别	
男性	58.56
女性	36.33
年龄	
30 岁及以下	38.46
31—40 岁	39.23
41—50 岁	45.93
51—60 岁	50.80
60 岁以上	56.31
教育程度	
初中及以下	47.87
高中/中专	59.69
大专	62.96
本科及以上	40.00
户口	
非本村	36.11
本村	49.94

（续表）

	参加过本村会议的百分比（%）
中共党员	
非党员	44.11
党员	91.00
担任村庄职务	
没有	42.72
有	89.06
地区	
二线城市	50.57
三线城市	51.35
四线城市	47.11
五线城市	49.60

* N = 1780

三、公共事务管理与监督参与状况

图4—19显示是农村居民参与村里事务监督的比例。绝大多数居民并没有参与过监督工作，仅有10.51%的居民有过参与经历，远低于城市社区居民对社区事务的管理与监督比例。这说明农村居民在参与社区事务管理与监督上还有很大的提升空间。

参与过村务监督的农村居民中，参加最多的为村务公开情况，为77.54%，其次为村里财务收支（含惠民资金使用）和村干部廉洁自律情况，均为64.17%，参与过对最低生活保障审核情况的监督的比例有63.64%。这三项的参与比例都比城市社区中的居民要高。参与比例最低

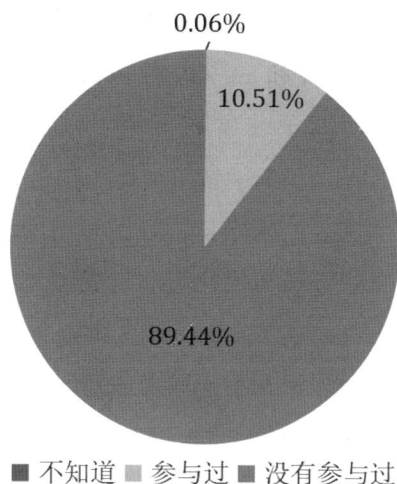

图4—19　是否参与过村里事务监督（N＝1780）

的为征地补偿费的使用分配和村里集体经济所得收益的使用这两项涉及资金使用和分配问题的事务，参与比例分别为38.5%和45.45%（见图4—20）。

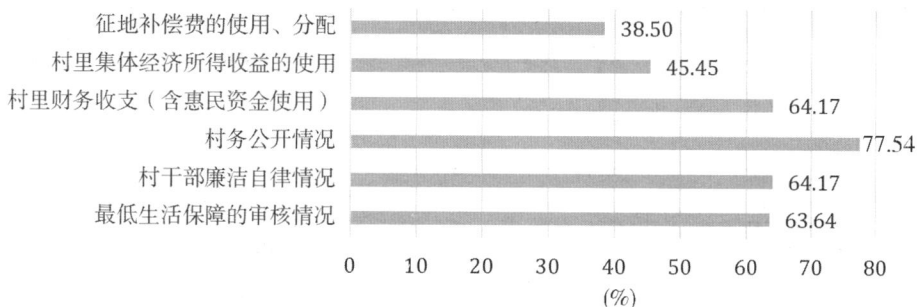

图4—20　参与过哪些村里事务的管理或监督（N＝187）

　　表4—9显示的是不同群体的居民参加过村里事务管理与监督的比例。可以看出，男性有14.07%参与过村里事务管理与监督，女性仅有5.44%，男性参与比例要远高于女性。不同年龄群体参与村里事务管理与监督的比例相差不多，只有60岁以上群体参与比例略低，为8.66%。教育程度越高，参与村里事务管理与监督的比例越高，初中及以下教育

程度的农村居民中，参与比例仅为9.09%，但是在高中和大专学历的群体中，参与率分别为19.90%和22.22%。户口在本村的居民参与村里事务管理与监督的比例远高于非本村居民，前者为10.77%，后者为4.17%。党员有41.50%在2015年参与过村里事务的管理与监督，远远高于非党员的6.58%，这表明未来村民社区参与的动员工作要更多集中在群众当中。担任村庄职务的居民比普通村民参与村里事务管理与监督的比例也要高出许多，前者为39.84%，后者则为5.58%。此外，也可以观察到，不同地区农村居民在村里事务管理与监督的参与比例上略有差异，四线城市的参与比例最低，为6.81%。

表4—9　农村居民参与村里事务管理与监督的比例情况

	参与村里事务的管理与监督的百分比(%)
性别	
男性	14.07
女性	5.44
年龄	
30 岁及以下	10.26
31—40 岁	11.05
41—50 岁	12.20
51—60 岁	10.64
60 岁以上	8.66
教育程度	
初中及以下	9.09
高中/中专	19.90
大专	22.22
本科及以上	20.00

（续表）

	参与村里事务的管理与监督的百分比（%）
户口	
非本村	4.17
本村	10.77
中共党员	
非党员	6.58
党员	41.50
担任村庄职务	
没有	5.58
有	39.84
地区	
二线城市	10.94
三线城市	12.84
四线城市	6.81
五线城市	14.52

[*] N = 1780

　　图4—21显示的是农村居民当对村里公共事务有意见时的反映渠道。可以看出，居民最主要的反映渠道是村委会，有84.49%的居民选择了这一项，这说明村委会在农村地区的权威程度很高。向上级政府反映的比例并不高，占20.86%，向人大代表、政协委员和党代表反映的比例也不高，占9.09%，这说明居民在反映问题时，求助政府部门和权威人员并不是很常见的选择。向媒体和大学生村官反映的比例最小，均为3.21%。

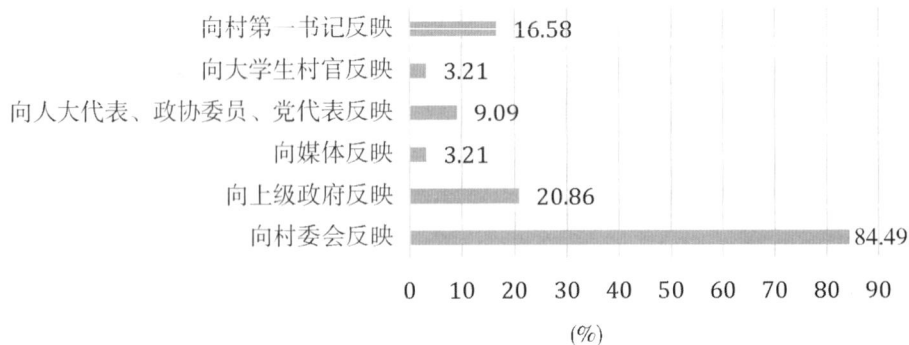

图4—21 当对村里公共事务有意见时的反映渠道（N=187）

图4—22显示的是农村居民没有参与村庄公共事务管理监督的原因。选择最多的原因是没有时间，有39.16%没有参加的居民选择了这一原因，如何确定一个适合多数居民的灵活村务协商时间是未来农村社区居民参与工作需要考虑的问题。其次，有38.15%的居民选择了"不知道怎么参加"，这与公共事务管理监督的宣传渠道有关，很多农村居民对于相关事务如何参与缺乏了解的渠道。选择"身体不好"和"没有兴趣"的居民分别占19.04%和13.58%。不容忽视的是有14.14%的居民选择了"感觉不管用"，高于城市社区居民选择这一项的比例，这说明让农村居民更好地理解社区事务管理与监督的重要性。2.95%的居民选择的"参加过，感觉失望"，这与村里公共事务管理监督过程中的程序合规与公平公正可能有很大关系。

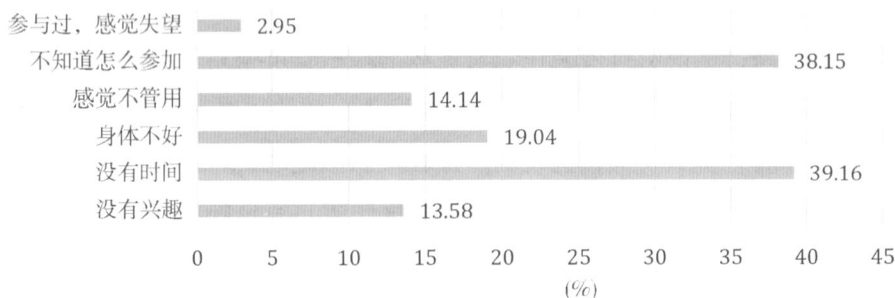

图4—22 没有参加过社区事务管理或监督的原因（N=1591）

四、社区协商

社区协商是当前我国基层民主工作的组成部分，也是居民社区参与的重要发展方面之一。

数据显示，绝大部分农村居民对于社区协商的了解较少，86.29%的居民选择了"从来没有听说过"，远高于城市社区居民中没有听说的比例，听过但不理解的居民占了10.79%，仅有2.92%的居民听说过社区协商且深刻理解其中的意义（见图4—23）。这说明农村的社区协商工作还有着很大的进步空间。

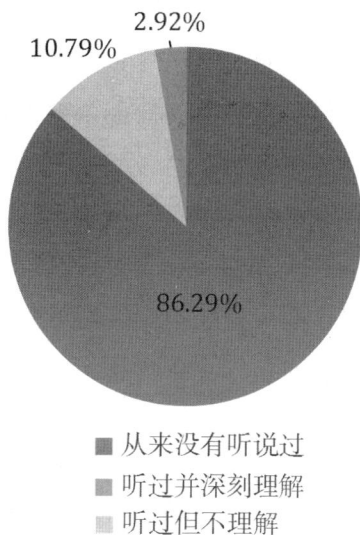

图4—23 是否听说过社区协商（N=1780）

听说过社区协商的农村居民中，大部分没有参与过社区协商，但是听说没有参与过的比例为67.49%，参加过1—3次的居民占20.58%，4—10次的占10.70%，10次以上的比例最小，仅有1.23%（见图4—24）。

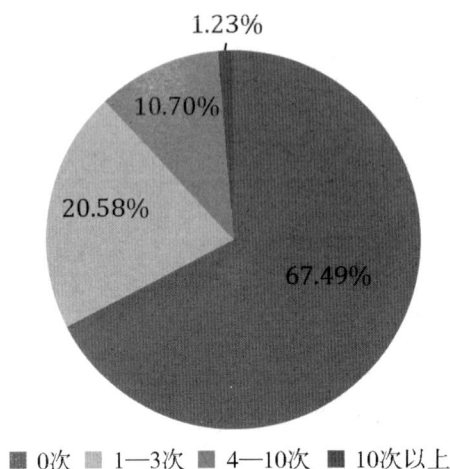

图4—24　了解社区协商的居民中参与协商的次数

　　表4—10显示的是不同群体对于社区协商的了解和参与上的差异。从性别来看，男性和女性听说过社区协商的比例差不多，但是参与过社区协商的比例则男性要比女性略高，分别有5.45%和2.99%。不同年龄群体在是否听说过社区协商上呈现出较明显的差异，最年轻的30岁及以下的群体有29.49%的人听说过社区协商，而60岁以上群体听说过社区协商的比例仅为8.10%。在社区协商的参与上，不同年龄群体间也呈现着类似的差异，年龄越大，社区协商的参与比例越低，这说明较年轻的群体在获取资讯上比较年长的群体有更多的优势，同样也投射在了参与行为上。教育程度与听说过和参与过社区协商的关系也很明显。教育程度为高中/中专和大专的群体分别有23.47%和25.93%听说过社区协商，远高于初中及以下教育程度群体的12.18%。在参与社区协商的行为上，这种教育程度的差异更加的明显，大专教育程度的群体有14.81%参与过社区协商，但是教育程度在初中及以下的群体仅有3.61%参加过。非本村户口的居民听说过和参与过社区协商的比例都要高于户口在本村的居民，这可能与户口迁出本村的居民可能有更多的流动经历和城镇地区生活的经历、可以

获得更多的资讯等方面有关。党员与非党员在社区协商的了解度差异并不是很大，前者为 17.50%，后者为 13.23%。但是在参与率上则呈现出非常显著的差异。11.50% 的党员参与过社区协商，而非党员中这一比例仅为 3.54%。是否在村庄担任职务对社区协商的了解度有一定的影响，担任职务的村民有 18.36% 听说过社区协商，而普通村民听说过的比例为 12.93%，类似的，在参与比例上，这种差异进一步被扩大，前者的参与比例为 10.55%，后者仅为 3.41%。社区协商的了解度与参与比例在不同地区间呈现出一定的差异，总体来说，居民所在地区经济越发达，听说过和参与过社区协商的比例越高。

表4—10 社区协商了解与参与的比例情况（%）

	听说过社区协商	参与过社区协商
性别		
男性	13.68	5.45
女性	13.74	2.99
年龄		
30 岁及以下	29.49	8.97
31—40 岁	25.97	7.18
41—50 岁	16.67	5.49
51—60 岁	9.84	4.22
60 岁以上	8.10	2.07
教育程度		
初中及以下	12.18	3.61
高中/中专	23.47	9.18
大专	25.93	14.81
本科及以上	40.00	20.00

（续表）

	听说过社区协商	参与过社区协商
户口		
非本村	22.22	8.33
本村	13.35	4.27
中共党员		
非党员	13.23	3.54
党员	17.50	11.50
担任村庄职务		
没有	12.93	3.41
有	18.36	10.55
地区		
二线城市	17.36	6.42
三线城市	14.36	5.07
四线城市	13.48	3.70
五线城市	8.87	2.82

* N = 1780

图 4—25 显示的是农村居民参与社区协商的主题。可以看到，居民参与最多的是公共设施建设问题，占 73.08%。农村公共设施的建设涉及修路等与民生息息相关的问题，这也使得居民对这类事项的关注度最高。参与度其次的是公共环境卫生治理问题和村委会选举问题，分别有67.95% 和 66.67%的居民参与过这两个问题的社区协商。村庄规划与发展问题也是居民非常关注的协商主题之一，有 58.97%的居民参与过。村里社会救济、社会福利问题、村规民约制定问题和村里治安问题也是村民非常关心的协商主题，分别有 52.26%、51.28%和 50.00%的居民

参与过。参与比例最低的是涉及资金使用问题的两个主题，一个是村集体经济的经营或资金的使用分配问题，一个是村公益资金的使用分配问题，这与村民参与村庄公共事务监督管理的状况相类似，一旦涉及资金使用问题，社区居民的参与度就会较低。

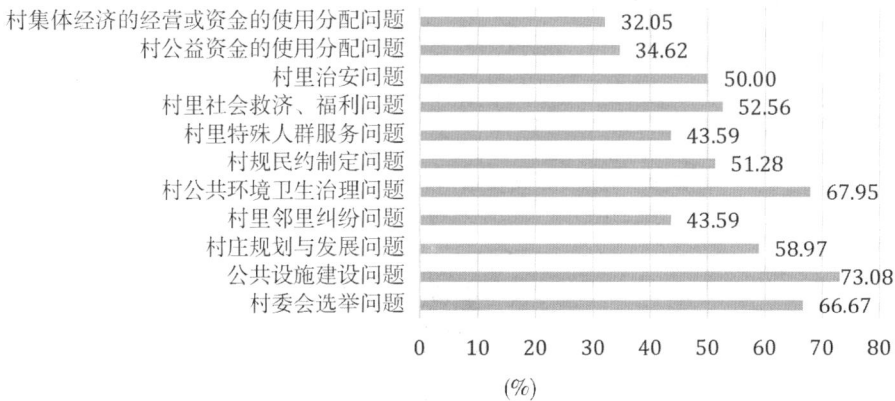

村集体经济的经营或资金的使用分配问题　32.05
村公益资金的使用分配问题　34.62
村里治安问题　50.00
村里社会救济、福利问题　52.56
村里特殊人群服务问题　43.59
村规民约制定问题　51.28
村公共环境卫生治理问题　67.95
村里邻里纠纷问题　43.59
村庄规划与发展问题　58.97
公共设施建设问题　73.08
村委会选举问题　66.67

0　10　20　30　40　50　60　70　80
(%)

图 4—25　参与社区协商的主题（N=78）

对于社区协商的结果，98.73%参与过社区协商的居民表示结果有过公示，这表明协商工作的程序比较正规。图 4—26 显示的是社区协商结果的公示方式。可以看到，公开栏公示所占的比例是最高的，有 92.31%。通过会议的方式通知的比例也较高，其中村民会议的比例为 76.92%，村代表会议的比例为 58.97%。口头通知所占的比例也不低，为 65.38%。采用手机短信、电视/网络公开、公开信/传单/小报这三种方式进行公示的比例较低，分别为 24.36%、8.97% 和 15.38%。

图 4—27 显示的是社区协商意见的落实状况。选择"全部被落实"的比例为 25.32%，"大部分"被落实的比例为 69.62%，两者相加占据了约 95%，这说明社区协商各个议题的落实状况相当好。

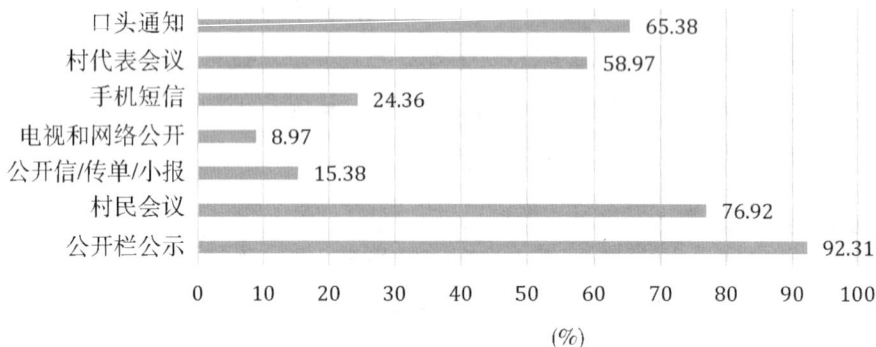

图4—26 社区协商结果的公示方式（N=78）

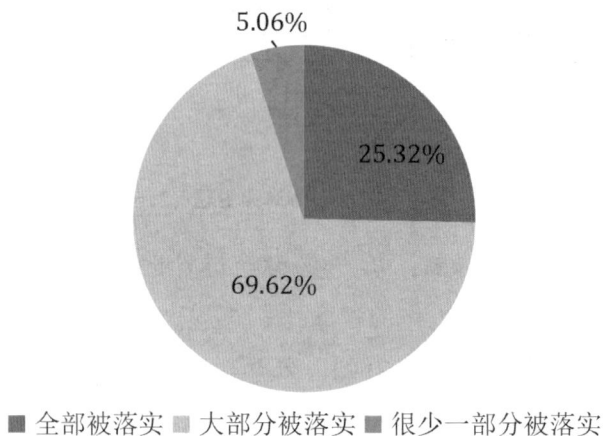

■ 全部被落实 ■ 大部分被落实 ■ 很少一部分被落实

图4—27 社区协商意见的落实情况（N=78）

五、社区网络互动

随着农村地区经济不断发展，人均收入也有所提升，科技进步带来的互联网也极大地便利了农村居民的生活。图4—28 显示的是农村居民是否参与过本村网络互动的比例。参与过本村网络互动的比例为6.29%，远远低于城市居民的比例。值得注意的是，有39.38%的农村居民所在村庄没有这些网络平台，这个比例比城市要高，这说明农村地区社区网络平台的建设还需要进一步推动。

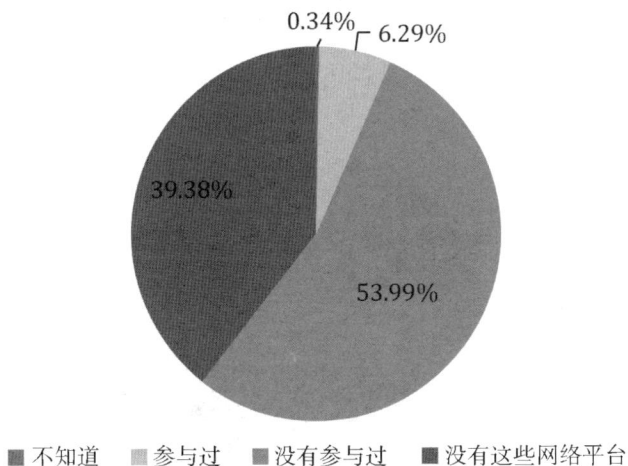

图 4—28　是否参与本村网络互动（N＝1780）

图 4—29 显示的农村居民参与本村网络互动的频次比例。可以看出，互动的频次比较高，几周一次和几个月一次的比例分别占 15.18% 和 9.82%。几天一次的比例最高，为 35.71%。一天多次和一天一次的比例分别占到 9.82% 和 17.86%。

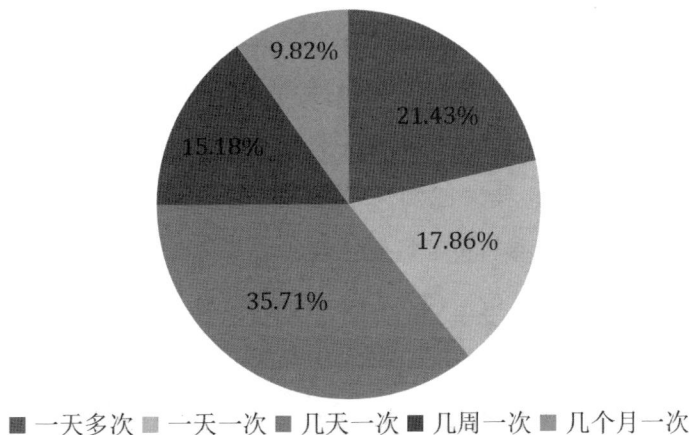

图 4—29　参与本村网络互动的频次比例（N＝112）

图 4—30 显示的是居民在社区网络互动中的角色。绝大多数居民是普通成员，占了 80.00%。还有相当一部分居民是关注者，占17.86%。而担任群主和管理员的比例则分别为 6.25% 和 4.46%，仅占很少的一部分比例。

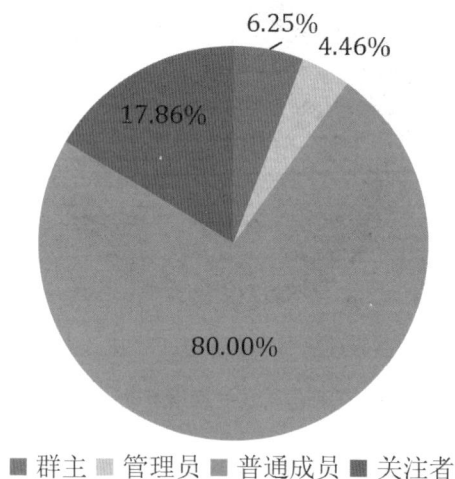

图 4—30 在本村网络互动中的角色（N=112）

表 4—11 显示的是不同群体参加本村网络互动的差异。可以看出，在农村地区，男性在社区网络互动上更为积极，有 6.89% 的男性参与过，高于女性的 5.44%。

而从年龄上来看，年轻的群体社区网络互动的参与比例比年龄较大的群体要高得多。30 岁及以下的群体有 21.79% 参与过本村的网络互动，31—40 岁居民的参与比例为 19.34%，而在 60 岁以上的群体中，仅有 0.75% 的受访者参与过社区网络互动。不同教育程度的群体在社区网络互动的参与比例上也呈现出较为明显的差异，初中及以下的群体中参与过网络互动的仅有 4.90%，而高中和大专教育程度的群体参与过社区网络互动的比例为 14.80% 和 18.52%，这表明在网络的使用和社区网络活动的参与上，教育程度较低的群体处于较为弱势的地位。相比于户口在本村的居民，户口不在本村的居民比在本村的居民的网络参与比例更高，前者为 9.72%，后者为 6.15%。相比于非党员的参与比例 4.75%，党员参与本村网络互动的比例要高得多，占了 18.50%。在村庄中担任职务的村民参与网络互动的比例为 15.63%，而普通村民的参与比例则要低得多，为 4.72%。令人惊讶的是，不同地区居民参与网络互动的比例并没有十分明显的差距，这表明网络的发展在我国农村地区相对平衡，无论二、三线城市还是四、五线城市，都有相当部分的农村居民积极参与到社区网络互动中来。

表4—11　不同群体参与本村网络互动的比例情况

	参与过网络互动的百分比(%)
性别	
男性	6.89
女性	5.44
年龄	
30 岁及以下	21.79
31—40 岁	19.34
41—50 岁	8.94
51—60 岁	2.41
60 岁以上	0.75
教育程度	
初中及以下	4.90
高中/中专	14.80
大专	18.52
本科及以上	40.00

（续表）

	参与过网络互动的百分比(%)
户口	
非本村	9.72
本村	6.15
中共党员	
非党员	4.75
党员	18.50
担任村庄职务	
没有	4.72
有	15.63
地区	
二线城市	5.66
三线城市	6.76
四线城市	6.81
五线城市	4.44

* N = 1780

图 4—31 显示的是农村居民没有参与本村网络互动的原因。65.35%的受访者表示不参与社区网络互动的原因是不会上网，有31.32%的居民选择了家里没有电脑或网络，这两者的比例都高于城市地区的居民，这表明农村地区的网络普及率还需要继续提升。选择"没有时间"和"不知道有这类活动"的受访居民分别占21.02%和30.28%，另外还有18.11%和7.39%的居民不参与社区网络互动的原因是不感兴趣和不解决实际问题。

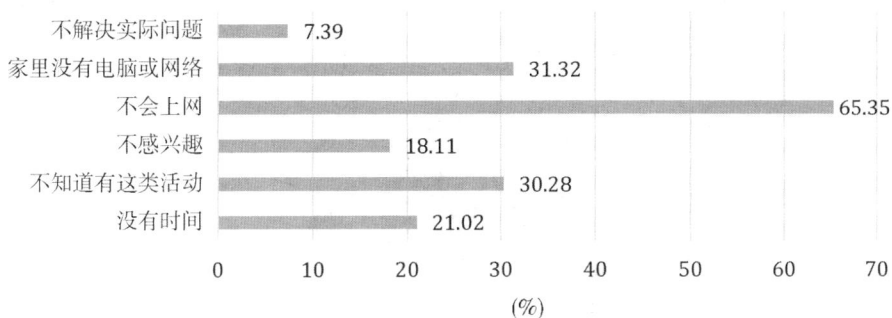

图4—31　没有参与本村网络互动的原因（N＝961）

六、社区文体活动

图4—32显示的是受访农村居民是否参与村文体活动的比例。可以看出，参与村文体活动居民的比例并不高，仅有22.25%的居民参与了进来。

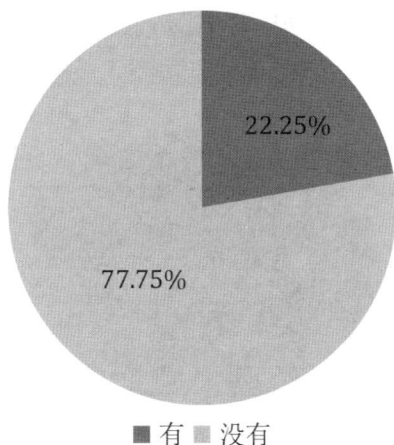

■有　■没有

图4—32　是否参与村文体活动（N＝1780）

图4—33显示的是农村居民参与村文体活动的频率。大部分居民维持了相当比例的参与频率，31.06%和25.76%的居民的参与频率是一天

一次和几天一次，一天多次的居民有 1.52%。几周参与一次和几个月参与一次社区文娱活动的居民的比例为 16.16% 和 25.51%。

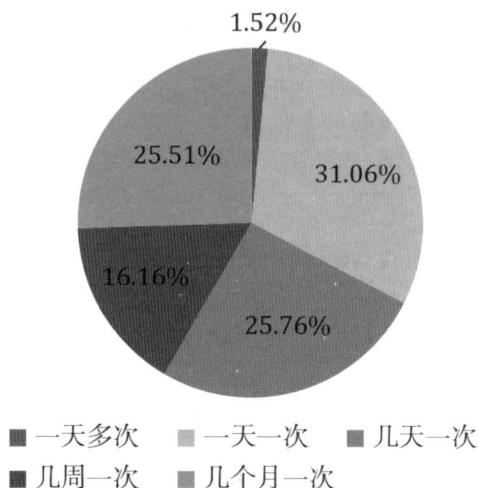

图 4—33　参与社区文娱活动的频率（N=396）

图 4—34 显示的是农村居民在村文体活动中的角色。大部分居民，即 46.46% 的居民在文体活动中是参与者，还有 44.44% 的居民是观众。仅有 9.09% 的居民在村文体活动中是组织者。

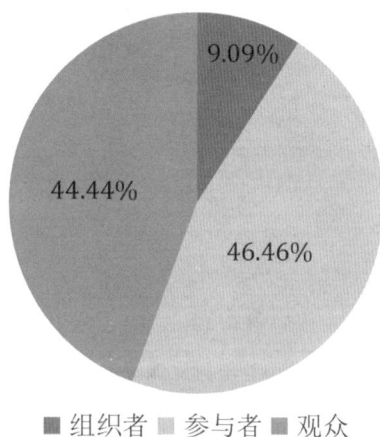

图 4—34　在村文体活动中的角色（N=396）

　　表4—12显示的不同群体参与村文体活动的比例。可以看出，女性相比于男性，更积极地参与到社区的文娱活动中，有27.62%的女性参与了，而男性的比例仅为18.47%。相比于年轻的群体，较为年长的群体，尤其是41—50岁和51—60岁居民参与社区文娱活动的比例较高，分别为26.83%和25.30%。不同教育程度的群体在社区文娱活动的参与比例上并没有非常明显的差别，除了本科及以上教育程度的群体，但由于这部分人样本量过小，所以结果可能不太具有代表性。户口是否在本村对于参与村文体活动并没有显著的影响。党员在村文体活动上更为积极，32.50%的党员参加过社区文娱活动，而非党员中的比例为20.95%。在村内担任职务的居民参与文体活动的比例为32.42%，高于普通村民的20.54%。不同地区的居民在社区文娱活动上的参与比例也有很大的差异，总体来说，二、三线城市农村居民的文体活动参与比例高于四、五线城市的居民。

表4—12　农村居民参与村文体活动的比例情况

	参加过村文体活动的百分比（%）
性别	
男性	18.47
女性	27.62
年龄	
30岁及以下	17.95
31—40岁	17.13
41—50岁	26.83
51—60岁	25.30
60岁以上	17.51
教育程度	
初中及以下	21.91

（续表）

	参加过村文体活动的百分比(%)
高中/中专	23.47
大专	25.93
本科及以上	60.00
户口	
非本村	22.22
本村	22.25
中共党员	
非党员	20.95
党员	32.50
担任村庄职务	
没有	20.54
有	32.42
地区	
二线城市	27.92
三线城市	35.14
四线城市	10.37
五线城市	17.74

* N = 1780

七、公益活动

从居民是否参加社区的公益类活动的比例来看，20.11%的农村居民参与过公益活动（见图4—35）。虽然比城市居民的参与比例要低，但是与文体活动参与比例类似，说明了农村居民开始逐渐地参与到公益活动中来。

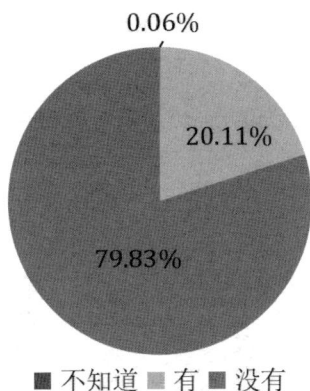

图4—35　是否参加公益活动（N=1780）

从居民参与社区公益类活动的频率来看。71.79%的居民会偶尔参加社区的公益类活动，而经常参加的比例为27.65%（见图4—36）。

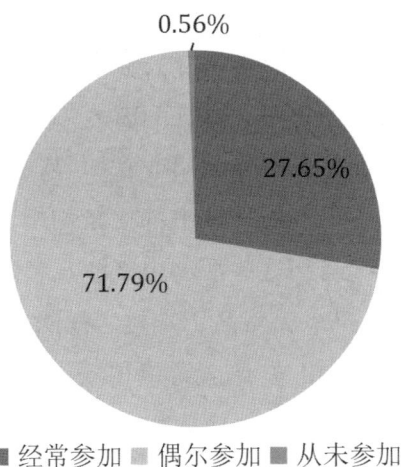

图4—36　参与公益活动的频率（N=358）

居民在社区公益类活动中扮演的角色中，绝大多数居民是参与者，即91.34%。发起者与组织者各占2.23%和6.42%（见图4—37）。

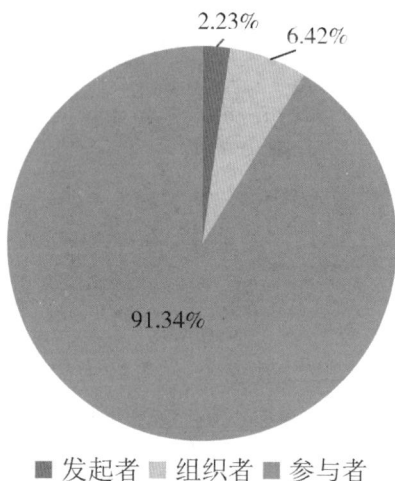

图4—37　居民在公益活动中的角色（N=358）

　　表4—13显示的是不同群体参与公益活动的差异。男性与女性在公益活动中的参与比例差不多，都在20%左右。各个年龄群体在社区公益类活动的参与上也并没有显示出非常明显的差异，这表明社区公益的宣传和影响力在各个年龄群体中都比较均衡，农村不同年龄的居民都有一部分人愿意参与到这些活动中来。户口不在本村的居民参与公益活动的比例为26.39%，略高于本村居民的19.85%。党员中参与过社区公益活动的比例相比于非党员要高出许多，前者的比例为39.50%，后者为17.66%。在村庄内担任职务的居民参与公益活动的比例比普通村民要高，前者为39.06%，后者为16.93%。不同地区居民的社区公益类活动的参与比例的差异并不特别明显，二、三线城市的居民有参与过公益活动的比例比四、五线城市略高出一些，但整体差异不是很大。

表4—13　居民参与社区公益类活动的比例情况

	参加过公益活动的百分比(%)
性别	
男性	20.38
女性	19.73
年龄	
30岁及以下	19.23
31—40岁	21.55
41—50岁	22.76
51—60岁	19.48
60岁以上	17.89
教育程度	
初中及以下	18.81
高中/中专	28.57
大专	29.63
本科及以上	40.00
户口	
非本村	26.39
本村	19.85
中共党员	
非党员	17.66
党员	39.50
担任村庄职务	
没有	16.93
有	39.06

（续表）

	参加过公益活动的百分比(%)
地区	
二线城市	27.17
三线城市	21.28
四线城市	16.30
五线城市	20.16

* N = 1780

八、社会组织

农村居民参加社会组织的数量统计数据显示，96.57%的居民没有参与过任何社会组织，参与 1 个的比例是 2.42%，参加 2 个、3 个和 3 个以上的比例更低，分别为 0.51%、0.34% 和 0.11%（见表 4—14）。

表 4—14　农村居民参加社会组织数量

参加社会组织数量	百分比(%)
不知道	0.06
0 个	96.57
1 个	2.42
2 个	0.51
3 个	0.34
3 个以上	0.11

* N = 1780

从农村居民参与社会组织所属的领域来看。社区服务类和公益慈善类组织各占了35.00%，这说明居民参与社会组织主要是为本社区服务和提供公益慈善类服务的；其次为文体教育类组织，占了20.00%，经济类组织占6.67%（见图4—38）。

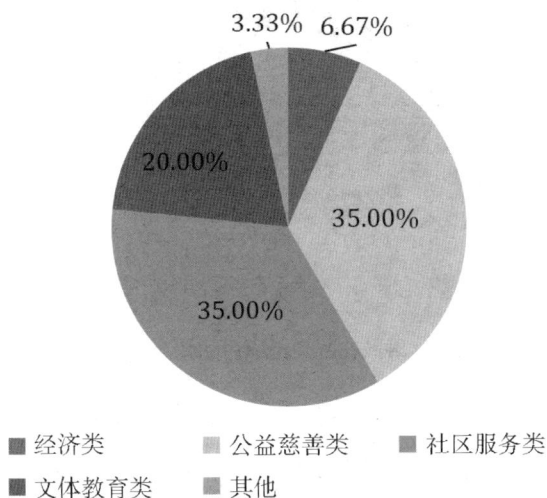

图4—38 居民参加社会组织的领域（N=60）

从农村居民在社会组织中所扮演的角色来看，70.00%的居民是组织中的志愿者，有8.33%的居民是社会组织的负责人，而5.00%是社会组织的发起人，还有3.33%的居民是项目主管，这都是社会组织的领导力量。此外，机构社工也占了6.67%（见图4—39）。

从不同群体的居民参与社会组织的影响因素来看（见表4—15）：在农村地区，男性比女性有更高的社会组织参与比例，前者为2.87%，后者为1.77%。从年龄上来看，年龄越大，社会组织的参与比例越低。教育程度较高的群体参与社会组织的比例远高于教育程度较低的群体，大专教育程度的农村居民中，参与社会组织的比例有18.52%，而初中及以下教育程度的群体参与的比例仅为1.87%。非本村户口的居民的参与比例比本村户口居民要高出不少。党员参与社会组织的比例为

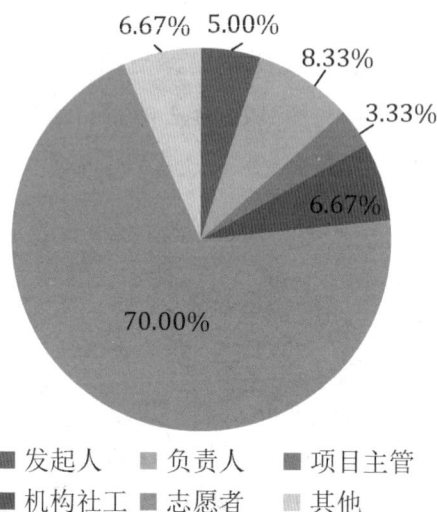

图4—39 居民在社会组织中的角色（N=60）

9.00%，远远高于非党员的1.58%。在村庄任职的居民的社会组织参与比例为5.08%，普通村民则为1.97%。不同地区居民社会组织的参与也有一定的差异，但并没有一致的规律，其中五线城市居民的参与比例最高，其次为二线城市、三线城市和四线城市。

表4—15 居民参与社会组织的比例情况

	参加社会组织的百分比（％）
性别	
男性	2.87
女性	1.77
年龄	
30岁及以下	5.13
31—40岁	3.31
41—50岁	2.03

（续表）

	参加社会组织的百分比（%）
51—60 岁	2.41
60 岁以上	2.07
教育程度	
初中及以下	1.87
高中/中专	3.57
大专	18.52
本科及以上	40.00
户口	
非本村	9.72
本村	2.11
中共党员	
非党员	1.58
党员	9.00
担任村庄职务	
没有	1.97
有	5.08
地区	
二线城市	3.02
三线城市	2.70
四线城市	1.33
五线城市	4.03

＊N＝1780

在受访的 1780 名农村居民中，有 2.25% 接受过社会组织的服务。这些居民对社会组织服务的满意度进行 1—10 分的评分，1 分最差，10 分最好，数据显示居民的满意度均值为 7.85 分，中位数为 8 分，总的来说对社会组织的服务比较满意。

九、社工

表 4—16 显示了农村居民是否听说过社会工作以及 2015 年是否接受过社会工作服务的影响因素。12.13% 的农村居民听说过社会工作这个职业，远远低于城市居民对社会工作职业的了解度，而接受过专业社会工作服务的比例更低，仅为 1.12%。虽然全国现在有越来越壮大的社工队伍，但是真正受惠到的居民的比例相对较低。男性与女性在听说过社会工作这个职业上的比例差异不大，均为 12% 左右。但是男性接受过社会工作服务的比例略高于女性，前者为 1.24%，后者为 0.95%。从年龄群体来看，年龄越大，听说过社会工作这个职业的比例就越低，30 岁及以下的群体有 17.95% 听说过，但是 60 岁以上的居民仅有 8.47% 听说过。在接受服务上，同样是 30 岁及以下的群体接受服务的比例最高，为 2.56%，而 60 岁以上群体则仅为 0.94%。老年人是农村中最需要服务的群体之一，但是接受服务的比例反而低于年轻人，这就需要提高社会工作服务对象的精准度。教育程度越高，听说过社会工作这个职业的比例就越高，初中及以下的群体听说过的比例仅为 10.70%，而大专教育程度群体听说过的比例为 44.44%。这一比例同样反映在接受服务的比例上，初中及以下群体接受过服务的比例仅为 0.97%，而大专教育程度的群体接受服务的比例则为 3.70%。非本村户口居民听说过和接受过社会工作服务的比例都高于本村居民。党员相比于非党员，听说过社会工作这个职业的比例要更高，接受过服务的比例也要更高。不同地区的居民在听说社会工作这个职业的比例和接受过专业服务的比例并不是很

大，这说明农村地区的社会工作发展力度不够，无论是在经济发达的地区还是经济较为落后的地区，都还需要进一步发展。

表4—16　居民听说过社会工作与接受其服务的比例情况

	听说过社会工作这个职业的百分比（%）	2015年接受过专业社会工作服务的百分比（%）
总体	12.13	1.12
性别		
男性	12.15	1.24
女性	12.11	0.95
年龄		
30岁及以下	17.95	2.56
31—40岁	19.34	1.10
41—50岁	14.23	1.42
51—60岁	10.44	0.80
60岁以上	8.47	0.94
教育程度		
初中及以下	10.70	0.97
高中/中专	18.37	2.04
大专	44.44	3.70
本科及以上	40.00	0
户口		
非本村	23.61	1.39
本村	11.65	1.11
中共党员		
非党员	11.33	0.63
党员	18.50	5.00

（续表）

	您听说过社会工作这个职业的百分比（%）	2015 年接受过专业社会工作服务的百分比（%）
担任村庄职务		
没有	11.35	0.72
有	16.80	3.52
地区		
二线城市	12.08	1.13
三线城市	10.81	1.35
四线城市	14.37	0.89
五线城市	9.27	1.21

* N = 1780

在问卷中，受访居民从 1—10 分对社会工作服务的满意度进行评分，10 分为最高。根据调查数据，居民的满意度平均为 8.3 分，中位数为 8 分。总体来说居民对社会工作的服务还是相当满意的。

第三节　农村居民社区评价

一、组织和个人满意度

表 4—17 显示的是农村居民对村里不同类型组织和个人的满意度。可以看出，居民对村里权威性的组织——村党支部和村委会的满意度较高，接近 70% 的居民选择了非常满意和比较满意。对村办企业和专业合作社的满意度则要弱一些，约 60% 的居民选择了非常满意和比较满意。

对大学生村官的满意度是非常高的，接近80%的居民选择了非常满意和比较满意，不太满意和很不满意的比例仅为1.54%和0.26%。对驻村第一书记的满意度也较高，但是比大学生村官略低。总体来说，居民对本村各类组织和个人的满意度还是比较高的。

表4—17　居民对本村各类组织的满意度

	村党支部	村委会	村办企业	专业合作社	大学生村官	第一书记
非常满意(%)	40.70	41.50	31.27	31.24	54.36	45.48
比较满意(%)	28.34	26.37	26.69	29.27	21.54	22.62
一般(%)	24.55	26.43	33.27	32.81	20.51	25.67
不太满意(%)	3.68	3.78	5.78	3.73	1.54	2.44
很不满意(%)	2.61	1.92	2.59	2.36	0.26	2.81
不知道(%)	1.01	0	0.40	0.59	1.79	0.98
总计(%)	100	100	100	100	100	100
样本量	1764	1771	502	509	390	818

表4—18显示的是居民对社区内各类组织信任度的OLS回归结果，我们将很不满意、不太满意、一般、比较满意和非常满意分别赋值为1、2、3、4和5，然后选择了性别、年龄、教育程度、户口、党员身份、组织身份和地区作为自变量进行回归分析。总体来看，男性与女性对社区内各类组织和个人信任度没有显著的差别。对于村党支部和村委会的满意度，30岁及以下群体的满意度最低，这表明较年轻的群体没有年龄较长群体对于村庄内这些权威性组织的认可度高。但是对于村办企业和专业合作社，30岁及以下群体的满意度则最高。对大学生村官，51—60岁和60岁以上群体对其的满意度要明显低于30岁及以下的群体，这可能与大学生村官推行了一些创新性的举措而难以得到年龄较大群体的理解相关。不同教育程度的群体对本村组织和个人满意度并没有

显著的差别。相比于户口不在本村的群体，户口在本村的群体对村党支部、村委会和大学生村官的满意度都要更低。而党员对村党支部、村委会和驻村第一书记的满意度也比非党员要更低。担任村庄职务的居民也相比普通村民，在对村党支部和村委会的满意度上要更低。在对村党支部和村委会的满意度上，三线城市居民的满意度是最低的。而对大学生村官的满意度上，二线城市的满意度是最高的。

表4—18　居民对本村组织和个人信任度的 OLS 回归结果

	村党支部	村委会	村办企业	专业合作社	大学生村官	第一书记
男性	0.006	0.063	0.042	0.011	0.110	0.056
	(0.051)	(0.049)	(0.100)	(0.093)	(0.095)	(0.078)
年龄(参照组:30 岁及以下)						
31—40 岁	0.340**	0.419***	-0.173	-0.071	-0.139	-0.028
	(0.137)	(0.134)	(0.226)	(0.223)	(0.234)	(0.195)
41—50 岁	0.247**	0.303**	-0.204	-0.401**	-0.280	-0.113
	(0.125)	(0.123)	(0.212)	(0.203)	(0.212)	(0.172)
51—60 岁	0.157	0.282**	-0.386*	-0.616***	-0.362*	-0.177
	(0.124)	(0.122)	(0.211)	(0.203)	(0.212)	(0.171)
60 岁以上	0.101	0.163	-0.515**	-0.630***	-0.523**	-0.228
	(0.126)	(0.123)	(0.216)	(0.206)	(0.212)	(0.172)
教育程度(参照组:初中及以下)						
高中/中专	0.068	0.076	-0.191	-0.250	0.090	-0.053
	(0.080)	(0.078)	(0.161)	(0.146)	(0.148)	(0.116)
大专	0.124	0.218	0.002	-0.343	-0.245	0.000
	(0.207)	(0.199)	(0.336)	(0.348)	(0.400)	(0.258)

(续表)

	村党支部	村委会	村办企业	专业合作社	大学生村官	第一书记
本科及以上	0.317	0.380	0.037	-0.639	-0.617	-1.045
	(0.457)	(0.447)	(0.754)	(0.717)	(0.626)	(1.050)
本村户口	-0.307**	-0.225*	0.100	-0.002	-0.375*	-0.047
	(0.125)	(0.122)	(0.213)	(0.202)	(0.211)	(0.176)
党员	-0.294***	-0.295***	0.059	-0.023	-0.186	-0.303**
	(0.089)	(0.087)	(0.170)	(0.147)	(0.148)	(0.126)
有担任村庄职务	-0.147*	-0.164**	-0.077	-0.086	-0.050	-0.060
	(0.078)	(0.077)	(0.146)	(0.127)	(0.137)	(0.116)
地区(参照组:二线城市)						
三线城市	-0.181**	-0.174**	-0.160	-0.117	-0.149	-0.003
	(0.075)	(0.073)	(0.137)	(0.128)	(0.131)	(0.114)
四线城市	0.086	0.111	-0.003	0.143	-0.218*	-0.052
	(0.073)	(0.072)	(0.124)	(0.117)	(0.121)	(0.103)
五线城市	0.013	0.052	-0.167	-0.076	-0.275*	-0.116
	(0.089)	(0.088)	(0.168)	(0.150)	(0.155)	(0.134)
常数项	2.174***	1.971***	2.509***	2.665***	2.546***	2.204***
	(0.180)	(0.176)	(0.294)	(0.276)	(0.286)	(0.240)
样本量	1762	1771	500	506	383	810

注:括号内是标准误差;*** $p<0.01$,** $p<0.05$,* $p<0.1$。

二、村务公开满意度

在居民对村务公开各项内容的满意度中,居民对于居务公开的内容、频次和形式的满意度都是较高的,回答不太满意和很不满意的居民仅占6%左右，这说明村务公开工作做得还是相当不错的（见表4—19）。

表4—19　居民对村务公开的满意度

内容	村务公开的内容	村务公开的频次	村务公开的形式
非常满意(%)	36.07	33.88	34.61
比较满意(%)	26.74	25.11	25.17
一般(%)	24.49	25.79	27.08
不太满意(%)	3.71	3.71	3.43
很不满意(%)	2.47	2.08	2.36
不知道/不适用(%)	6.52	9.44	7.36
总计(%)	100	100	100
样本量	1780	1780	1780

居民是否参与过村委会换届对他们对村务公开满意度的影响中，参与村委会换届选举的居民，对村务公开的满意度要略微高一些。这在一定程度上能够说明，提升居民对社区事务的参与，将增进他们对于社区事务的满意度（见表4—20）。

表4—20　参与村委会换届与对村务公开满意度之间的关系

内容	村务公开的内容		村务公开的频次		村务公开的形式	
是否参与村委会换届	没有(%)	有(%)	没有(%)	有(%)	没有(%)	有(%)
非常满意	35.27	39.10	33.80	37.97	34.82	37.7
比较满意	26.34	28.96	25.46	28.08	24.55	27.58
一般	30.80	25.49	35.19	27.44	33.93	28.49
不太满意	3.13	4.10	2.31	4.37	3.57	3.72
很不满意	4.46	2.36	3.24	2.15	3.13	2.46

（续表）

内容	村务公开的内容		村务公开的频次		村务公开的形式	
是否参与村委会换届	没有(%)	有(%)	没有(%)	有(%)	没有(%)	有(%)
总计	100	100	100	100	100	100
样本量	224	1440	216	1396	224	1425

三、农村公共服务

从居民对村里各项公共服务的满意度方面，总体来说居民对社区内各项服务的满意度还是较高的，评价为非常满意和比较满意大多占了60%以上；而对于村庄道路硬化上，回答不太满意和很不满意的比例也占了20%，农村扶贫开发和农村居民最低生活保障上，不太满意和很不满意的比例也占了约15%（见表4—21）。这都是农村公共服务可以改善的地方。

表4—21　居民对各项公共服务的满意度（%）

内容	非常满意	比较满意	一般	不太满意	很不满意	不知道	总计	样本量
农村扶贫开发	33.59	26.24	23.97	9.20	6.39	0.62	100	1780
居家养老服务	37.58	28.35	26.50	4.80	2.31	0.46	100	1780
妇女、儿童、青少年保护	39.22	30.32	26.42	2.58	1.10	0.37	100	1780
司法法律服务	36.16	27.76	28.91	4.37	2.14	0.66	100	1780
村庄环境卫生	38.98	27.97	20.62	6.55	5.88	0	100	1780
农村居民最低生活保障	31.16	27.22	26.32	8.23	6.41	0.67	100	1780
流动人口管理与服务	33.82	27.91	31.34	3.25	2.74	0.94	100	1780

（续表）

内容	非常满意	比较满意	一般	不太满意	很不满意	不知道	总计	样本量
农业技术推广培训	34.34	25.38	29.37	7.45	2.93	0.53	100	1780
村庄道路硬化	35.89	25.78	16.64	10.22	11.41	0.06	100	1780
治安保卫	36.75	31.77	25.60	3.48	2.34	0.06	100	1780

表4—22显示的是涉农服务能否满足农村居民的需求。居民对农药化肥种子购买和农村饮水工程上的满意度都较高，回答能满足和基本可以满足的比例都有约80%。相比之下，农业技术指导不能满足需求的比例占到了约40%，这说明如何向农村输送更多的农业技术人员或者提供更多的农业技术指导与培训班是未来工作中需要注意的地方。

表4—22　涉农服务能否满足居民需求

	能	基本可以	不能	不需要	不清楚不知道	总计
农药种子化肥购买(%)	57.13	21.91	6.01	10.39	4.55	100
农业技术指导(%)	26.18	22.70	27.58	14.38	9.16	100
农产品销售服务(%)	32.98	27.25	17.02	15.51	7.25	100
农业机械化服务(%)	39.55	26.01	14.21	14.55	5.67	100
农田水利建设(%)	30.62	28.43	23.93	12.13	4.89	100
农村饮水工程(%)	54.27	24.94	14.10	3.31	3.37	100

* N = 1780

四、社区归属感

表4—23显示的是农村居民对一些能够体现他们对村庄主人翁意识和效能感的一些评价。可以看出居民在社区中的主人翁意识和效能感一般，对大部分题目而言，选择同意与不同意的人数相差不多。另外，对于"我觉得让我来当村里的领导，会干得和别人一样好"这一题目，大部分居民选择了不同意，这说明居民对于村里领导班子的能力还是较为认可的。

表4—23 农村居民对村庄的主人翁意识和效能感

	非常同意	同意	不同意	非常不同意	拒答/不知道	总计	样本量
1. 在我们村里，人们有许多办法影响村里事务的决定(%)	7.92	42.30	41.52	6.24	2.02	100	1780
2. 在我们村里，像我这样的人说话不管用(%)	10.34	45.79	36.97	6.29	0.63	100	1780
3. 我觉得我比一般人更了解本村里的情况(%)	10.34	46.12	38.82	4.21	0.51	100	1780
4. 村里的事不是我该操心的(%)	10.22	45.62	36.52	7.13	0.51	100	1780
5. 我认为我完全有能力参与村里的事(%)	7.53	38.31	45.28	8.71	0.17	100	1780
6. 村里的事务操纵在少数特权人的手中，像我这样的人无法过问(%)	8.82	40.17	40.84	9.10	1.07	100	1780

（续表）

	非常同意	同意	不同意	非常不同意	拒答/不知道	总计	样本量
7. 我觉得让我来当村里的领导，会干得和别人一样好(%)	5.67	23.03	57.13	13.82	0.34	100	1780

*N = 1780

　　为了考察什么因素会影响居民对社区整体的主人翁意识和效能感，我们首先对选项进行了赋值。针对第 1、3、5 和 7 题，将回答非常同意、同意、不同意和非常不同意分别赋值为 4、3、2 和 1，针对第 2、4 和 6 题，将回答非常同意、同意、不同意和非常不同意分别赋值为 1、2、3 和 4，这意味着回答分数越高，居民的主人翁意识和效能感越强，然后我们将这 7 道题目得分值相加后除以 7，得到了居民对村庄整体的主人翁意识和效能感的评分，以此作为自变量，选择了性别、年龄、教育程度、户口、党员身份、地区和居民的社区参与作为自变量进行回归分析（见表 4—24）。可以看出，相比于男性，女性在村庄的主人翁意识和效能感更低。相比于 30 岁及以下的群体，41—50 岁、51—60 岁和 60 岁以上群体的主人翁意识和效能感要更弱，这表明年轻人在社区参与与改变社区上的信心更强。户口和党员身份对于农村居民的主人翁意识和效能感都没有显著的影响。相比于普通村民，在村庄担任职务的居民有着更高的主人翁意识和效能感。相比于二线城市城市居民，三、四、五线城市的居民都有着更高的主人翁意识和效能感。参加村庄会议、参与村庄事务管理与监督、参与社区协商和参与社区公益都将显著地提升农村居民在村庄的主人翁意识和效能感。

表4—24　农村居民对村庄的主人翁意识和效能感的OLS回归

	系数	标准误差
女性	−0.114***	0.023
年龄（参照组：30岁及以下）		
31—40岁	−0.061	0.060
41—50岁	−0.130**	0.055
51—60岁	−0.102*	0.056
60岁以上	−0.198***	0.056
教育程度（参照组：初中及以下）		
高中/中专	0.002	0.035
大专	0.031	0.091
本科及以上	0.241	0.201
本村户口	−0.003	0.055
党员	0.051	0.040
有担任村庄职务	0.104***	0.037
地区（参照组：二线城市）		
三线城市	0.064*	0.034
四线城市	0.061*	0.033
五线城市	0.163***	0.040
参与村委会换届	−0.033	0.033
参加村庄会议	0.083***	0.024
参与村庄事务管理与监督	0.192***	0.040
参与社区协商	0.124**	0.054
参与社区网络互动	0.059	0.047
参与社区文体活动	0.011	0.027

（续表）

	系数	标准误差
参与社区公益	0.078***	0.028
参加社会组织	0.104	0.071
常数项	3.205***	0.082

注：***p<0.01，**p<0.05，*p<0.1。N＝1708。

居民对"在村庄有家的感觉"，"告诉别人我是哪个村庄的人很自豪"这两道题目进行了1—10分的打分，分数越高表示越赞同。"在村庄有家的感觉"的平均评分是7.9分，中位数是8分；"告诉别人我是哪个村庄的人很自豪"的平均评分是7.7分，中位数是8分。整体来说，农村居民归属感还是很强的。

第四节　大学生村官和第一书记

大学生村官与驻村第一书记都是政府为了农村建设而设置的行政岗位，旨在派有知识、眼界广的年轻人到村庄服务，帮助农村社区更好地发展。接下来我们将分析大学生村官和第一书记提供的服务、居民对大学生村官的满意度等。

一、大学生村官

图4—40显示的是居民所在的村庄是否有大学生村官的比例。可以看到，大部分村庄是没有大学生村官的，仅有8.93%的农村居民所在的村庄有大学生村官。

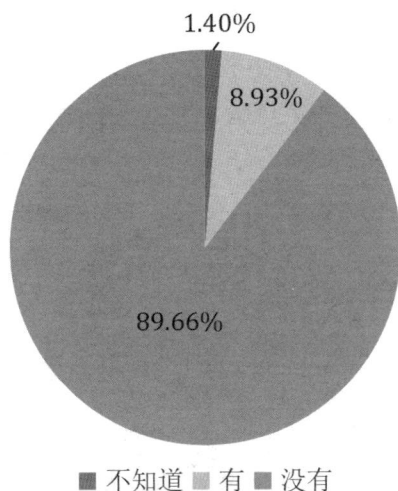

图4—40　居民所在村庄是否有大学生村官（N=1780）

图4—41显示的是大学生村官在不同事务上所提供的帮助的比例。可以看出，大学生村官提供的帮助最多的是政策咨询，占59.21%，其次为生产技术咨询，为50.66%。在帮助申请国家补贴、外出务工建议、填写各类文件、信件上大学生村官提供帮助的比例也在40%左右。大学生村官提供帮助比例最低的领域是涉及资金的领域，包括提供投资信息和帮助申请贷款。这与大学生村官社会关系网比较弱有一定的关系。

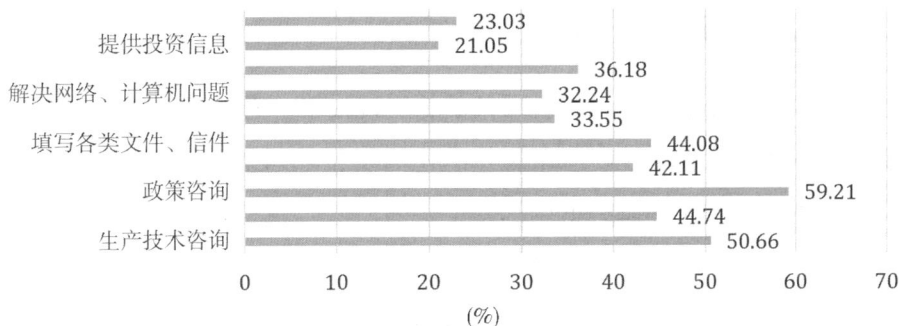

图4—41　大学生村官提供过哪些帮助（N=152）

图4—42显示的是居民对大学生村官的满意度。可以看出，超过一

半的居民都评价为非常满意，基本满意所占的比例也有 23.87%。仅有 5.81% 和 1.94% 的居民对大学生村官的表现评价为不太满意和很不满意。总体来说，居民对大学生村官还是较为满意和信任的。

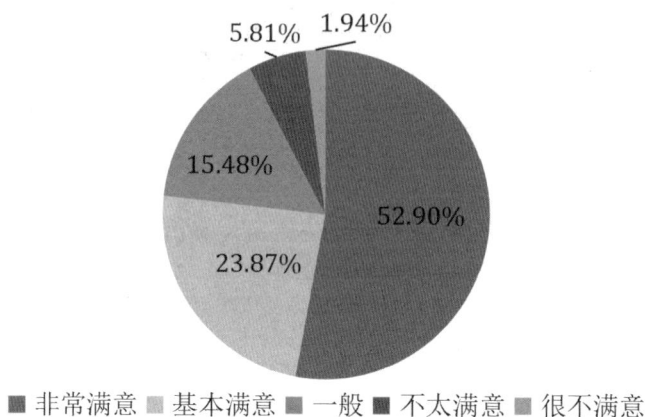

图4—42　居民对大学生村官的满意度（N=155）

此外，农村受访居民也被问到是否希望大学生村官担任村主任，有 77.07% 的居民回答希望，这表明大部分大学生村官在农村的工作是获得农村居民信服的。

二、驻村第一书记

图4—43 显示的受访农村居民是否听说过第一书记，没听说过的比例占了大多数，为 83.6%，听说过的比例仅为 16.4%，这说明第一书记在农村的普及程度还是较低的。

听说过第一书记的居民比例并不是很高，所在村庄中，仅有 38.49% 的村庄配有第一书记（见图4—44）。

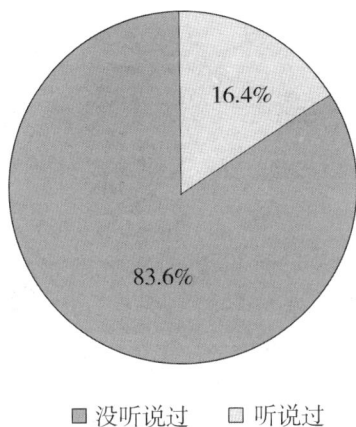

图 4—43 是否听说过第一书记 （N=1780）

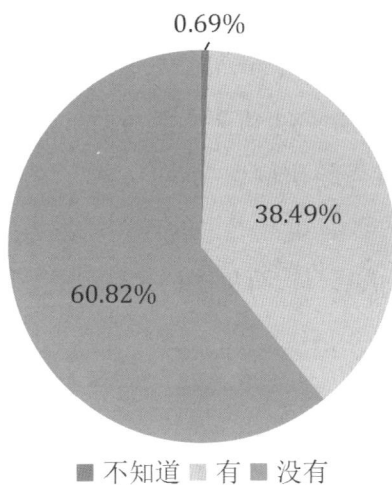

图 4— 4 受访居民所在村是否有第一书记 （N=291）

　　超过 2/3 的居民，即占 76.79% 的居民并没有寻求过第一书记的帮助；寻求过 1—5 次帮助的占到 20.54%（见图 4—45）。总体来说，居民并没有把驻村第一书记作为主要的求助对象。

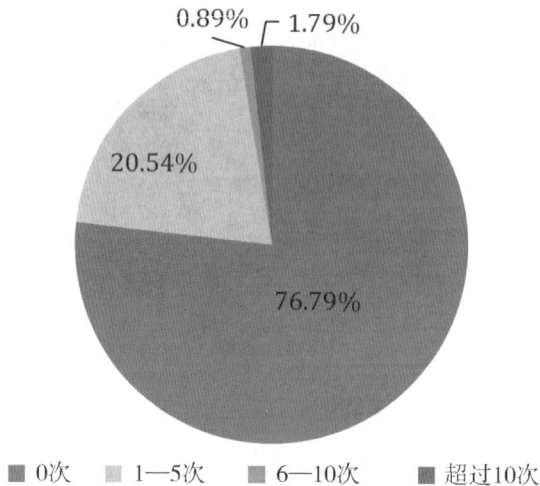

图4—45　寻求第一书记帮助次数（N=112）

　　图4—46显示的是居民有第一书记何种联系方式。可以看到46.43%的居民有第一书记的手机号，有微信号的比例占到13.39%，电子邮箱、QQ号和座机号的比例均在4%—5%。值得注意的是，约有一半、占49.11%的居民没有第一书记的任何联系方式。这在一定程度上表明第一书记还是应该与村民有更多的接触。

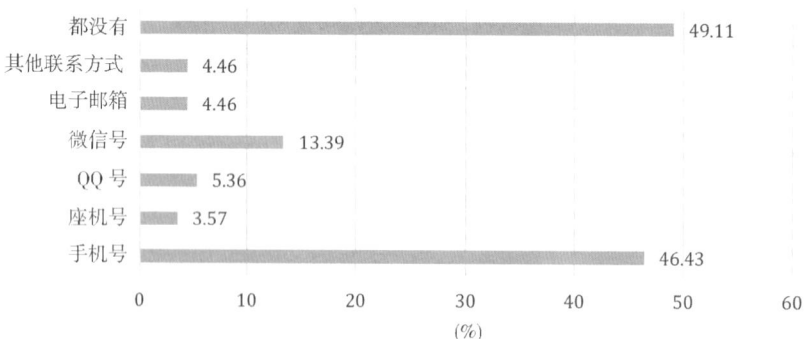

图4—46　有第一书记何种联系方式（N=112）

　　图4—47显示的是农村居民对第一书记的工作满意度，总体来说居民对第一书记的表现还是比较满意的，评价为非常满意和满意所占的比

例为 39.29% 和 48.21%。

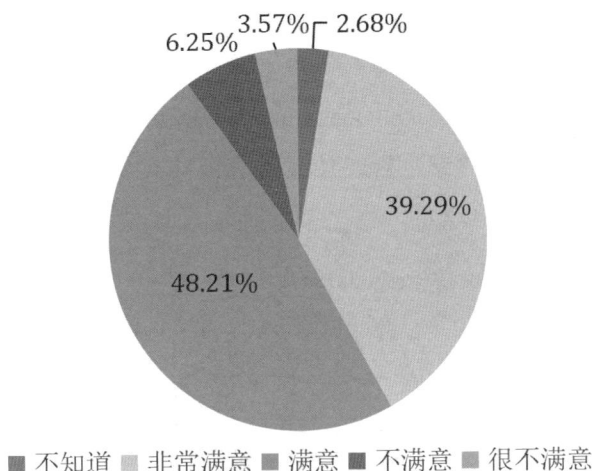

图 4—47　农村居民对第一书记的工作满意度（N＝112）

居民认为第一书记工作中存在的问题中占比最高的是第一书记对农村实际情况不够了解，比例为 22.94%，其次为走形式，没有努力为村民办实事，占了 15.60%。此外，第一书记与原有村干部难以协调合作和第一书记的工作没有得到有效的监督分别占了 9.17% 和 7.34%；最后，能力不足与官架子大，难以接触和相处也分别占了 3.67% 和 2.75%（见图 4—48）。

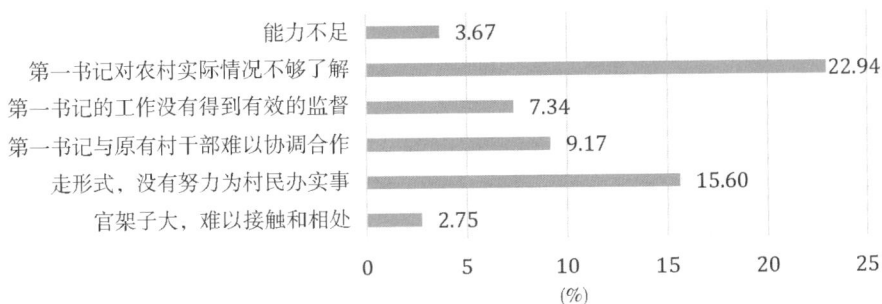

图 4—48　第一书记工作中存在的问题（N＝112）

图 4—49 显示的是农村居民认为在评定驻村第一书记的表现时谁的意见更重要。一半的农村居民认为村民的意见是最重要的，这也因为农村居民认为第一书记应该是在农村为民做实事的，真正要做对农村居民有好处的事情。还有 20.54% 的居民认为村主任或村支书的意见最重要。选择第一书记原单位领导、县或县级以上领导、乡镇领导的比例分别为 5.36%、8.93 和 8.04%。

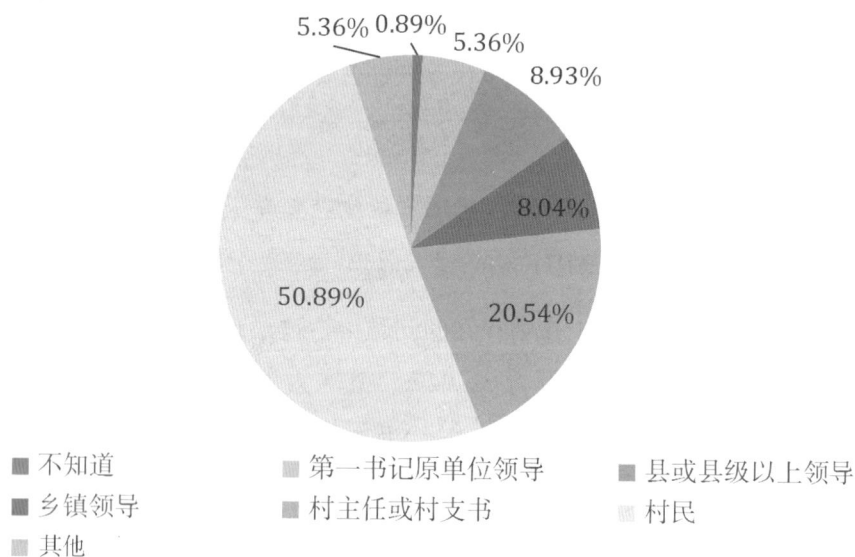

图 4—49　评定驻村第一书记的表现时，您认为谁的意见更重要

在调查问卷中，居民也被询问了第一书记在创办结合本村特色的经济发展项目、为本村引进资金、为本村农业引进先进的农业技术促进生产、为村民的外出务工提供有价值的建议、为村民提供农产品供求信息并建立稳定的销售渠道、创办图书馆、开展各类培训班、提高村两委会决策水平、提高民主管理水平、选举透明度、提高村里公共事务的办事效率、解决村民纠纷、解决村民矛盾、帮助建设自来水供给系统、推广农村合作医疗和保险等社会保障政策这些项目上的表现，包括是否要求或建议第一书记更多从事这一方面工作、第一书记是否做过这方面工

作，你希望第一书记在这一方面做出多大贡献和认为第一书记有没有能力在这一方面做出贡献。

图4—50—1显示在创办结合本村特色的经济发展项目，约1/3的居民认为第一书记有能力在这一方面做很大贡献，53.95%认为可以有一定贡献，还有13.75%的居民认为很难有贡献。但是大部分居民，占65.18%还是希望第一书记能在这一方面做出很大的贡献。不过本村的第一书记做过这方面工作且做出很大贡献的比例则很少，仅有16.07%。强烈要求过本村第一书记在更多从事这一方面工作的比例占到了6.25%。没有要求过的占70.54%，这说明居民虽然内心希望第一书记在创办结合本村特色的经济发展项目上有所贡献，但是直接表达的比例却非常有限。

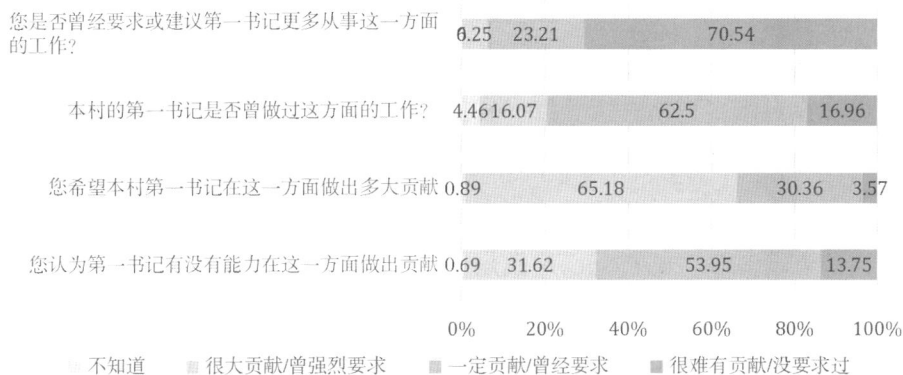

图4—50—1　创办结合本村特色的经济发展项目第一书记的贡献

图4—50—2显示的是第一书记在为本村引进资金上的贡献和居民的希望。基本的趋势与图4—50—1非常类似。居民希望本村的驻村第一书记可以在这方面做出很大贡献，但是又不认为第一书记有能力做出很大的贡献，而且直接表达资金愿望的比例也非常的少。本村第一书记在引进资金上有很大贡献和一定贡献的比例分别为18.75%和58.04%。

您是否曾经要求或建议第一书记更多从事这一方面的工作？ 6.25　25　68.75

本村的第一书记是否曾做过这方面的工作？ 4.46　18.75　58.04　18.75

您希望本村第一书记在这一方面做出多大贡献 1.79　64.29　29.46　4.46

您认为第一书记有没有能力在这一方面做出贡献 1.03　28.52　54.3　16.15

0%　20%　40%　60%　80%　100%

■ 不知道　■ 很大贡献/曾强烈要求　■ 一定贡献/曾经要求　■ 很难有贡献/没要求过

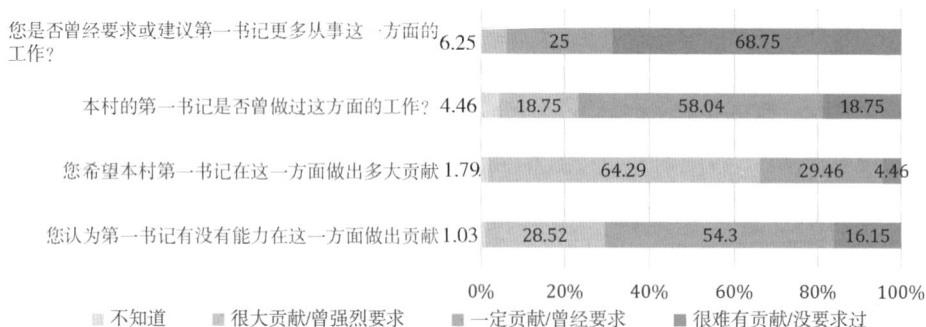

图 4—50—2　为本村引进资金第一书记的贡献

同理，从图 4—50—3 至图 4—50—13 中可以看出，对待为本村农业引进先进的农业技术促进生产、为村民的外出务工提供有价值的建议、为村民提供农产品供求信息并建立稳定的销售渠道、创办图书馆、开展各类培训班、提高村两委会决策水平、提高民主管理水平与选举透明度、提高村里公共事务的办事效率、解决村民纠纷与解决村民矛盾、帮助建设自来水供给系统、推广农村合作医疗和保险等社会保障政策这 11 项议题上。村民大部分认为第一书记可以有能力做出一定的贡献，认为可以有很大贡献的比例并不高，但是村民希望本村的第一书记可以在这些方面有很大的贡献，这就是村民认为的第一书记的能力与他们所期望的现实之间的差距。但是对于这种差距，大部分村民都没有强烈要求过本村第一书记更多地从事这一方面的工作，这说明村民向第一书记反映意见的渠道不够畅通，或者村庄中缺乏监督和促进第一书记工作的监督机制。此外，本村第一书记在这些方面较少的比例有做出过很大贡献，大部分都是做出了一定的贡献，还有一部分几乎没有贡献，这与村民所希望的也存在一定的差距。总结起来，驻村第一书记在很多农村社区建设议题上还需要做出更多的努力，居民也需要寻找到合适的方式表达自己的需求。

您是否曾经要求或建议第一书记更多从事这一方面的工作？　3.57　20.54　75.89

本村的第一书记是否曾做过这方面的工作？　7.14 11.61　59.82　21.43

您希望本村第一书记在这一方面做出多大贡献　0.89　58.93　35.71　4.46

您认为第一书记有没有能力在这一方面做出贡献　1.37　27.15　55.33　16.15

0%　20%　40%　60%　80%　100%

▨ 不知道　▨ 很大贡献/曾强烈要求　▨ 一定贡献/曾经要求　▨ 很难有贡献/没要求过

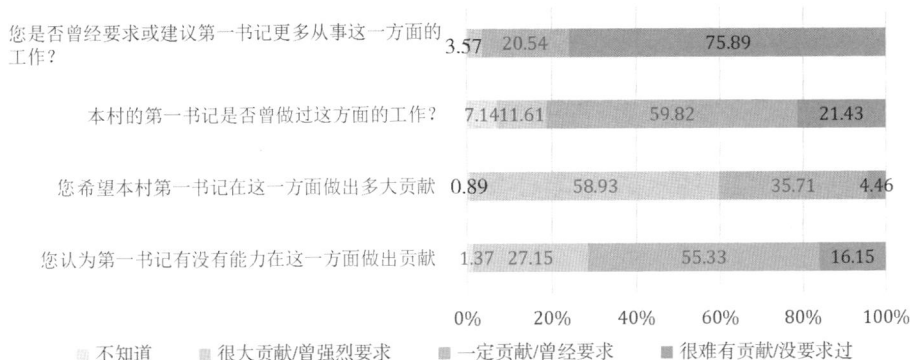

图 4—50—3　第一书记为本村农业引进先进的农业技术，促进生产的贡献

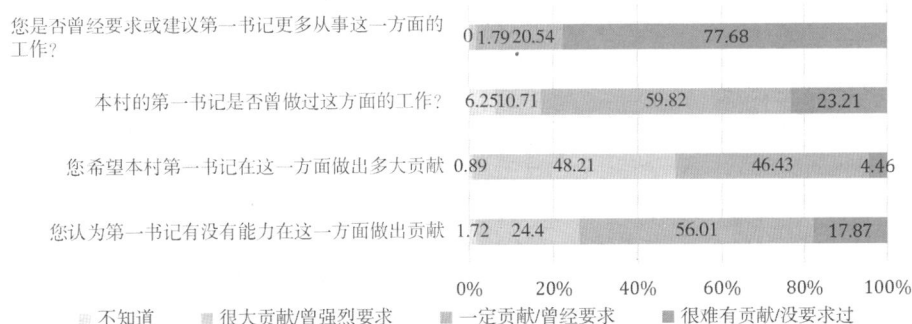

您是否曾经要求或建议第一书记更多从事这一方面的工作？　0 1.79 20.54　77.68

本村的第一书记是否曾做过这方面的工作？　6.25 10.71　59.82　23.21

您希望本村第一书记在这一方面做出多大贡献　0.89　48.21　46.43　4.46

您认为第一书记有没有能力在这一方面做出贡献　1.72　24.4　56.01　17.87

0%　20%　40%　60%　80%　100%

▨ 不知道　▨ 很大贡献/曾强烈要求　▨ 一定贡献/曾经要求　▨ 很难有贡献/没要求过

图 4—50—4　第一书记为村民的外出务工提供有价值的建议的贡献

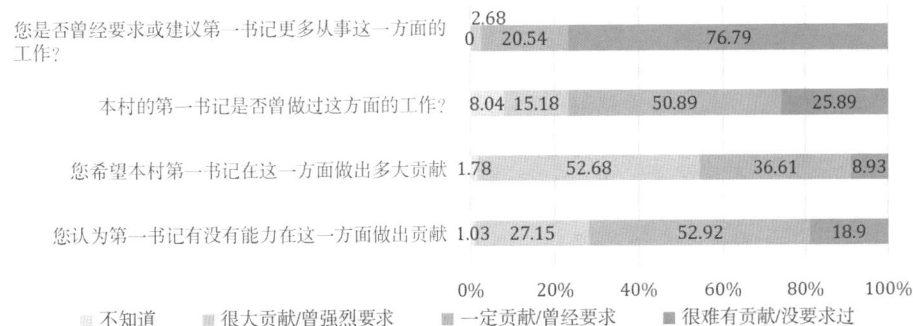

您是否曾经要求或建议第一书记更多从事这一方面的工作？　2.68　0　20.54　76.79

本村的第一书记是否曾做过这方面的工作？　8.04　15.18　50.89　25.89

您希望本村第一书记在这一方面做出多大贡献　1.78　52.68　36.61　8.93

您认为第一书记有没有能力在这一方面做出贡献　1.03　27.15　52.92　18.9

0%　20%　40%　60%　80%　100%

▨ 不知道　▨ 很大贡献/曾强烈要求　▨ 一定贡献/曾经要求　▨ 很难有贡献/没要求过

图 4—50—5　第一书记为村民提供农产品供求信息并建立稳定的销售渠道的贡献

您是否曾经要求或建议第一书记更多从事这一方面的工作?

您希望本村第一书记是否曾做过这方面的工作?

您希望本村第一书记在这一方面做出多大贡献

您认为第一书记有没有能力在这一方面做出贡献

不知道　　很大贡献/曾强烈要求　　一定贡献/曾经要求　　很难有贡献/没要求过

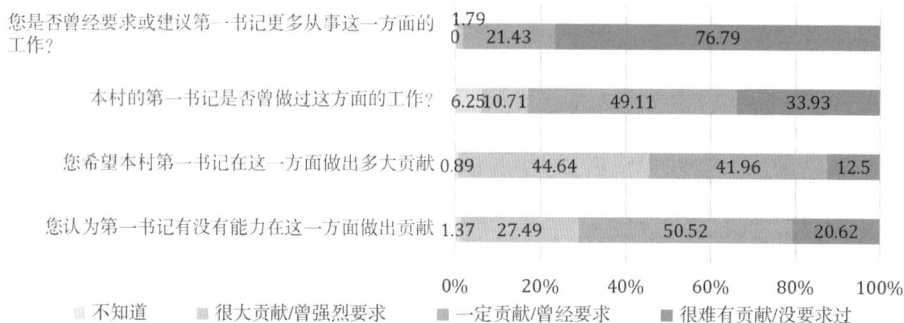

图4—50—6　第一书记创办图书馆的贡献

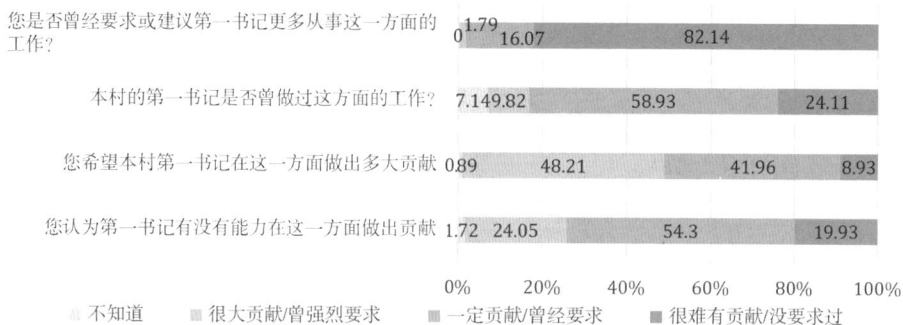

您是否曾经要求或建议第一书记更多从事这一方面的工作?

本村的第一书记是否曾做过这方面的工作?

您希望本村第一书记在这一方面做出多大贡献

您认为第一书记有没有能力在这一方面做出贡献

不知道　　很大贡献/曾强烈要求　　一定贡献/曾经要求　　很难有贡献/没要求过

图4—50—7　第一书记开展各类培训班的贡献

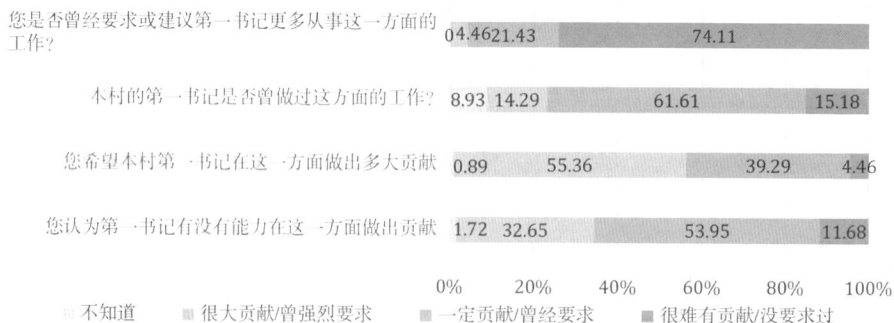

您是否曾经要求或建议第一书记更多从事这一方面的工作?

本村的第一书记是否曾做过这方面的工作?

您希望本村第一书记在这一方面做出多大贡献

您认为第一书记有没有能力在这一方面做出贡献

不知道　　很大贡献/曾强烈要求　　一定贡献/曾经要求　　很难有贡献/没要求过

图4—50—8　第一书记提高村两委会决策水平的贡献

您是否曾经要求或建议第一书记更多从事这一方面的工作？　07.14 16.96　75.89

本村的第一书记是否曾做过这方面的工作？　8.04　20.54　53.57　17.86

您希望本村第一书记在这一方面做出多大贡献　0.89　54.46　37.5　7.14

您认为第一书记有没有能力在这一方面做出贡献　1.37　36.77　50.86　11

0%　20%　40%　60%　80%　100%

不知道　很大贡献/曾强烈要求　一定贡献/曾经要求　很难有贡献/没要求过

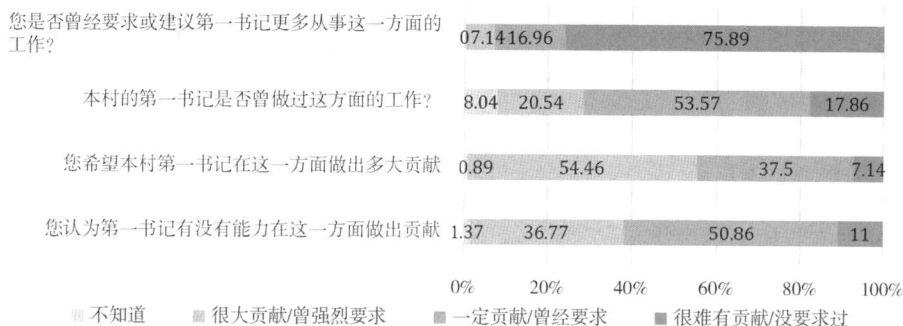

图4—50—9　第一书记提高民主管理水平、选举透明度的贡献

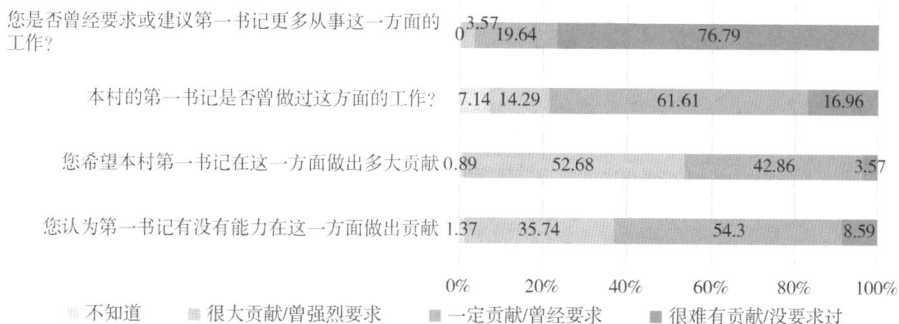

您是否曾经要求或建议第一书记更多从事这一方面的工作？　0 3.57 19.64　76.79

本村的第一书记是否曾做过这方面的工作？　7.14 14.29　61.61　16.96

您希望本村第一书记在这一方面做出多大贡献　0.89　52.68　42.86　3.57

您认为第一书记有没有能力在这一方面做出贡献　1.37　35.74　54.3　8.59

0%　20%　40%　60%　80%　100%

不知道　很大贡献/曾强烈要求　一定贡献/曾经要求　很难有贡献/没要求过

图4—50—10　第一书记提高村里公共事务的办事效率的贡献

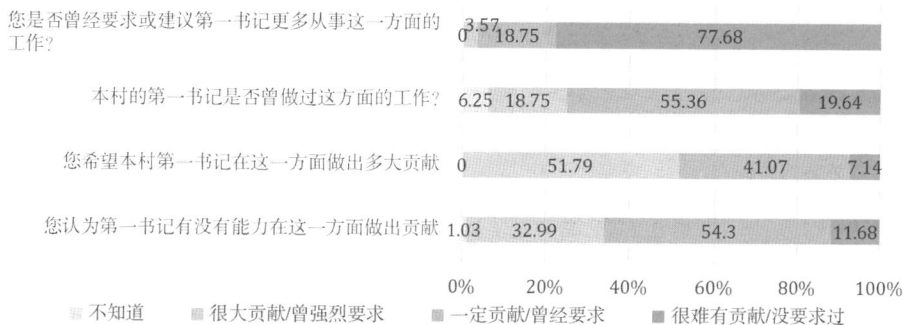

您是否曾经要求或建议第一书记更多从事这一方面的工作？　0 3.57 18.75　77.68

本村的第一书记是否曾做过这方面的工作？　6.25 18.75　55.36　19.64

您希望本村第一书记在这一方面做出多大贡献　0　51.79　41.07　7.14

您认为第一书记有没有能力在这一方面做出贡献　1.03　32.99　54.3　11.68

0%　20%　40%　60%　80%　100%

不知道　很大贡献/曾强烈要求　一定贡献/曾经要求　很难有贡献/没要求过

图4—50—11　第一书记解决村民纠纷、解决村民矛盾的贡献

您是否曾经要求或建议第一书记更多从事这一方面的工作？ 0 5.36 18.75 75.89

本村的第一书记是否曾做过这方面的工作？ 5.36 13.39 51.79 29.46

您希望本村第一书记在这一方面做出多大贡献 0 51.79 35.71 12.5

您认为第一书记有没有能力在这一方面做出贡献 0.69 32.3 49.83 17.18

0% 20% 40% 60% 80% 100%

■ 不知道　■ 很大贡献/曾强烈要求　■ 一定贡献/曾经要求　■ 很难有贡献/没要求过

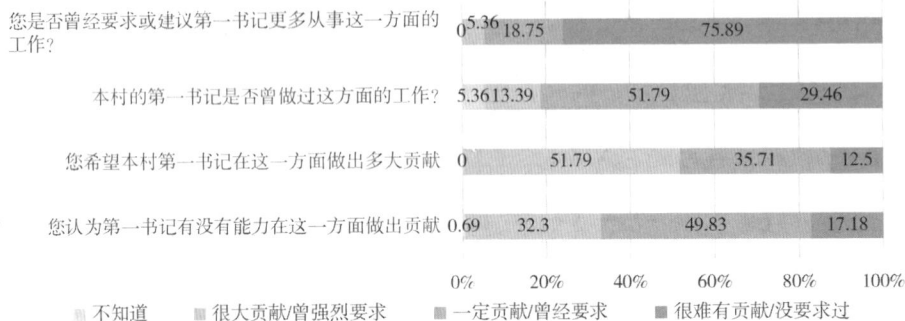

图 4—50—12　第一书记帮助建设自来水供给系统的贡献

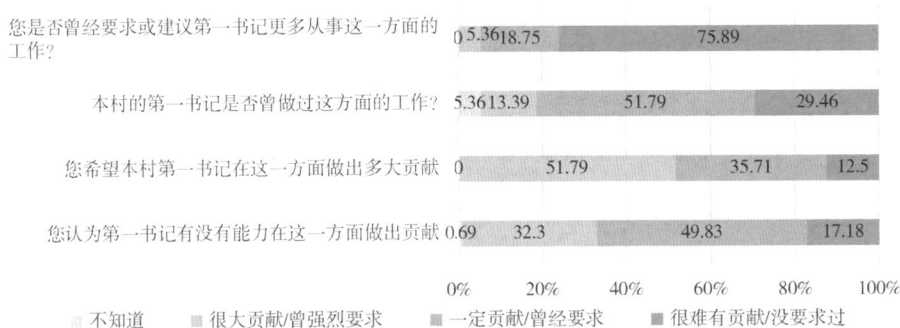

您是否曾经要求或建议第一书记更多从事这一方面的工作？ 0 5.36 18.75 75.89

本村的第一书记是否曾做过这方面的工作？ 5.36 13.39 51.79 29.46

您希望本村第一书记在这一方面做出多大贡献 0 51.79 35.71 12.5

您认为第一书记有没有能力在这一方面做出贡献 0.69 32.3 49.83 17.18

0% 20% 40% 60% 80% 100%

■ 不知道　■ 很大贡献/曾强烈要求　■ 一定贡献/曾经要求　■ 很难有贡献/没要求过

图 4—50—13　第一书记推广农村合作医疗、保险等社会保障政策的贡献

第五节　结论和对策

农村建设与社区发展的主力是农村居民，农村居民在社区的政治、公共事务、文化等各方面积极地参与是让农村社区焕发活力的关键，也是农村建设的驱动力。根据对农村居民社区参与调查问卷的分析，我们对农村居民的社区参与、社区评价、对大学生村官与第一书记的评价进行总结，并据此提出一定的建议。

一、存在问题

（一）整体来看，除了村委会换届选举之外，农村居民在各项社区事务的参与比例均比城市居民要低；同时，农村居民社区参与的影响因素也呈现出较大的差异

1. 总体来说，有80%左右的农村居民参与过村委会换届选举，这一比例还是相当高的。年龄较大的群体参与比例高于较年轻的群体，但不同教育程度的群体在参与比例上并没有明显的区别。党员和在村庄担任职务的居民参与比例都较高。但不同地区间的农村居民在村委会换届选举上并没有明显的差别，全国开展得都较为不错。此外，村委会换届中的公平公正性还是较好的，宗族势力对村内事务的影响也较小，贿选等违反程序的行为也仅占很小的比例。

2. 农村居民对不同类型村庄会议的参与比例整体并不高。其中村民会议的比例最高，其次为村民小组会议和村民代表会议，最低的为参与党群议事会、村庄议事协商会和村务听证会。村务议事协商和村务听证会都旨在让村民自己协商解决本村的问题和对村里事务起监督作用的，但参与比例还不到10%，这表明还有很大的进步空间。

3. 绝大多数农村居民并没有参与过村里事务的监督工作，仅有10.51%的居民有过参与经历，远低于城市社区居民对社区事务的管理与监督比例。与城市中社区事务的管理与监督类似，在参与监督的事务中，对资金使用问题的监督比例是最低的。此外，教育程度越高，参与比例也越高。

4. 社区协商在农村地区的推展工作远落后于城市地区，参与的比例还不到5%。较年轻、教育程度较高、党员、在村庄担任职务的群体都有着更高的参与比例。社区协商的了解度与参与比例在不同地区间呈

现出一定的差异，居民所在地区经济越发达，听说过和参与过社区协商的比例越高。居民参与最多协商主题是公共设施建设问题，参与比例最低的是涉及资金使用问题的两个主题，一个是村集体经济的经营或资金的使用分配问题，一个是村公益资金的使用分配问题。不过参与过协商的农村居民中，大部分认为协商意见落实的还是不错的。

5. 有 39.38% 的农村居民所在村庄没有网络互动平台，远高于城市中这一比例，说明农村地区社区网络平台的建设还需要进一步推动。此外，在农村地区，男性是网络互动参与的主要群体。而教育程度较低、年龄较大的群体则被排斥在了网络互动之外，对于其讯息的接收与交换有着非常不利的影响。但网络的发展在我国农村地区还相对平衡，无论是二、三线城市还是四、五线城市都有相当部分的农村居民积极参与到社区网络互动中来。

6. 仅有约 1/5 的农村居民参与了社区的文体活动。女性、老年人是其中参与的主体。文体活动参加的门槛较低，也更有助于互相熟悉和交流，因此进一步推动社区中不同年龄群体的居民共同参与到文体活动中来，对于增进交往和提升社区凝聚力都是有很大益处的。

7. 有 20.11% 的农村居民参与过公益活动。虽然比城市的参与比例要低，但是与文体活动参与比例类似，这也说明了农村居民开始逐渐地参与到公益活动中来。社区公益的宣传和影响力在各个年龄群体中都比较均衡，农村不同年龄的居民都有一部分人愿意参与到这些活动中来。不同地区居民的社区公益类活动参与比例的差异也并不特别明显。

8. 不到 5% 的农村居民参与过社会组织，远低于城市居民。这一差距与社会组织在城乡发展的不平衡也有着很大的关系，建设社会组织并组织活动需要较为专业的工作人员，农村地区在这方面较为欠缺，也造成了居民的参与比例低的现象。

9. 有 12.13% 的农村居民听说过社会工作这个职业，而接受过社会工作专业服务的比例就更低了，仅为 1.12%。虽然全国现在有越来越壮大的社工队伍，但是真正受惠到的居民的比例还是相对较低的。农村社区的资源相对匮乏，难以吸引到高质量的专业社会工作者，因此居民即便有问题，也难以获得专业的服务。不同地区的农村居民在听说社会工作这个职业的比例和接受过专业服务的比例并不是很高，这说明农村地区的社会工作发展无论是在经济发达的地区还是经济较为落后的地区，都还需要进一步的推动。

（二）农村居民对村"两委"信任度较高，对大学生村官的满意度要高于对第一书记的满意度；此外，居民对村务公开和公共服务的满意度较高，但居民的主人翁意识和效能感较为一般

1. 农村居民对村党支部和村委会的满意度较高，对村办企业的和专业合作社的满意度则要低一些，对大学生村官的满意度是非常高的，但对驻村第一书记的满意度比大学生村官要低。较年轻的群体没有年龄较长群体对于村庄内这些权威性组织的认可度高。党员对村党支部、村委会和驻村第一书记的满意度比非党员要更低。担任村庄职务的居民也相比普通村民，在对村党支部和村委会的满意度上要低。

2. 居民对于村务公开的内容、频次和形式的满意度都是较高的。此外，参与村委会换届选举的居民，对村务公开的满意度要更高。

3. 总体来说居民对农村各项公共服务的满意度还是较高的，最不满意的三项是村庄道路硬化、农村扶贫开发和农村居民最低生活保障。在涉农服务方面，居民对农药化肥种子购买和农村饮水工程上的满意度都较高，相比之下，反映农业技术指导不能满足需求的比例占到了40%，这说明如何向农村输送更多的农业技术人员或者提供更多的农业技术指导与培训班是未来工作中需要注意的地方。

4. 农村居民在社区中的主人翁意识和效能感一般。相比于男性，女性在村庄的主人翁意识和效能感更低。相比于 30 岁及以下的群体，

41—50岁、51—60岁和60岁以上群体的主人翁意识和效能感要更弱，这表明年轻人在社区参与与改变社区上的信心更强。此外，参加村庄会议、参与村庄事务管理与监督、参与社区协商和参与社区公益都将显著地提升农村居民在村庄的主人翁意识和效能感。

（三）大学生村官和驻村第一书记在受访居民所在村中并不十分普遍，但总体来说对大学生村官和驻村第一书记的表现还是较为满意的，其中对大学生村官的认可度相对更高

1. 大学生村官提供的帮助最多的是政策咨询，其次为生产技术咨询，在帮助申请国家补贴、外出务工建议、填写各类文件/信件上，大学生村官提供帮助的比例也不低。但是在涉及资金的领域，包括提供投资信息和帮助申请贷款，大学生村官能够提供的帮助则比较有限。总体来说，居民对大学生村官还是较为满意和信任的，2/3以上的居民表示希望大学生村官担任村主任。

2. 驻村第一书记在农村地区的普及程度还不高，绝大多数居民没有听说过。在有驻村第一书记的村庄中，超过2/3的居民没有寻求过第一书记的帮助；约有一半的居民没有第一书记的任何联系方式。居民认为第一书记在工作中存在的主要问题是第一书记对农村实际情况不够了解，其次为走形式，没有努力为村民办实事。在评定驻村第一书记的表现时谁的意见更重要这一问题上，约一半的居民认为村民意见是最重要的。在第一书记提供帮助上，认为还有很大的进步空间。

二、对策建议

农村居民的社区参与虽然与城市居民存在着一定的差距，但是可以看出其良性发展的趋势。基于以上分析结果，我们提出一些建议，以推动更多农村居民参与到社区发展中来，也让更多的农村居民享受到更好的社区服务。如下所示：

缩小农村居民与城市居民在社区参与上的差距。除了村委会换届选举，农村居民在社区协商、公共事务管理与监督、社区网络互动、文体活动、公益活动等大部分社区参与方面上都与城市居民有着很大的差距。诚然，这受到农村与城市经济发展水平不同的影响，但在社区文体活动、社区公共事务管理、社区公益活动等方面，改变观念、调动积极性是更重要的影响因素，而非客观的硬件条件。缩小城乡差距并不仅仅体现在经济上，社区建设与发展也是重要的方面，因此，在可能的情况下调动农村居民的积极性，让他们产生社区意识对推动农村居民的社区参与将有着很大的帮助。

进一步提高女性在农村社区各类事务中的参与比例，尤其是政治性与公共服务性的参与。分析结果显示，女性在村庄会议的参与、公共事务管理与监督、社区协商、公益活动和社会组织的参与比例都更低，这与城市社区中两性的参与有着一定的差异。一定程度上说明农村地区的性别平等工作还有待进一步的推进。因此在未来的农村社区参与推进中，应该更加地关注女性的社区参与，提高其参与意识与积极性。

村里资金收支要进一步公开化、透明化。在对村里事务的监督和社区协商中，农村居民参与比例最低的是涉及资金使用的主题，包括征地补偿费的事用分配、集体经济所得的使用、公益金的使用分配等。资金如何调配对每一个农村居民都会有影响，但是居民对此的管理与监督却大大受限。因此想要获得农村居民的信任感与满意度，涉及资金问题的账务公开工作需要进一步的加强。

依托村庄，就地培养农村社区的工作者与提供服务的人员。农村社区由于资源相对薄弱，难以吸引到大量的专业社会组织与社会工作人员，但是农村地区也存在着大量社区服务需求。因此，依托于当地村庄，在居民中挑选出有能力、有热情的人来进行社区不同类型服务的培训，让他们成为农村社区服务的提供者，比直接吸引城市地区的社会组织与社会工作者来农村服务更为实际。此外，这些村民本来就了解当地居民与村庄的情况，服务也可以更有针对性。

加强驻村第一书记对农村社区不同事务上的贡献，畅通反馈与监督渠道。问卷显示，村民基本上都希望本村的第一书记可以在农业技术促进生产、为村民的外出务工提供有价值的建议等 11 项议题上有着很大的贡献，但村民大部分认为第一书记的能力只能做出一定的贡献，这就是村民认为的第一书记的能力与他们所期望的现实之间的差距。但是对于这种差距，大部分村民都没有强烈的要求过本村第一书记更多地从事这一方面的工作，这说明村民向第一书记反映意见的渠道不够畅通，或者村庄中缺乏监督和促进第一书记工作的监督机制，因此建立对第一书记完整的沟通、反馈与监督渠道是提高驻村第一书记贡献的关键因素。

第五章　社会组织参与城市社区治理状况

伴随着我国经济转轨、政府改革和社会转型的快速进程，社会组织在社会治理特别是社区治理中的作用逐渐显现。社会组织参与社区治理的角色、功能、困境和出路，成为政府和学界关注的重要议题。这方面已有的研究工作，主要包括一般概述和个案研究，全国层次的跟踪数据呈现较为少见。2016 年社区社会组织调查通过科学的抽样，样本覆盖了全国大部分的省、自治区、直辖市，对于了解我国社会组织发展现状及其参与社区治理的状况有极为重要的意义。

本调查报告中，社会组织是指在社区中开展各类服务、管理以及文娱活动的社会组织，包括正式登记的社会组织（社会团体、民办非企业单位、基金会），备案的社会组织，以及街道认为长期、稳定活动的群众团队。社区治理则是指在党委领导下，政府、社区组织、居民及辖区单位、营利组织、非营利组织等基于市场原则、公共利益和社区认同，协调合作，有效供给社区公共物品，满足社区需求，优化社区秩序的过程与机制。

2016 年社区社会组织调查，是民政部政策研究中心"社区治理动态监测平台及深度观察点网络建设"项目的重要组成部分，由北京大学中国社会科学调查中心执行。该调查涉及了 28 个省、自治区和直辖市的 1016 个社会组织。本研究在比较、分析地区差异时，将 28 个省分成了三类：东、中、西部地区①。

本章主要内容包括三个方面：一是描述分析受访社会组织的基本现状，着重描述目前社会组织的登记、规模、收入、专业化水平等基本情况；二是分析受访社会组织参与社区治理的现状，着重描述社会组织在党建、参与社区服务和管理、发展预期等与社区治理相关的状况；三是对一些当前社区社会组织发展中需要关注的问题进行讨论，并提出相应的对策与建议。

第一节　城市社区社会组织的基本情况

一、城市社区社会组织的主要类型

对于进入分析的 1016 个社会组织，我们首先需要了解其内部结构。从不同的维度对这些组织进行分类，这便于分析城市社区社会组织的内部差异。

（一）登记还是备案

社会组织的登记注册和备案是社会组织管理制度的重要内容。注册是指社会组织在区（县）或区（县）级以上民政部门，按照相关的法律条例，如《社会团体登记管理条例》和《民办非企业单位登记管理

---

① 根据我国对东、中、西部地区的统一划分标准，东部地区包括北京、天津、河北、辽宁、上海、江苏、浙江、福建、山东、广东、海南 11 个省、直辖市；中部地区包括山西、吉林、黑龙江、安徽、江西、河南、湖北、湖南 8 个省；西部地区包括内蒙古、重庆、广西、四川、贵州、云南、西藏、陕西、甘肃、青海、宁夏、新疆 12 个省、自治区、直辖市。

暂行条例》等，提交材料并审核通过。街道办事处（乡镇）以及社区无权为社会组织进行注册。按照社会组织管理规定，未注册的组织都需要在街道或社区进行备案。

调查结果显示，所有的社会组织都进行了登记或者备案，登记注册的社会组织多于备案的社会组织。其中，完成登记注册的社会组织占被访社区社会组织总数的 57.87%，只完成备案的社会组织占被访社会组织总数的 42.13%（见表 5—1）。相比于 2015 年的调查情况（80.00% 的社会组织完成了登记备案）而言，这是一个重要进展，表明社会组织规范管理的覆盖面得以扩大。

表5—1　社区社会组织登记备案情况统计表（单位：个，%）

	频数	百分比
登记	588	57.87
备案	428	42.13
合计	1016	100

（二）登记备案类型与级别

根据社会组织的登记类型，将被访社会组织分为三类：社会团体、民办非企业单位①和基金会。社会团体是由公民或企事业单位自愿组成、按章程开展活动的社会组织，包括行业性社团、学术性社团、专业性社团和联合性社团；民办非企业单位是由企业事业单位、社会团体和其他社会力量以及公民个人利用非国有资产举办的、从事社会服务活动的社会组织，分为教育、卫生、科技、文化、劳动、民政、体育、中介

---

①　2016 年 9 月 1 日起施行的《中华人民共和国慈善法》将民办非企业单位改为社会服务机构。相较于民办非企业单位，"社会服务机构"这一命名更能准确反映此类组织的社会组织性质和社会服务功能。

服务和法律服务等九大类；基金会是利用捐赠财产从事公益事业的社会组织，包括公募基金会和非公募基金会。

从登记类型来看，调查结果显示，多数被访社会组织的登记类型是社会团体和民办非企业单位，登记为基金会的社会组织仅有 2 个。从登记备案的部门级别来看，在区县级民政部门进行注册的社区社会组织占到了正式注册社区社会组织的绝大部分，有 4 个社会组织是在国家级的民政部门进行正式注册，约有 44.19% 的社会组织是在街道、乡镇或居委会备案（见表5—2）。

表5—2　社区社会组织登记类型与登记部门级别（单位：个）

		登记备案部门级别						合计
		国家级	省市级	区县级	街道、乡镇	居委会	其他	
登记类型	社会团体	3	28	229	108	14	0	382
	民办非企业单位	1	22	157	16	3	0	199
	基金会	0	1	1	0	0	0	2
	其他	0	8	115	204	104	2	433
	合计	4	59	502	328	121	2	1016

二、城市社区社会组织与环境

社会组织的产生和发展，离不开与外部环境的关系。社会组织的外部环境主要包括政府和社会两个方面。社会组织在成立和发展过程中如果得到政府的大力支持，社会组织则具有一定的体制内背景；社会组织在成立和发展过程中，如果得到社会层面多样化的支持，则可以认为社会组织具有良好的社会基础。此次调查中，使用三个指标来测量社会组织的组织环境：社会组织的成立背景、社会组织的出资方式以及社会组织的收入来源。

（一）成立时间

社会组织的成立时间和数量，与国家对社会组织的宏观政策环境密切关联。20世纪末，社会组织的相应规范条例出台。从2004年开始，党的十六届四中全会，提出中国特色社会主义经济建设、政治建设、文化建设、社会建设，我国政府从国家政策的角度做出加快发展社会组织的战略性部署。特别是2006年，党的十六届六中全会通过的《中共中央关于构建社会主义和谐社会若干重大问题的决定》，对于社会组织的发展具有重要意义。2012年，党的十八大做出加强社会组织管理创新的战略决策。2013年，党的十八届三中全会通过《中共中央关于全面深化改革若干重大问题的决定》，提出创新社会治理体制、改进社会治理方式、激发社会组织活力，重点培育和优先发展行业协会商会类、科技类、公益慈善类、城乡社区服务类社会组织。由此，我国社会组织迎来了发展的重要历史机遇。

如图5—1所示，从1962年到2016年，本次调查的社会组织的成立时间呈现出较大的跨度，成立数量随时间的变化与宏观环境的变化是吻合的。不难发现，2000年以后，社会组织的成立逐渐增多。2006年以后，社会组织的数量上了一个台阶；特别是自2012年以来，社会组织成立数量呈现出骤然上升的趋势。

（二）成立背景

对社会组织的成立背景调查发现：由政府职能部门推动成立的社会组织占28.3%，原有行政部门转制而成的社会组织占0.20%，两种类型的社会组织都可以视为有政府背景；居委会发起成立的社会组织占32.25%（见表5—3）。在中国的制度体系中，政府职能部门推动成立、原有行政部门转制而成和居委会发起成立，都可以视为存在不同程度的行政属性，所以，具有体制内背景的社会组织占60.75%。调查还发现，

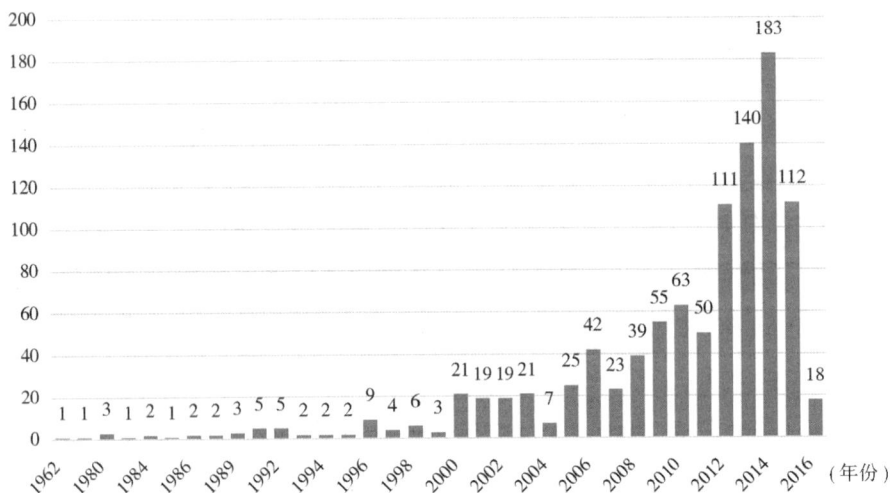

图5—1 社会组织成立时间与数量（单位：个）

由社区居民发起成立的社会组织占 34.02%，这表明社会组织的社会基础较好，社区居民的参与热情较高。

表5—3 社区社会组织成立背景统计表（单位：个，%）

	频数	百分比
由政府职能部门推动成立	287	28.30
高校专家发起成立	5	0.49
原有政府部门转制而成	2	0.20
社区居民发起成立	345	34.02
专业机构发起成立	15	1.48
行业自发成立	11	1.08
居委会发起成立	327	32.25
国内基金支持	1	0.10
其他	21	2.07
合计	1014	100

（三）资金来源

对社会组织成立时的资金来源调查发现：社会组织的主要资金来源包括两个部分，一是政府相关职能部门提供资金，二是自然人出资，分别占 51.71% 和 46.01%，政府出资的比例要略高于自然人出资的比例。与此相比，企业出资和基金会出资的比例极小，分别为 1.52% 和 0.76%（见图 5—2）。可见，社会组织成立之初，政府是关键的资金来源。政府在社会组织成立过程中扮演着重要角色，多数社会组织成立时具有政府背景。

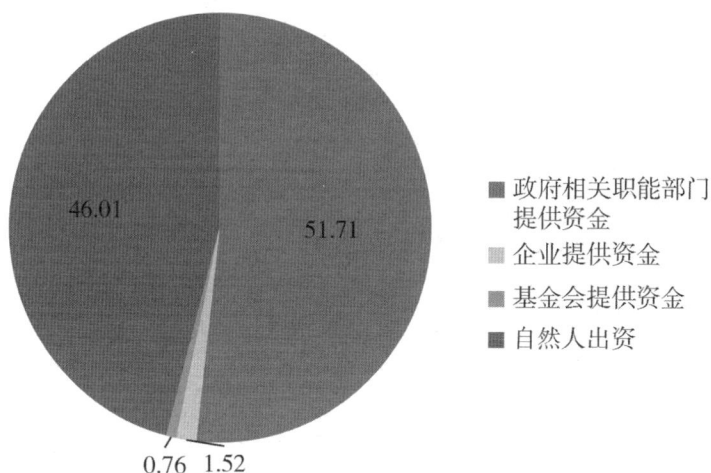

图 5—2 社会组织的资金来源 （%）

（四）收入来源

对社会组织的收入来源调查发现，政府是社会组织的首要收入来源。其中，社会组织收入来源于政府补贴的占 28.12%，来源于政府购买服务的占 14.42%，来源于政府奖励的占 8.49%，加总起来，比例为 51.03%，如果再加上来源于居委会投入的 24.95%，则有 75.98% 的社会组织，其收入均与政府密切相关。另外，发起人自己出钱的占

14.42%，会员会费占 9.10%，而通过市场运营收入、公众个人捐赠、企事业单位购买服务、国内基金会投入等方式为其主要收入来源的社会组织所占比例普遍偏低。上述结果表明，社会组织对政府的依赖较强，但社会和市场活力还相对不足。不过，值得关注的是，选择"其他"作为收入来源的社会组织所占比例为 38.85%，说明社会组织的收入有了更多样的来源，社会组织的社会基础呈现出良好的发展态势（见图5—3）。

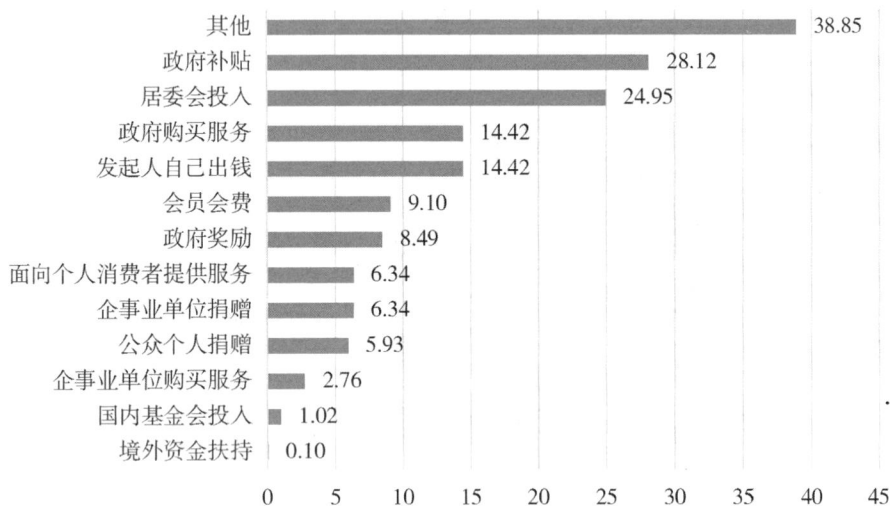

图5—3　社会组织的收入来源（%）

三、城市社区社会组织的运行

（一）负责人任职

在本调查中，居委会主任或社区党支部书记、社区委员会等自治、共治、议事机构成员担任社会组织负责人的占到了很大部分，而不担任任何职务的负责人有 532 个，在 1016 个调查样本中占比超过了一半

（见图5—4）。

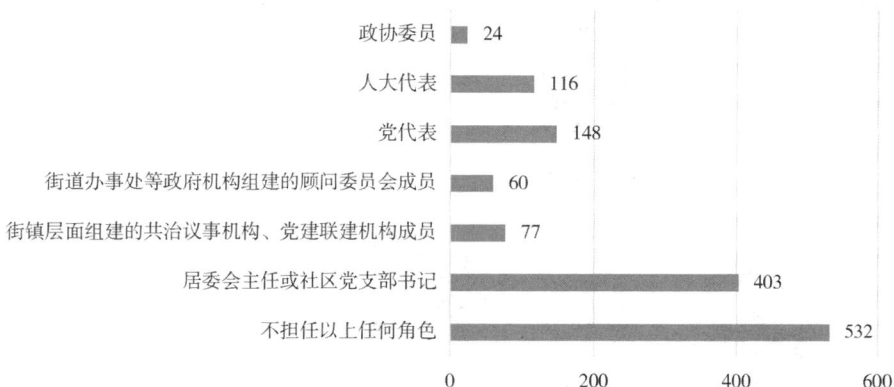

图5—4　社区社会组织主要负责人在党政部门任职情况（单位：个）

（二）服务对象

社会组织的服务对象，包括会员、普通居民、特定人群、社区工作者和其他类型。调查发现，89.47%的社会组织主要服务于普通居民，43.41%的社会组织服务于特定人群，服务于会员和社区工作者的社会组织的比例分别为30.31%和22.54%（见图5—5）。可见，绝大多数社会组织以普通居民为主要服务对象，具有很强的公益性特征。

（三）开展活动

根据社会组织的活动内容进行分类，可将社会组织的社区服务分为公益慈善类（如义务工作者协会、志愿者协会、困难群众互助帮扶组织、慈善会、慈善超市、献爱心组织等）、生活服务类（如社区卫生服务机构、民办幼儿园、科普夜校、老年人服务中心、法律服务咨询机构等）、促进参与类（如老年协会、计划生育协会等）、文体活动类（社区文化服务中心、艺术团、表演队、体育组织等）、教育培训类（如各种培训班、老年大学或者夜校等）、权益维护类（如业主委员会等各种

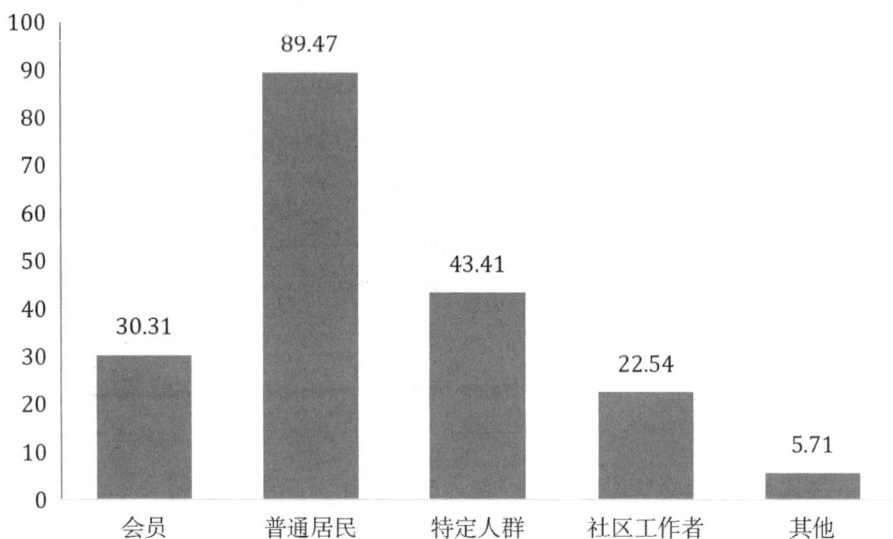

图5—5　社区社会组织的服务对象（%）

利益诉求群体）等方面。总的来看，在本调查中，开展文体活动类和生活服务类的社区社会组织最多，权益维护类的较少（见图5—6）。

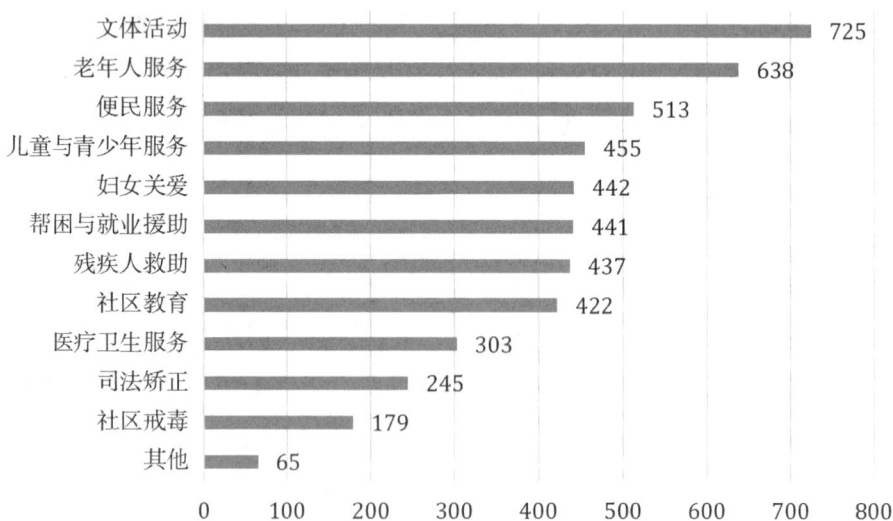

图5—6　社区社会组织开展社区服务种类情况分布图（多选）（单位：个）

（四）专业化水平

社会组织的专业化程度，影响到其参与社会治理和提供社会服务的能力，是考察社会组织发展水平的重要指标。本次调查从以下几个维度对社会组织的专业化水平进行了测量：一是有无专职工作人员；二是有无专业社工；三是有无专业人士，例如律师、会计师等。调查显示，社会组织的专业化水平普遍不高。在被访的 1016 个社会组织中，配备专职人员的仅占 26.77%，没有配备专职人员的则占了73.23%（见表5—4）。

表5—4　社区社会组织内部是否配备专职人员情况（单位：个,%）

	频数	百分比
有	272	26.77
无	744	73.23
合计	1016	100

在被访的 1014 个社会组织中，有专业社工的仅占 21.99%，没有专业社工的占了 78.01%（见表5—5）。

表5—5　社区社会组织内部有无社工人员（单位：个,%）

	频数	百分比
有	223	21.99
无	791	78.01
合计	1014	100

在被访的 1014 个社会组织中，有专业人员的仅占到 21.03%，没有专业社工的占了 78.97%（见表5—6）。

表5—6 社区社会组织内部有无专业人员（单位：个,%）

	频数	百分比
有	213	21.03
无	800	78.97
合计	1013	100

不同类型社会组织的专业化水平呈现出一定的差异性。社会团体没有专职人员、专业社工、专业人员的比例高达72.51%、82.72%、80.63%，显著高于民办非企业单位和基金会的相应比例，可见，社会团体的专业化发展程度相对是最低的；另外，民办非企业单位没有专职人员、专业社工、专业人员的比例分别为53.77%、51.26%、62.81%，均超过了50%，专业化水平也有待提高（见表5—7）。

表5—7 社区社会组织性质与专业化水平（单位：个,%）

	专职人员				专业社工				专业人员			
	有		无		有		无		有		无	
	频数	百分比	频数	百分比	频数	百分比	频数	百分比	频数	百分比	频数	百分比
社会团体	105	27.49	277	72.51	66	17.28	316	82.72	74	19.37	308	80.63
民办非企业单位	92	46.23	107	53.77	97	48.74	102	51.26	74	37.19	125	62.81
基金会	1	50.00	1	50.00	1	50.00	1	50.00	2	100.00	0	0.00
合计	198	33.96	385	66.04	164	28.13	419	71.87	150	25.73	433	74.27

（五）财务制度

不同类型的社会组织的财务制度也不同。近年来，围绕社会组织是否应该公开财务信息，哪一部门监督其公开财务信息也有不少争议。本调查中，公开财务信息与不公开财务信息的社会组织几乎各占一半（见表5—8）。

表5—8　社区社会组织财务信息是否公开（单位：个，%）

	频数	百分比
是	502	50.45
否	493	49.55
合计	995	100

（六）枢纽式管理

目前，枢纽型社会组织在理论上尚无明确界定，它被视之为政府职能转变与转移的主要接盘手，主要就其地位与功能区别于政府与一般社会组织。枢纽型社会组织最主要的职能是承接原先由政府各部门承担的政治引导、业务指导和管理服务，按照"权随责走""费随事转"的基本原则，政府通过购买服务的方式为这些职能的转移支付相应的费用。

表5—9　枢纽式管理中的"枢纽"角色承担情况（单位：个，%）

	频数	百分比
基层政府成立的社会组织服务中心	203	47.99
基层党组织成立的各类党建服务机构	90	21.28
有一定官方背景的大型社会组织	13	3.07

	频数	百分比
各类社会组织联合会	29	6.86
社会组织孵化中心	64	15.13
其他	24	5.67
合计	423	100

在本次调查中有 423 个社区社会组织运用了枢纽式管理。在这些枢纽式管理的社会组织中，接近一半的社会组织是基层政府成立的社会组织服务中心，将近四分之一的社会组织是基层党组织成立的党建服务中心（见表5—9）。

调查显示，枢纽式管理取得了一定成效，主要体现在成为政府与社会组织间良性互动的桥梁、支持社会组织发展、帮助政府管理社会组织和提高社会组织专业水平等方面。尤其是在成为政府与社会组织间良性互动的桥梁方面，被访社会组织对此具有较高程度的认识（见表5—10）。

表5—10　枢纽式管理的效果（单位：个,%）

	频数	百分比
成为政府与社会组织间良性互动的桥梁	261	61.41
支持社会组织发展	75	17.65
推动行业自律	10	2.35
帮助政府管理社会组织	40	9.41
提高社会组织专业水平	37	8.71
不发挥作用	2	0.47
合计	425	100

四、城市社区社会组织与各主体合作情况

社区治理的主体是多元化的，社区社会组织作为参与社区治理的重要主体，与各主体的联系和关系影响着社会组织参与社区治理的效率和效果。在本调查中主要着眼于社会组织与政府、街道党政机关、居委会社区党支部，还有其他组织的关系以及社会组织能从基层政府或职能部门中得到哪些支持。

在本调查中，社区社会组织与政府联系密切。其中，有 211 个组织与政府的联系非常密切，383 个组织与政府联系比较密切，这两种组织占到调查对象的 58.52%（2015 年这一比例为 77.27%），与政府联系不多的社会组织占 33.60%，联系疏远的社会组织占 7.88%（2015 年这一比例为 3.80%）（见表 5—11）。总体上看，社会组织大都比较重视与政府的联系。值得关注的是，2016 年认为与政府联系密切或较为密切的社会组织比例相对于 2015 年而言有所下降。

表 5—11　社区社会组织与政府的联系情况统计表（单位：个,%）

	频数	百分比
非常密切	211	20.79
比较密切	383	37.73
联系不多	341	33.60
疏远	80	7.88
合计	1015	100

社区社会组织与街道党政机关关系密切。其中有 287 个表示与街道党政机关的关系非常密切，占到了调查对象的 28.28%（2015 年这一比例为 33.39%）；有 396 个社会组织与街道党政机关关系比较密切，占到

了调查对象的 39.01%（2015 年这一比例为 45.94%）；与街道党政机关联系不多的社会组织有 283 个，占到了调查对象的 27.88%；关系疏远的有 49 个，占比为 4.83%（见表 5—12）。不过，2016 年，认为与街道党政机关联系密切或较为密切的社会组织比例相对于 2015 年而言有所下降。

表 5—12　社区社会组织与街道党政机关关系情况（单位：个，%）

	频数	百分比
非常密切	287	28.28
比较密切	396	39.01
联系不多	283	27.88
疏远	49	4.83
合计	1015	100

社区社会组织与居委会社区党支部的关系与上述街道党政机关相比更为密切。本次调查中与居委会党支部关系非常密切的就有 686 个，达到了被调查的社会组织的 67.59%；比较密切的有 283 个，占比也达到了 27.88%。换言之，95.47% 的社区社会组织与居委会党支部关系密切（2015 年，这一比例为 97.26%）；与居委会社区党支部联系不多的社会组织有 41 个，占比为 4.04%；较为疏远的仅有 5 个，占比为 0.49%（见表 5—13）。总体而言，2016 年认为与居委会社区党支部联系密切或较为密切的社会组织比例相对于 2015 年而言变动不大。

表 5—13　社区社会组织与居委会社区党支部关系（单位：个，%）

	频数	百分比
非常密切	686	67.59
比较密切	283	27.88

（续表）

	频数	百分比
联系不多	41	4.04
疏远	5	0.49
合计	1015	100

与上述关系相比，社区社会组织与其他社会组织关系没有那么密切。数据显示，社会组织与其他组织保持非常密切关系的只有 147 个，占比仅为 14.48%（2015 年这一比例为 16.46%），与上述几组数据比起来是最低的；联系比较密切的社会组织有 422 个，占比为 41.58%（2015 年这一比例为 49.20%）；与其他社会组织联系不多的组织有 362 个，占比为 35.67%；与其他组织关系疏远的有 84 个，占比为 8.28%（见表 5—14）。总体而言，2016 年和 2015 年两年数据反映的关系程度差别不大。

表 5—14　社区社会组织与其他社会组织关系（单位：个,%）

	频数	百分比
非常密切	147	14.48
比较密切	422	41.58
联系不多	362	35.67
疏远	84	8.28
合计	1015	100

调查显示，多数社会组织得到了来自基层或职能部门的支持（见图 5—7）。来自基层或职能部门的支持主要有资金扶持、活动或办公场地上的支持、帮助登记或备案、成立社会组织培育孵化机构等。其中，资金扶持不仅包括直接发放的补贴，还包括社会组织从赞助和购买服务

中得到的资金支持。有 647 个社会组织得到了活动或办公场地上的支持，有 588 个社会组织得到了资金扶持，这两个数据均超过了受访组织的 50.00%。有 346 个社会组织得到了来自社会组织孵化机构的帮助，有 627 个社会组织得到登记或备案的帮助，得到人力资源培训支持的社会组织也有 369 个。

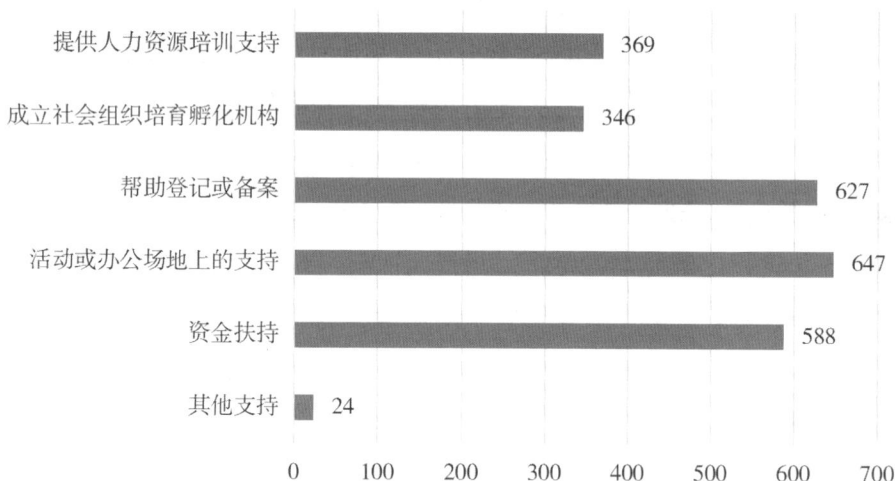

图5—7　社区社会组织获得基层或职能部门的支持情况分布图（单位：个）

五、城市社区社会组织党建情况

在本调查中，未建立党组织的社区社会组织有 851 个，占到了被调查总数的 83.93%，只有 163 个社会组织建立了党组织，占比为 16.07%（见表5—15）。

表5—15　社区社会组织内党组织建立情况统计表（单位：个,%）

	频数	百分比
已建立	163	16.07

（续表）

	频数	百分比
未建立	851	83.93
合计	1014	100

已经建立党组织的社区社会组织相对拥有更高民主决策和内部透明化水平。91.41%的建有党组织的社会组织会对重大决策进行民主讨论，而在没有建立党组织的社会组织中，只有83.51%的社会组织会对组织的重大决策进行民主讨论（见表5—16）。可以看出，社会组织党建对推进社区社会组织内部建设具有积极意义。

表5—16 是否建立党组织与民主议事情况（单位：个,%）

	大多经过民主讨论		偶尔有讨论		负责人说了算		合计	
	频数	百分比	频数	百分比	频数	百分比	频数	百分比
已建立	149	91.41	7	4.29	7	4.29	163	100
未建立	709	83.51	83	9.78	57	6.71	849	100
合计	858	84.78	90	8.89	64	6.32	1012	100

建有党组织的社会组织具有更高的对外的透明化水平。对社会组织建立党组织的情况与其财政公开的情况进行交互对比可以发现在已经建立党组织的社会组织中，有58.49%的比例会经常性地公开财务信息；而在没有建立党组织的社会组织当中，会向资方定期公开财务信息的仅占总体的48.80%（见表5—17）。可见，社会组织党建有助于其财务信息透明程度的提高。

表5—17　是否建立党组织与财务信息公开情况（单位：个，%）

	公开财务信息		不公开财务信息		合计	
	频数	百分比	频数	百分比	频数	百分比
已建立	93	58.49	66	41.51	159	100
未建立	407	48.80	427	51.20	834	100
合计	500	50.35	493	49.65	993	100

第二节　城市社区社会组织发展情况

一、不同区域社会组织的发展状况比较

调查显示，在428个没有登记、仅仅备案的社会组织中，不具备登记条件是未登记的主要原因。在受访社会组织中，30.88%的社会组织表示，原因是"不具备登记条件"的比例为30.88%，占比最高；"不想登记"和"正在申请，无困难"的比例均为12.11%；"正在申请，并遇到困难"的仅3.09%；"准备申请"的占18.05%；余下的23.75%选了其他原因（见表5—18）。交互统计发现，东部地区未登记的社会组织中，不具备登记条件的社会组织占比最高，表明东部地区草根社会组织占有很大比重。

表5—18　不同地区社会组织没有登记备案原因（单位：个，%）

	不具备登记条件		不想登记		正在申请，无困难		正在申请，并遇到困难		准备申请		其他	
	频数	百分比	频数	百分比	频数	百分比	频数	百分比	频数	百分比	频数	百分比
东部地区	92	39.66	28	12.07	24	10.34	3	1.29	38	16.38	47	20.26

（续表）

	不具备 登记条件		不想登记		正在申请， 无困难		正在申请， 并遇到困难		准备申请		其他	
	频数	百分比	频数	百分比	频数	百分比	频数	百分比	频数	百分比	频数	百分比
中部 地区	31	19.87	19	12.18	27	17.31	8	5.13	31	19.87	40	25.64
西部 地区	7	21.21	4	12.12	0	0	2	6.06	7	21.21	13	39.39
合计	130	30.88	51	12.11	51	12.11	13	3.09	76	18.05	100	23.75

受访社会组织的专业化发展水平普遍偏低。交互统计发现，东中西三大区域之间的社会组织专业化水平差异不大。不过，现有数据有趣的是，东部地区除了在专业社工的发展方面明显高于中西部地区之外，有专职人员和专业人士的社会组织占比明显低于西部地区；与此同时，中部地区在专职人员、专业社工和专业人员三个方面的发展水平都是最低的（见表5—19）。这可能和抽样中存在的误差以及由此而来的样本的代表性有较大关系。

表5—19　不同地区社会组织专业人员配置（%）

	有无专职人员		有无专业社工		有无专业人士	
	有	无	有	无	有	无
东部地区	27.97	72.03	27.04	72.96	21.02	78.98
中部地区	19.48	80.52	14.61	85.39	16.72	83.28
西部地区	39.83	60.17	16.10	83.90	32.20	67.80
合计	26.77	73.23	21.99	78.01	21.03	78.97

城市社区社会组织开展社区服务时，59.70%的社会组织是与居委会合作完成的；18.23%的社会组织是独立完成的；11.82%的社会组织

是与其他社会组织合作完成的；与政府部门合作完成的仅为 5.42%
（见表5—20）。交互统计发现，中部地区社会组织与居委会合作完成社
区服务的比例最高，为65.26%，高于东部地区的59.76%和西部地区的
44.92%；东部地区独立完成的比例最高，为20.54%，中西部地区则均
不到20.00%；选择与其他社会组织合作完成的比例最高的是西部地区，
为16.95%，其次是东部地区，比例为11.38%，中部地区为10.71%。

表5—20 不同地区社会组织与其他组织合作情况（%）

	独立完成	与其他社会组织合作完成	与居委会合作完成	与政府部门合作完成	其他
东部地区	20.54	11.38	59.76	4.41	3.90
中部地区	13.96	10.71	65.26	3.90	6.17
西部地区	17.80	16.95	44.92	14.41	5.93
合计	18.23	11.82	59.70	5.42	4.83

二、不同背景社会组织的发展状况比较

根据社会组织成立的不同背景，我们将社会组织区分为三种类型，
即政府背景、专业背景和其他背景。其中，政府背景包括由政府职能部
门推动成立、原有政府部门转制而成、居委会发起成立；专业背景包括
高校专家发起成立、专业机构发起成立、行业自发成立；其他背景则包
括社区居民发起成立、国内基金支持成立、港澳台机构发起成立、境外
基金或组织发起成立等。不同背景的社会组织发展状况存在差异。

社会组织提供社会服务的主要依据是居民需要，其次是居委会或社
区党支部的建议，不同背景的社会组织之间没有明显差异（见表5—
21）。不过，政府背景和专业背景的社会组织在将政府购买服务的清单
与指南作为提供社会服务依据的比例上，明显高于其他背景的社会组

织；而在将参照其他组织做法作为提供社会服务的依据方面，专业背景社会组织的比例相对高于政府背景和其他背景的社会组织。可见，不同背景的社会组织在与政府或其他组织的关系方面存在差异。

表5—21 社会组织提供社会服务的主要依据（%）

	政府购买服务的清单与指南	居民需要	参照其他组织做法	居委会或社区党支部建议	其他
政府背景	9.43	59.84	1.79	26.83	2.11
专业背景	10.00	60.00	5.00	25.00	0
其他背景	2.91	60.32	2.38	28.31	6.08
合计	7.01	60.02	2.07	27.34	3.55

调查显示，不同背景的社会组织在承接社区服务项目中主要面临的困难，既有共性也有差异性（见表5—22）。共性体现在资金不足方面，不论何种背景，均有70%以上的社会组织认为存在这个问题。差异性体现在：第一，相对于专业背景的社会组织而言，政府背景和其他背景的社会组织的专业水平不足；第二，专业背景社会组织在场地缺乏、居委会或基层政府配合不足这两方面的困难，明显小于政府背景和其他背景的社会组织；第三，其他背景的社会组织在人员配备方面更为困难；第四，尤为值得关注的是，在"无法获得服务对象的需求认知"和"群众不太信任社会组织"这两个困难方面，政府背景社会组织的比例最大，其他背景社会组织的比例最小。与2015年的数据相同的是，这说明其他社会组织确实更加贴近服务对象的需求并更能够获得群众的信任；相比2015年数据不同的是，政府背景社会组织与服务对象之间的关系显得更为疏远了。在抽样等方法层面偏差较小的情况下，这一点值得密切关注。

表5—22　不同背景社会组织在承接社区服务项目中主要面临的困难（%）

	专业水平不够	无法获得服务对象的需求认知	资金不足	缺乏场地	居委会或基层政府配合不足	群众不太信任社会组织	人手不足	其他
政府背景	57.14	23.87	73.87	44.60	9.06	15.16	45.12	6.62
专业背景	38.89	16.67	77.78	27.78	22.22	11.11	44.44	5.56
其他背景	44.97	14.50	76.04	49.41	6.80	7.40	31.36	8.28
合计	52.37	20.32	74.73	46.02	8.49	12.26	40.11	7.20

政府背景社会组织的负责人或核心骨干成员在基层社区治理体系中占据重要位置的比例更高（见表5—23）。数据显示，在政府背景的社会组织中，53.90%的负责人或核心骨干成员同时担任居委会主任或社区党支部书记，在其他背景的社会组织中，这一比例为17.99%，在专业背景的社会组织中，这一比例仅有15.00%；政府背景的社会组织中，14.93%的负责人或核心骨干成员同时担任街镇层面组建的共治议事机构、党建联建机构成员或街道办事处等政府机构组建的顾问委员会成员，这一比例高于其他背景社会组织和专业背景社会组织；在政府背景的社会组织中，有18.83%的负责人或核心骨干成员同时担任党代表角色，有15.42%的负责人或核心骨干成员同时担任人大代表，这一比例也高于其他背景社会组织和专业背景社会组织；在专业背景的社会组织中，有5%的负责人或核心骨干成员同时担任政协委员，高于另外两类组织。在其他背景社会组织和专业背景的社会组织中，负责人或核心骨干成员不担任社区治理网络中的其他任何角色的比例分别为72.75%和65%，这两种组织在这一比例上均远高于政府背景社会组织。

表5—23　不同背景社会组织负责人或核心骨干担任的角色情况（%）

	居委会主任或社区党支部书记	街镇层面组建的共治议事机构、党建联建机构成员	街道办事处等政府机构组建的顾问委员会成员	党代表	人大代表	政协委员	不担任以上任何角色
政府背景	53.90	8.44	6.49	18.83	15.42	1.79	39.45
专业背景	15.00	5.00	0	5.00	5.00	5.00	65.00
其他背景	17.99	6.35	5.29	8.20	5.29	2.91	72.75
合计	39.74	7.59	5.92	14.60	11.44	2.27	52.37

不同背景的社会组织的收入来源存在差异（见表5—24）。第一，专业背景的社会组织中，选择政府补贴、政府购买服务、政府奖励作为其收入来源的比例分别为40%、65%和25%，高于政府背景社会组织，其他背景社会组织的相应比例是最低的。可见，专业背景社会组织在提供社区服务的过程中，更多依赖政府的资源；而其他背景社会组织从政府获得的收入则相对较少。第二，专业背景社会组织的收入来源还集中在企事业单位捐赠、公众个人捐赠、面向个人消费者提供服务、国内基金会投入等方面，这些收入来源的比重明显高于其他两类组织。这表明，专业背景社会组织有着更为公益化的、面向市场的收入来源，是其专业性相对较高的一个标志。第三，专业背景社会组织中，选择居委会投入和其他作为收入来源的比例，远低于政府背景和其他背景社会组织。这表明，不同背景社会组织与基层社区的关系密切程度不同，得到来自基层社区的资金不同，专业背景社会组织在这方面要弱于政府背景和其他背景的社会组织等。

表5—24 不同背景社会组织的收入来源情况（%）

	政府背景	专业背景	其他背景	合计
政府补贴	33.33	40.00	18.63	27.97
政府购买服务	15.74	65.00	9.32	14.34
政府奖励	8.63	25.00	7.12	8.40
居委会投入	26.73	10.00	22.74	24.90
企事业单位捐赠	5.75	15.00	6.85	6.35
企事业单位购买服务	2.88	0	2.74	2.77
公众个人捐赠	4.74	10.00	7.67	5.94
面向个人消费者提供服务	4.74	25.00	7.67	6.25
国内基金会投入	0.68	20.00	0.55	1.02
境外资金扶持	0	0	0.27	0.10
会员会费	4.40	5.00	16.99	9.12
发起人自己出钱	9.48	10.00	22.74	14.45
其他	37.56	15.00	42.47	38.93

不同背景社会组织在社区治理中的角色存在一定的差异（见表5—25）。第一，政府背景的社会组织在协助政府部门维持社区秩序、帮助政府部门处理信访纠纷、参与解决物业纠纷等方面的比例分别为64.31%、45.54%、37.17%，明显高于其他两类组织的相应比例，这意味着政府背景社会组织在这三个方面扮演着更为重要的角色。第二，专业背景社会组织在参与组织居民自我管理方面的比例为62.50%，低于政府背景和其他背景社会组织；其他背景社会组织参与处理邻里矛盾的比例为64.14%，低于政府背景和专业背景的社会组织。第三，政府背景社会组织在社区治理的其他方面发挥作用的比例为8.36%，低于专业背景社会组织的18.75%和其他背景社会组织的12.07%，可见后两类社会组织在其他治理中具有一定作用。

表5—25　不同背景社会组织参与社区治理的情况（%）

	政府背景	专业背景	其他背景	合计
协助政府部门维持社区秩序	64.31	31.25	52.07	59.48
参与处理邻里矛盾	73.98	75.00	64.14	70.62
帮助政府部门处理信访纠纷	45.54	12.50	26.90	38.51
参与组织居民自我管理	79.37	62.50	77.24	78.32
参与解决物业纠纷	37.17	18.75	27.93	33.65
其他	8.36	18.75	12.07	9.83

第三节　主要结论与政策建议

通过此次调查，可以发现，我国城市社区社会组织总体发展态势良好，在社区治理和服务体系中拥有自己独特的位置，能够得到各类组织的支持，并与之合作，较好地参与到社区治理之中。而且，不同类型的社会组织在城市社区治理中发挥着各自不同的作用。不过，社区社会组织的发展还存在一些问题。

一、存在问题

（一）社会组织党建覆盖面不足

80%以上的被访社会组织内部还没有建立党组织。由此可见，城市社区社会组织的党建覆盖面还未达到中央的要求。2015年，中共中央办公厅印发了《关于加强社会组织党的建设工作的意见（试行）》，对社会组织党建工作的一些重要问题进行了明确规范。但是在实践中，有的社会组织把党的领导作用看作是"管控"，担心"一管就死"，在思想上、行动上带有一定程度的抵触情绪；有的社会组织则片面强调"自治"，对党的领导表面迎合、实则忽视，认为党的建设无关紧要，对党的工作不上心、不用心。

（二）社会组织的社会基础偏弱

在我国现有社会组织管理体制之下，社会组织成立过程中很大程度上与政府有关，60%以上的社会组织具有体制内背景。这一方面可以表明，基层政府、社区居委会等在培育孵化社会组织过程中起到了主导性作用；另一方面也说明，基层社会自我发起成立的社会组织所占的比重还不大。另外，调查数据也显示，不同背景的社会组织都还面对着"无法获得服务对象的需求认知""群众不太信任社会组织"等问题，这都表明社会组织与服务对象或者说基层群众之间的关系还存在疏远的现象，社会组织的社会基础有待加强。

（三）社会组织面临着资源瓶颈

社会组织普遍面临着较为突出的经费紧张、场地缺乏、人手不足等资源瓶颈问题，这些问题能否得到较好的解决，关系到社会组织能否获得可持续性的发展。无论是成立时的资金来源，还是运行中的收入来源，政府都是社会组织最主要的资源供给方，社会组织对于政府的依赖性很高。交互统计发现，政府背景和其他背景的社会组织，相对于专业背景社会组织而言，在拓展更为多样化的收入来源方面还存在一定的劣势。

（四）社会组织专业化水平欠缺

城市社区社会组织的专业化水平普遍偏低，高达72%以上的社会组织缺少专职人员、专业社工和专业人士等。交互统计发现，不同类型的社会组织专业化水平存在较为明显的差异，其中，社会团体的专业化水平相对于民办非企业单位和基金会而言是最低的。

（五）社会组织的治理角色不清

在现有的社区治理体系中，不同背景社会组织参与社区治理时的角色还存在较大差异。政府背景的社会组织在社区治理中发挥着更为重要的作用，其负责人或核心骨干成员在基层社区治理体系中占据重要位置的比例也更高。相比而言，专业社会组织的专业性和草根社会组织的草根性，还未能在现有社区治理体系中将其特色作用充分地发挥出来。

二、对策建议

面对社区社会组织在发展过程中存在的上述问题，需要多元主体整合多种资源从多个方面对症施策。本章从社会组织的党建工作、社会基础、资源来源、专业水平、治理角色等方面提出如下政策建议。

（一）深入推进社会组织的党建工作

党在社会治理过程中是领导核心，推进社会治理须臾不可脱离党总揽全局、协调各方的核心作用。加强社会组织党的建设，着力点在于党的组织建设全覆盖，关键点在于党的治理责任全覆盖。一方面，需要着力解决社会组织党建工作的主体责任问题，根据社会组织的不同类型，明确抓党建的责任主体、建设进度和管理体制；另一方面，需要着力解决好社会组织党建工作的内容问题，发掘基层社会组织党建的典型做法，真正将党建工作和社会组织的发展融合起来。

（二）加强社会组织的社会基础建设

社会组织尤其是社区社会组织只有植根于基层、植根于社区、植根于居民的日常生活，才能真正得到社会认可，才能拥有厚实的社会基础。一方面，要根据中央的要求，大力发展社区社会组织，鼓励社区居民自发成立贴近社区生活的社会组织；另一方面，拉近政府背景和专业背景社会组织与社区居民的关系，通过接地气的服务和多样化的活动，协助党委、政府、社区居委会解决社区居民迫切的现实问题，提高社区居民的认可度，增进社区居民的参与热情。

（三）拓宽社会组织的资源来源渠道

资金、场地、人员等资源，是社会组织生存和发展的基础。一方面，政府需要进一步加强对于社会组织的扶持力度。政府应采取积极有效的措施，从制度建设、政策扶持等方面为社区社会组织的发展营造良好环境，尤其是应通过财政拨款、项目引导、购买服务、税收优惠等方式，帮助社会组织冲破资源瓶颈。另一方面，需要进一步培育社会组织争取多样化资源的能力，使其通过学习专业社会组织的项目策划、申报和运营程序，赢得更加多样化的社会资源支持。

（四）提升社会组织的专业发展水平

社会组织的专业化水平是其发展程度的一个重要指标。不过，提升社会组织的专业化水平是一个系统工程，涉及方方面面，并非一日之功。一方面，需要解决专业人员的激励问题，换言之，如何能够吸引并留住专业人员。这就涉及社会组织如何争取更多资源，如何建立稳定的项目来源，如何制定合理的激励机制等问题。另一方面，国家需要大力培养适合不同类型特别是专业型社会组织的专业人才，加强对社会工作从业人员的培育和管理工作。

（五）厘清社会组织的社区治理角色

不同类型社会组织在社区治理中扮演何种角色，如何配合党委政府、社区居委会实现对于社区的善治，是基层仍在探索的问题。一方面，需要在继续支持政府背景社会组织的同时，鼓励专业社会组织在社区治理中发挥更为重要的作用，吸收社会组织主要负责人进入到基层自治、共治或协商议事的平台中参与决策；另一方面，需要鼓励社会组织向不同方向发展，除了互益型社区社会组织之外，扶持公益型和权益型社区社会组织的发展，直面社区居民的现实问题。

第六章　社会工作者参与社区治理

社会工作（Social Work）旨在帮助社会上的贫困者、老弱者、身心残障者及其他特殊人群，预防和解决各种问题，提高社会福利水平和社会生活素质，实现个人和社会的良好互动。党的十六届六中全会上通过的《中共中央关于构建社会主义和谐社会若干重大问题的决定》，提出了推进社会工作发展的迫切任务，社会工作人才对构建社会主义和谐社会有着重要作用。

专业的社会工作者（Social Worker）以助人为宗旨，运用专业的知识和方法，进行困难救助、矛盾调解、权益维护、心理辅导、行为矫正、协调社会关系、预防和解决社会问题，在促进社会公正方面起着重要的作用，是现代社会管理与服务的重要力量。在西方发达国家，社会工作历时悠久，社会工作者数量庞大且受过良好的专业培训。自改革开放以来，我国经济体制变革，社会结构调整，思想观念变化，为我国经济社会注入巨大活力的同时，也带来很多问题。各种社会矛盾凸显，社会问题涌现，迫切需要大量社会工作者协助党和国家化解矛盾，解决问题。

社区是社会治理的最基本单元，也是社会工作者工作的最主要场所，本章以社会工作者以及其参与社区治理为主要内容，首先分析社会工作者的现状，之后讨论其参与社区工作的状况，最后对社会工作现存的问题进行讨论，并提出政策建议。

第一节　社会工作者的基础状况

一、调查问卷说明

1. 问卷中的调查对象是被抽中填写"社区治理现状综合调查问卷"居委会负责人推荐的专业社会工作者，是个人调查，共1080人。

2. 被访者必须持有国家或地方颁发的社工资格证。

3. 每个社区访谈1—2份社会工作者问卷。其中：社区中社工填答1份，在该社区开展工作、提供服务的社会组织社工填答1份。如果两类社工都有，最多填答2份问卷；如相应类型社工缺失，无须替补，请访问员记录调查情况。

4. 如非特别说明，每题均只选1个选项。

二、调查样本的地域分布情况

调查数据显示（见表6—1），天津市、上海市、江苏省、浙江省、北京市、四川省和广东省位于被调查社工所属地域的前七位。其中来自天津市的社工共有489人，在总数中所占比例最高，为45.3%；来自上海市、江苏省和浙江省的社工人数紧随其后，分别为102人、101人和82人，所占比例分别为9.4%、9.4%和7.6%。来自北京市、四川省、广东省和湖北省的社工人数也相对较多，分别为55人、48人、41人和30人，所占比例为5.1%、4.4%、3.8%和2.8%。辽宁省、黑龙江省、安徽省、福建省、山东省、湖南省和陕西省人数相对较少，分别为19人、14人、27人、20人、13人、17人和10人，所占比例为1.8%、

1.3%、2.5%、1.9%、1.2%、1.6%和0.9%。来自河北省、内蒙古自治区、吉林省、河南省、海南省以及甘肃省的社工最少，分别为1人、2人、2人、2人、1人和4人，所占比例分别为0.1%、0.2%、0.2%、0.2%、0.1%和0.4%。

表6—1 调查样本地域分布表（单位：个,%)

地域	频数	百分比	地域	频数	百分比
北京市	55	5.1	福建省	20	1.9
天津市	489	45.3	山东省	13	1.2
河北省	1	0.1	河南省	2	0.2
内蒙古自治区	2	0.2	湖北省	30	2.8
辽宁省	19	1.8	湖南省	17	1.6
吉林省	2	0.2	广东省	41	3.8
黑龙江省	14	1.3	海南省	1	0.1
上海市	102	9.4	四川省	48	4.4
江苏省	101	9.4	陕西省	10	0.9
浙江省	82	7.6	甘肃省	4	0.4
安徽省	27	2.5	合计	1080	100

三、社会工作者的性别构成情况

从性别构成上来看，在接受调查的1080位专业社会工作者中，男性调查者共有198人，占总数的18.3%。女性共有882人，占总数的81.7%（见表6—2）。在2015年接受调查的462人中，男性占被调查人数的21.5%，女性则占78.5%。与之相比，2016年专业社会工作者的性别构成并没有显著变化。

表6—2 受访社会工作者的性别分布表（单位：个，%）

性别	频次	百分比
男	198	18.3
女	882	81.7
合计	1080	100

四、社会工作者的年龄状况

如表6—3所示，从年龄分布来看，参与调查的社工最小年龄为18岁，最大为68岁，平均年龄为37岁，年龄的中位数为36岁。

表6—3 受访社会工作者的年龄状况（单位：岁）

年龄极大值	年龄极小值	年龄中位数	年龄平均值
68	18	36	37

具体到不同的年龄组，年龄在25岁以下的受访社工共有45名，占总数的4.17%；26岁到35岁的社工是受访社工的中坚力量，共518名，占总数的47.96%，接近被调查人数的一半；36岁到45岁的社工共有327名，占总数的30.28%；46岁到55岁的社工有174名，占总数的16.11%；56岁及以上的社工共有16名，占总数的1.48%（见图6—1）。从数据上可以看出，参与社会工作的人群以中青年人群为主，总体比较年轻。随着年龄增长，参与社区工作的人数逐渐减少。一方面意味着社会工作者的队伍总体非常年轻有活力，另一方面也意味着这一职业很难吸引人才在行业内持续发展。

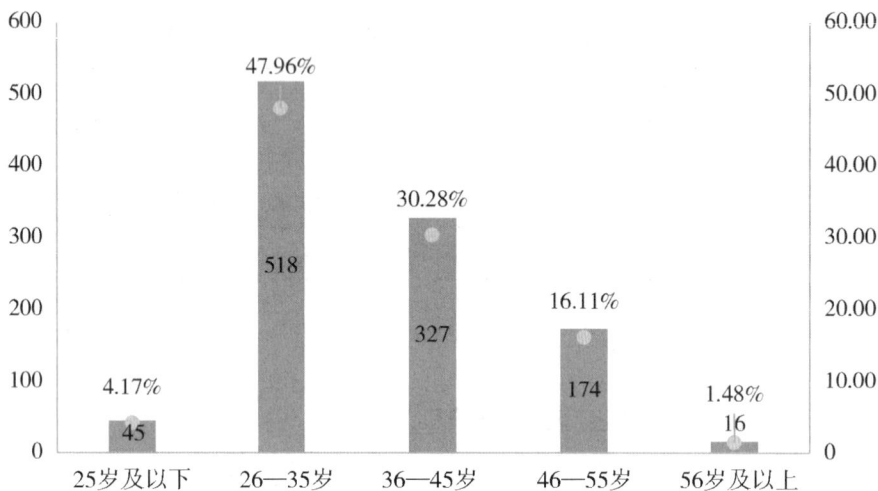

图6—1 受访社会工作者的年龄分布图（单位：个,%）

五、社会工作者接受专业教育状况

虽然从事社会工作的人越来越多，但是接受过专业社工教育的人数却不多。从数据上来看，受访社工中仅有153人接受过专业社工教育，占总数的14.2%；而未接受过专业社工教育的社工为927人，占总数的85.8%（见表6—4）。与前一年的数据相比，这一数字未升反降。在2015年被调查的社工中，24.9%接受过专业社工教育，75.1%未接受过专业社工教育。

表6—4 社会工作者受专业社工教育状况（单位：个,%）

有无社工教育经历	频次	百分比
有	153	14.2
没有	927	85.8
合计	1080	100

社会工作的定义主要强调两个方面，其一为以利他主义为指导，其二为运用科学的方法为人们提供帮助。不论理念还是方法都需要以专业的培训作为基础。然而从数据上看，大部分被调查者都没有受到过专业培训，缺乏与社会工作专业相关的理论、方法和有关知识，在今后这方面的培训需要加强重视。

六、社会工作者（社工专业教育经历）的教育程度

在接受过专业教育的社会工作者之中，教育等级分别为社工专业大专、社工专业本科以及社工专业硕士及以上。在受访者中，受过社工专业培训的大专和本科工作人员居多，数量分别为 70 人和 73 人，有效百分比占总数的 48.3% 和 50.3%；而受过社工专业硕士及以上培训的人员只有 2 人，有效百分比占总数的 1.4%（见表6—5）。

表6—5　社会工作者受专业教育程度分布（受过专业教育）（单位：个,%）

专业教育程度	频次	百分比	有效百分比
社工专业硕士及以上	2	0.2	1.4
社工专业本科	73	6.8	50.3
社工专业大专	70	6.5	48.3
合计	145	13.4	100

可见，在受到过专业培训的社会工作者中，学历层次也相对较低。大部分为大专或者本科，而受到过硕士及以上专业培训的人非常稀少。可见社会工作的人才培训不仅要在数量上有所增加，也要在培训的层次上逐步提高。

七、社会工作者（非社工教育经历）的教育程度

除了专业教育之外，社会工作者的非社工教育经历也十分重要。在调查样本中，受过非社工教育的社会工作者共有935人，占样本总数的86.5%；而不适用的145人接受的是专业的社工教育（见表6—6）。

表6—6　社会工作者（非社工教育经历）的教育程度分布（单位：个, %）

教育程度	频次	百分比	有效百分比
硕士及以上	11	1.0	1.2
本科	499	46.2	53.4
大专	331	30.6	35.4
高中及以下	94	8.7	10.0
小计	935	86.5	100
不知道	0	0	0
拒绝回答	0	0	0
不适用	145	13.5	0
合计	1080	100	86.6

在未受过社工专业教育的社会工作者中，普遍的教育程度亦不高。在接受调查的社工中，硕士及以上学历的仅占1.2%；本科学历的占比最高，为总数的53.4%；大专学历占35.4%；高中及以下学历的占10.0%（见图6—2）。

由数据可见，在我国的社会工作行业内，不仅对社会工作者的专业学历没有严格的要求，而且对其整体学历亦没有很高要求，有大专以及本科学历的人参与社工工作最多。

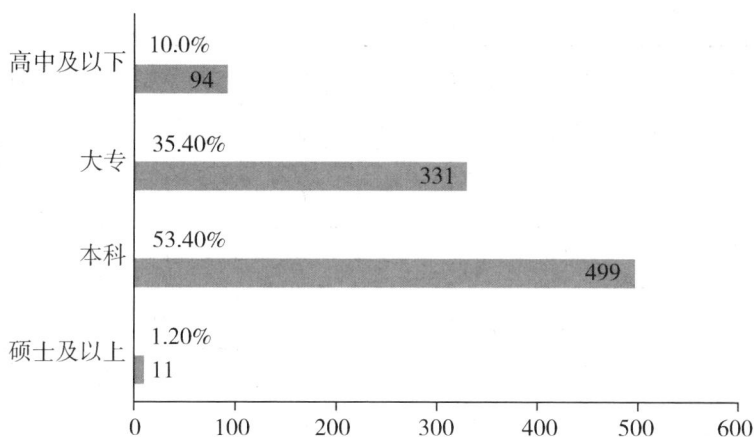

图6—2 社会工作者的（非社工）教育程度（单位：个，%）

八、社会工作者的社会工作资格证持有情况

在接受调查的社会工作者中，持有国家中级资格证（社会工作师）的社会工作者共有174人，有效百分比为16.2%；持有国家初级资格证（助理社工师）的共有384人，有效百分比为35.8%；持有本地区颁发的社工资格证（社工员）的人数最多，共有516人，有效百分比为48%（见表6—7）。

表6—7 社会工作者持社工证情况分布（单位：个，%）

	频次	百分比	有效百分比
持有国家中级资格证(社会工作师)	174	16.1	16.2
持有国家初级资格证(助理社工师)	384	35.6	35.8
本地区颁发的社工资格证(如社工员等)	516	47.8	48.0
合计	1074	99.4	100

（续表）

	频次	百分比	有效百分比
不知道	6	0.6	0
拒绝回答	0	0	0
不适用	0	0	0
合计	1080	100	99.4

由调查可知，社会工作者基本上全部持证上岗，但是持相对高等级证书的社会工作者仍仅占少数。然而，与2015年相比，虽然样本中持中级证书和初级证书的人数比例有所下降，但基础持证人员的数量仍有显著提高。2015年，未持证人数占调查者的18%。2016年，持本区颁发的社工资格证成员从21%提升至48%，基本上社工都持有社工证件（见图6—3）。

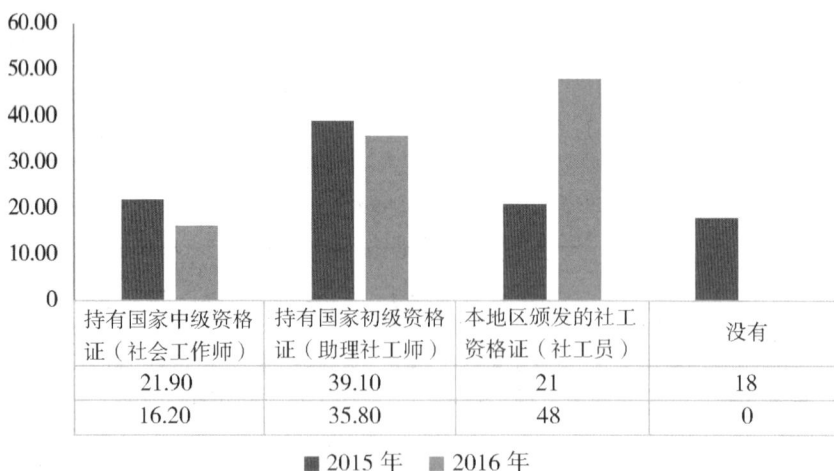

持有国家中级资格证（社会工作师）	持有国家初级资格证（助理社工师）	本地区颁发的社工资格证（社工员）	没有
21.90	39.10	21	18
16.20	35.80	48	0

■ 2015年　■ 2016年

图6—3　2015/2016年社会工作者持证情况对比（%）

九、社工人员所属组织

从社会工作者所属组织来看，在社区中工作的社工共有 1003 人，在总数中占 92.9%；在社会组织中工作的社工共有 77 人，占总数的 7.1%。可见社区是社会工作者工作的主要阵地（见表 6—8）。

表 6—8　社会工作人员所属组织分布（单位：个，%）

社工所属组织	频次	百分比
社区	1003	92.9
社会组织	77	7.1
合计	1080	100

十、社会工作者的工龄分布

从社会工作者的工作年限上来看，参与调查者工作的最长时间为 34 年，平均工作年限为 5.59 年，中位数为 5 年，可见这一工作流动性较强（见表 6—9）。

表 6—9　社会工作人员工龄分布（单位：个）

频次	极小值	极大值	中位数	均值	标准差
1076	0	34.00	5.00	5.59	4.18

社会工作者的工龄大部分集中在 15 年以下，年龄越大的社会工作者相对从事社工的年限也比较长，但是趋势并不是特别明显（见图 6—4）。也就是说，基本上年龄大的社会工作者都是在持续做之前的工作，而非新加入的社工成员。

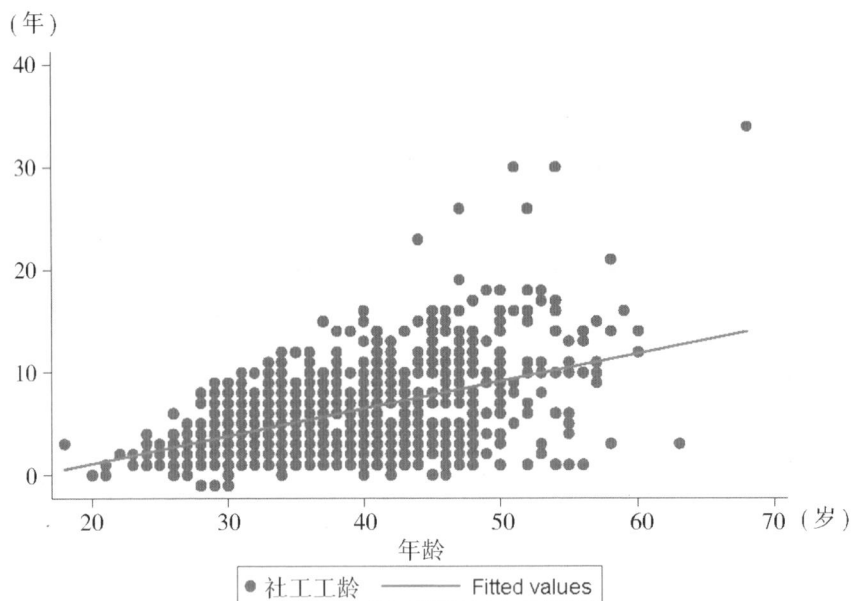

图6—4　社工年龄与工龄关系

第二节　社会工作者的职业发展状况

虽然我国对社会工作者的需求量很大，但是社工工作普遍强度较大，收入相对其他职业较低，这也成为社会工作职业发展的瓶颈。本节将通过数据观察社会工作者的职业发展状况，并对影响社会社工工作发展的因素进行分析。

一、社会工作者的职业付出与报酬

（一）社会工作者加班十分普遍

社会工作者从事的服务工作很多，加班非常普遍。从参与调查的社会工作者来看，有948人表示在工作中会加班，占到总数的87.8%（见表6—10）。

表6—10　**是否加班**（单位：个，%）

	频次	百分比
是	948	87.8
否	132	12.2
合计	1080	100

（二）社会工作者加班较为频繁

不仅大部分的社会工作者需要加班，而且近一半的人员需要频繁加班。除去132人不适用的回答，在接受访谈的社会工作者中，表示需要频繁加班的共有392人，占有效百分比的41.4%，接近总数的一半（见表6—11）。

表6—11　**频繁加班**（单位：个，%）

取值	频次	百分比	有效百分比	累积百分比	有效累积百分比
是	392	36.3	41.4	36.3	41.4
否	555	51.4	58.6	87.7	100
合计	947	87.7	100	—	—
不知道	1	0.1	0	87.8	—
拒绝回答	0	0	0	87.8	—
不适用	132	12.2	0	100	—
合计	1080	100	87.7	—	—

（三）社会工作者收入水平普遍偏低

从接受调查的社会工作者来看，年收入的平均值在 3.55 万元，中位数为 3.6 万元，最高收入为 20 万元（见表 6—12）。

表 6—12　社会工作者年收入（单位：万元/人）

频次	中位数	均值	标准差
1075	3.60	3.55	1.78

年收入在 2 万至 4 万元的社会工作者占到总数的 63%；年收入在 2 万元以下，以及在 4 万到 6 万元之间的分别占 16% 和 18%。年收入在 6 万元到 8 万元的仅占总数的 3%，而 8 万元以上的占 1%。与 2015 年相比，年收入在 2 万元以下的社会工作者比例逐渐减少，而年收入在 2 万元到 4 万元，以及 4 万元到 6 万元的群体逐渐增加（见图 6—5）。由此可见，虽然社工整体收入仍处于偏低的状态，但是随着国家和社会对这一群体的重视，社会工作者的整体收入状况有所提升。

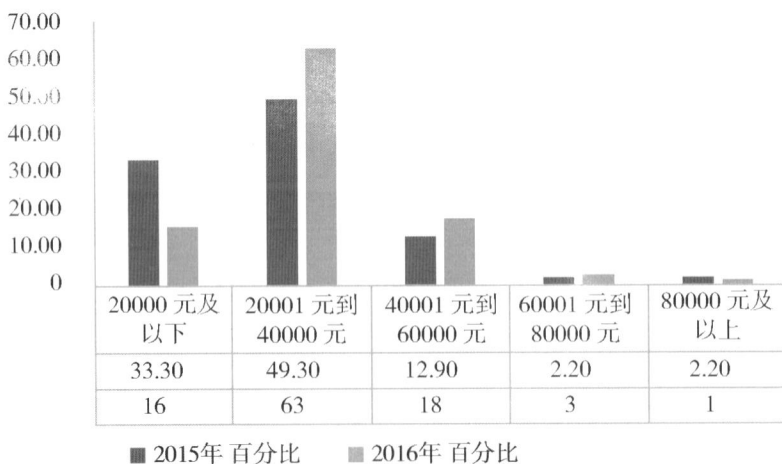

	20000 元及以下	20001 元到 40000 元	40001 元到 60000 元	60001 元到 80000 元	80000 元及以上
	33.30	49.30	12.90	2.20	2.20
	16	63	18	3	1

■ 2015年 百分比　■ 2016年 百分比

图 6—5　2015/2016 年社会工作者收入分布对比（单位：元，%）

（四）　工龄是影响社工收入的最主要因素

社会工作者的年收入可能受到多方面的影响，其中性别、年龄、是否接受过教育、是否拥有社工工作证以及工龄等因素都可能成为影响社工收入的重要原因，本节也从这几方面出发对其进行考察。在性别变量中以女性为参照组，观察男性对收入的影响；在是否持有社工证的变量中，以持有本地区颁发的社工资格证为参照组，观察持有国家初级以及中级社会工作师资格证的收入情况。

表 6—13　影响社会工作者年收入因素分析 OLS 模型

	年收入			
	模型一	模型二	模型三	模型四
社工性别（男）	.2704886	.2230762	.2590732	.2599135
社工年龄	-.010879		-.0352646***	-.0355301***
社工是否接受过教育（是）	.1958254	.2033581	.172555	.1783767
社工拥有社工工作证情况	-.0122901	.0310901		.0487503
社工工龄		.057552***	.0937117***	.0951099***
社工加班情况（是）	1.156803***	.9754477***	.9903896***	.9879568***
截距	2.853206***	2.243886***	3.361831***	3.301033***

注：*** p<0.01，** p<0.05，* p<0.1。

在表 6—13 中，可以看到，性别在影响社工群体收入中起到的作用微乎其微。虽然数据上显示男性的收入略高于女性，但是结果并不显著。在未控制社工的工龄时，社工年龄对收入的影响并不显著。在控制社工工龄之后，可以看到社工年龄对收入有微弱的影响，年龄增大，收入却有所降低，这可以从侧面看出，目前，我国社工工作还未为年龄偏大者提供一个很好的工作空间。从数据上看，持有本地区颁发的社工资格证和国家级证书对社工收入并没有显著的影响。而社工工龄和加班与否是两个影响社工收入的最重要因素。数据显示，相对于不加班的社工，加班会增加社工的收入。与此同时，无论是否控制年龄，社工工龄越长，收入也越高。可见，目前社工的收入与工作的时间和社会工作方面的相关经验有着重要的关联。

二、社会工作者的工作状况

（一）社工工作数

从整体来看，2016年社会工作者个案项目的平均数为132.05个，但是中位数为10个，可见社会工作者平均每年项目数量主要为10个左右（见表6—14）。

表6—14　社会工作者的个案项目数（单位：个）

频次	中位数	均值	标准差
1054	10.00	132.05	338.75

在年龄分布上，30—50岁的社会工作者从事的工作项目数相对最多，25岁以下和55岁以上的社会工作者工作数量相对较少（见图6—6）。

与个案项目数相比，小组的工作项目数目略少。中位数为6个，均值为33.51个（见表6—15）。

表6—15　社会工作者小组工作项目数（单位：个）

频次	中位数	均值	标准差
1057	6.00	33.51	104.04

个案工作数（项）

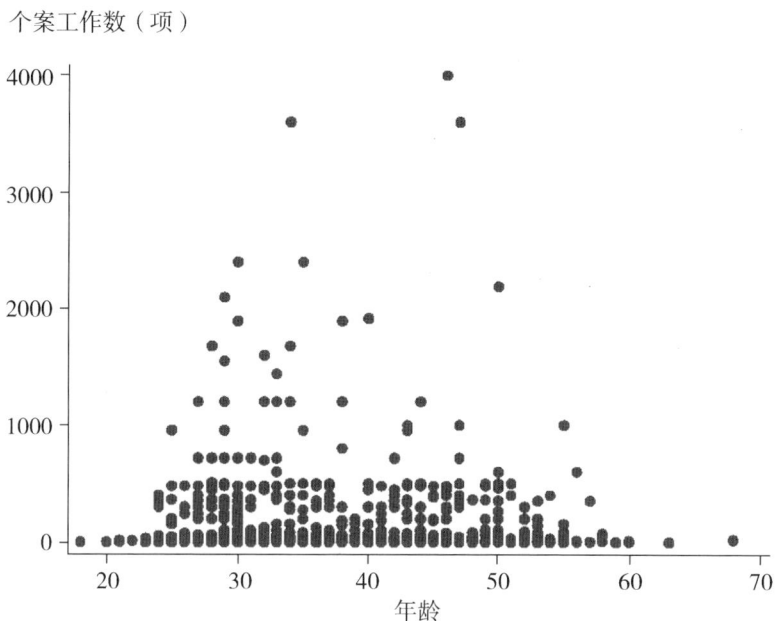

图6—6 社会工作者从事工作项目数与年龄关系

（二）项目计划、记录与评估状况

在项目的计划与记录方面，社会工作者所在的机构做得较好。接近50%的受访者表示经常对项目进行需求评估，并且经常为项目制订计划书。80%的受访者表示经常采用工作记录制度。在引入督导制度和开展项目执行状况评估方面，社会工作者所在机构略显薄弱。经常引入督导制度和开展项目执行状况评估的机构均在50%以下，而从不引入督导制度和开展项目执行状况评估的机构则在15%以上（见图6—7）。

在受访者中，69.5%的人表示了解评估是如何进行的，30.5%的受访者表示不了解（见图6—8）。

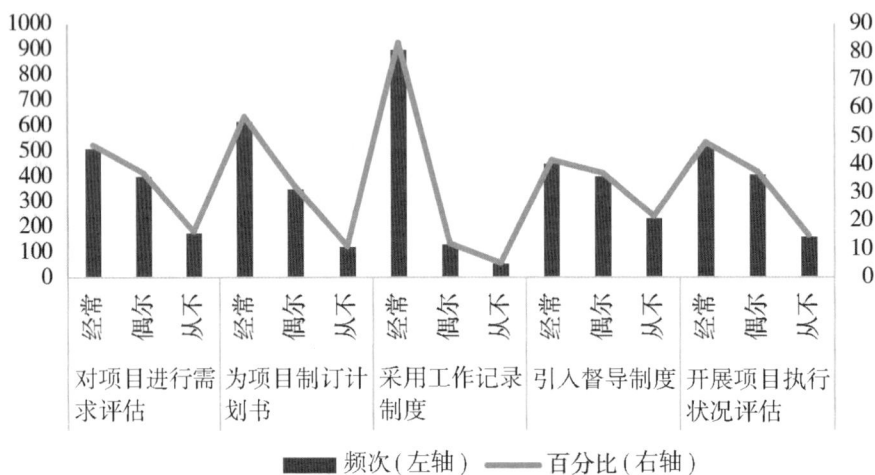

图6—7　所在机构的项目制定与评估（单位：个，%）

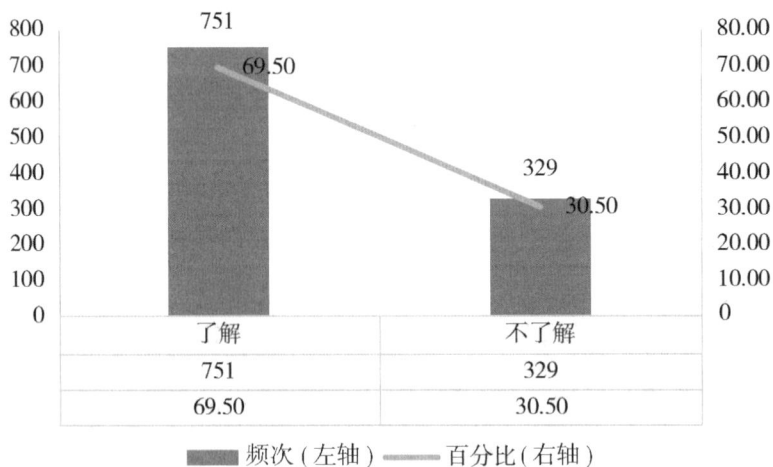

	了解	不了解
	751	329
	69.50	30.50

■ 频次（左轴）　── 百分比（右轴）

图6—8　是否了解评估（单位：个，%）

了解评估的受访者表示，在评估的方式中，16.6%是由项目委托单位直接评估，49.4%是由机构自评，29.4%是由第三方评估，4.7%为其他方式评估（见图6—9）。可见目前社会工作者的工作以自评为主，他评为辅。

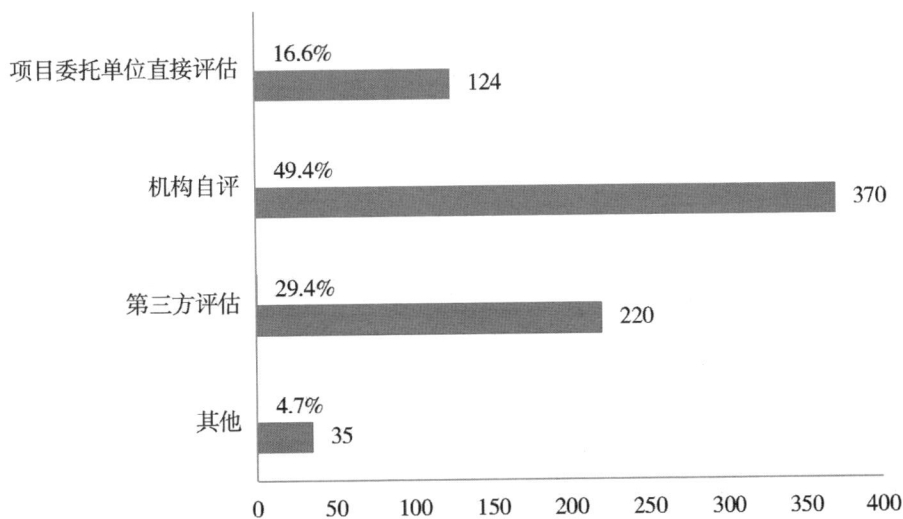

图6—9 评估的方式（单位：个,%）

（三）社工普遍认为培训很重要

大部分社会工作者表示在工作中都可以得到持续的针对性培训，所占比例接近81.7%（见图6—10）。培训时间从0到2000小时不等，平均值为71.23小时，中位数为60小时（见表6—16）。

表6—16 培训时间（单位：小时）

频次	极小值	极大值	中位数	均值	标准差
881	0	2000.00	60.00	71.23	97.60

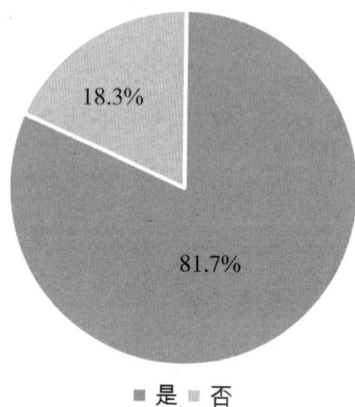

图6—10　是否有针对性培训（%）

　　从社工工龄上来看，较为年轻的社会工作者培训的时间较长，工龄在10年以下的社会工作者培训时间最多的是1人接近2000小时，也有许多在500—1000小时的区间范围内（见图6—11）。而随着社工工龄的增加，整体的培训时间略微减少，但可能会持续相当长一段时间。

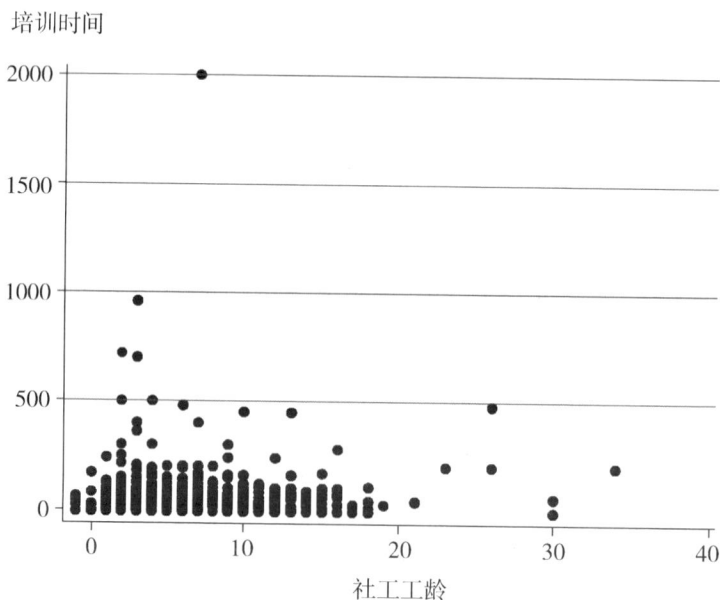

图6—11　社工的培训时间与工龄（单位：小时，岁）

在受访的社会工作者中，有 332 人，占整体比例 30.70%的人认为培训效果非常显著；有 703 人，占 65.10%的人认为有一定效果；只有 3.30%的人认为效果不明显（见图 6—12）。可见社工培训对社工工作始终起到重要的作用。

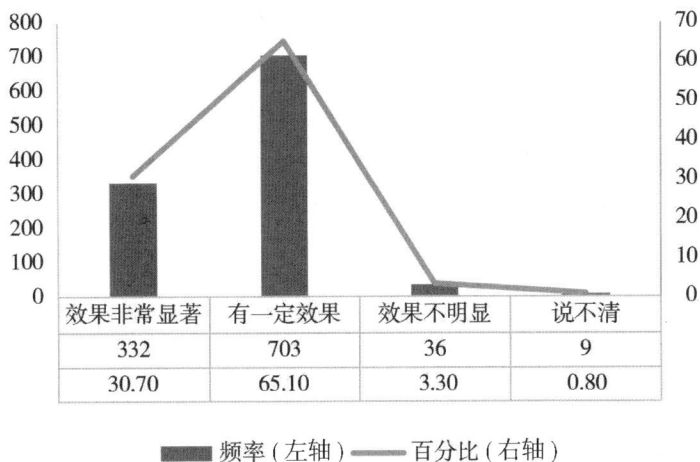

效果非常显著	有一定效果	效果不明显	说不清
332	703	36	9
30.70	65.10	3.30	0.80

■ 频率（左轴）—— 百分比（右轴）

图 6—12　对培训的整体评价（单位：个，%）

三、社会工作者面临的外部环境

除了社会工作者的努力与付出之外，其所面临的外部环境也对其职业发展有着重要影响。这其中既包括与党和政府的关系，也包括与社会组织和服务对象的关系，下面将主要就这几方面进行分析。

（一）社工工作主要需要政府配合

社会工作者开展工作与其他组织的配合密不可分，从图 6—13 可以看出，街道办事处及其他政府机构所占比例最高，占整体的 55.83%；社会组织或基层群众团体所占比例仅居其后，与居委会或社区党支部比例接近，分别为 22.87%和 20.37%。

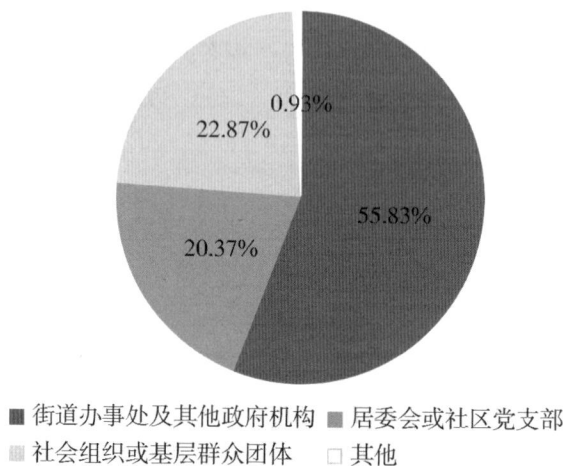

图6—13 社会工作者的工作需要哪些组织配合（%）

（二）社会工作者与几类组织之间的关系

社会工作者与群众兴趣团体和社会组织之间的关系主要以合作伙伴的形式存在，少数情况下是一种上下级关系，与社会组织偶尔存在竞争关系，而与街道办主要为上下级关系（见图6—14）。

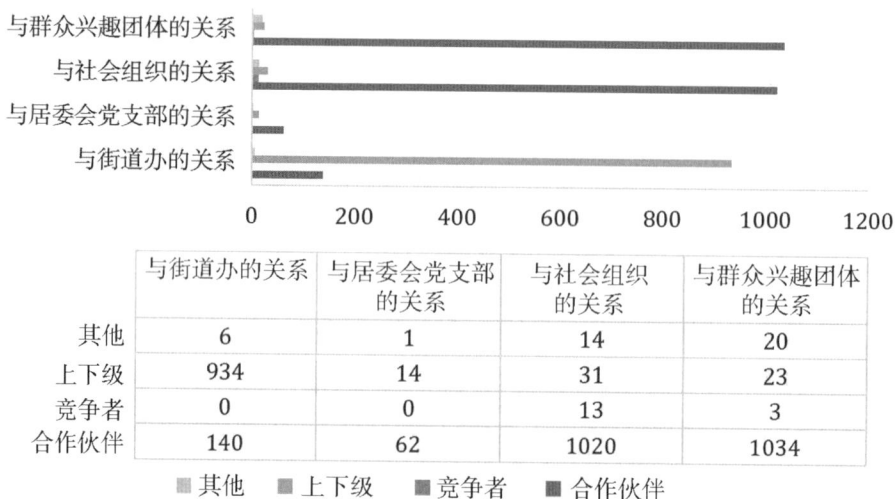

	与街道办的关系	与居委会党支部的关系	与社会组织的关系	与群众兴趣团体的关系
其他	6	1	14	20
上下级	934	14	31	23
竞争者	0	0	13	3
合作伙伴	140	62	1020	1034

▦其他　▤上下级　▦竞争者　▦合作伙伴

图6—14 社会工作者与其他团体之间的关系（单位：个）

虽然社会工作者普遍需要居委会或社区党支部的支持，但大部分受访者在回答与居委会或党支部的关系时选择了不适用（见图6—15）。

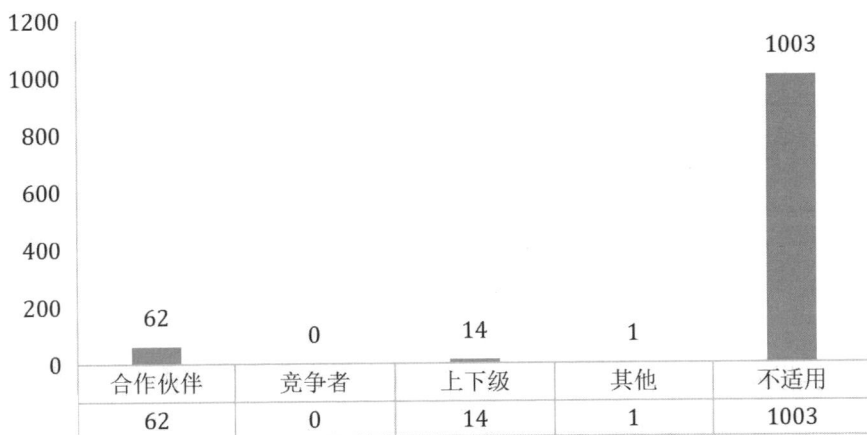

合作伙伴	竞争者	上下级	其他	不适用
62	0	14	1	1003

图6—15　社会工作者与居委会党支部的关系（单位：个，%）

（三）政府对社工工作有一定扶持力度

在与政府合作的过程中，有25.3%的受访者认为政府对社工的扶持力度很大；60.1%的受访者认为政府有一定扶持；仅有11.8%的人认为政府的扶助力度较小（见图6—16）。

（四）社会工作者的目标服务人群以老人和女性为主

社会工作者服务的人群十分多样，从总体来看，主要是社会上界定的特殊群体，具体可分为儿童与青少年、老年人、残障人士、贫困或失业者、妇女、社区矫正工作对象、需心理疏导人群、需卫生服务人群、处于矛盾人群、信访人士及其他人士。

如表6—17到表6—21所示，在社会工作者服务的各类人群中，老年人所占的次数最多，共869个，服务过老年人的社会工作者达

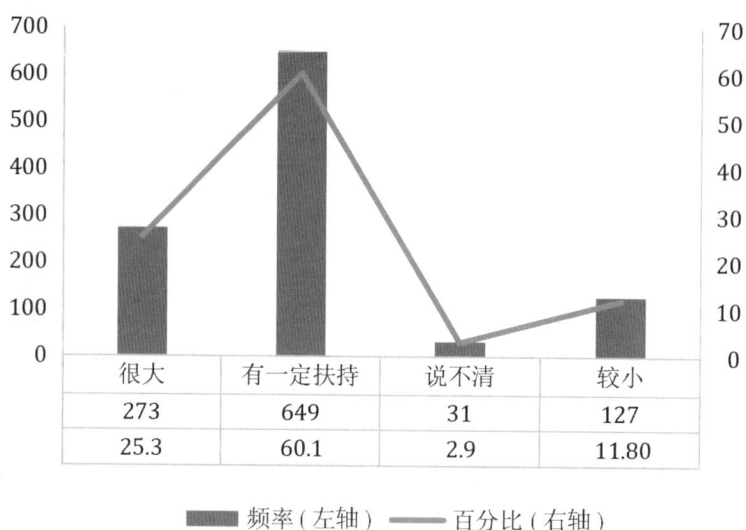

	很大	有一定扶持	说不清	较小
	273	649	31	127
	25.3	60.1	2.9	11.80

▮ 频率（左轴）　—— 百分比（右轴）

图6—16　政府对社工的扶持力度（单位：个，%)

80.5%；服务过妇女和儿童与青少年的社会工作者紧随其后，分别为776个和718个，达到总数的71.9%和66.5%。这里服务过的老年人和妇女的类别之间或有重叠；服务过社区矫正工作对象、需卫生服务人群以及信访人士的社会工作者最少，分别为336个、368个和379个，占总数的31.1%，34.1%和35.1%。

表6—17　社会工作者服务人群（单位：个，%)

儿童与青少年	频次	百分比
否	362	33.5
是	718	66.5
合计	1080	100

（续表）

老年人	频次	百分比
否	211	19.5
是	869	80.5
合计	1080	100

表6—18 社会工作者服务人群（单位：个,%）

残障人士	频次	百分比
否	384	35.6
是	696	64.4
合计	1080	100
贫困或失业者	**频次**	**百分比**
否	371	34.4
是	709	65.6
合计	1080	100

表6—19 社会工作者服务人群（单位：个,%）

妇女	频次	百分比
否	304	28.1
是	776	71.9
合计	1080	100
社区矫正工作对象	**频次**	**百分比**
否	744	68.9
是	336	31.1
合计	1080	100

表6—20 社会工作者服务人群（单位：个，%）

需心理疏导人群	频次	百分比
否	675	62.5
是	405	37.5
合计	1080	100
需卫生服务人群	频次	百分比
否	712	65.9
是	368	34.1
合计	1080	100

表6—21 社会工作者服务人群（单位：个，%）

处于矛盾人群	频次	百分比
否	594	55.0
是	486	45.0
合计	1080	100
信访人士	频次	百分比
否	701	64.9
是	379	35.1
合计	1080	100

图6—17描述的是社会工作者服务的每一个类别在所有类别中所占的比例。虽然吸毒者、需心理疏导人群以及需卫生服务人群非常需要社会工作者的帮助，但在服务人群的类别中，所占比例却非常低。而在西方国家中，这方面的服务相对比较发达，这可能与我国社会工作者所受社工专业教育程度较低有关。

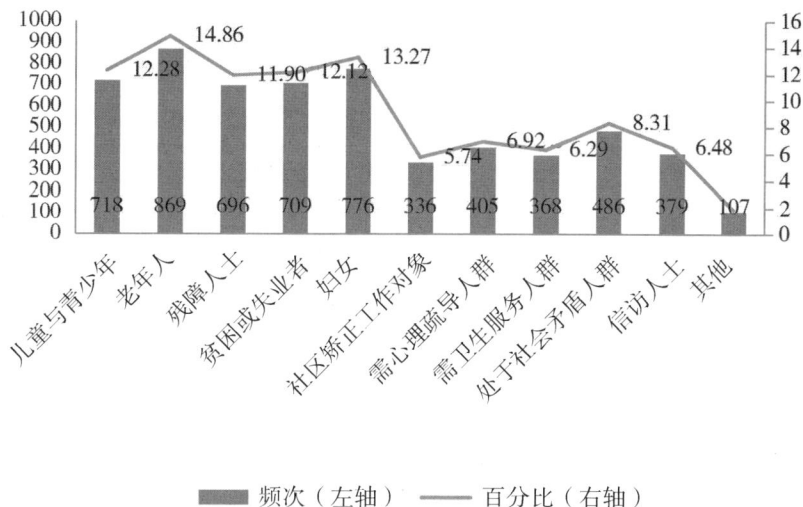

图6—17　社会工作者服务人群分布（单位：个，%）

第三节　社会工作者职业发展面临的问题与困境

一、社会工作面临的困难及发展

社会工作者在我国虽然发展迅速，但是也面临着许多现实的障碍，成为未来发展的制约与瓶颈。经费不足及不到位、上级干预、服务对象不配合、自身专业能力不够都可能是影响社会工作发展的重要原因。

（一）经费不足

经费不足是目前制约社工发展的重要因素，2015年的报告显示，在回答"作为社工遇到过哪些问题"的调查时，60.2%的被访者认为是经费不足。在 2016 年的数据中，当问起作为社工遇到过哪些问题时，仍有 57% 的人认为经费不足是其中一项（见表6—22）。

表6—22　社会工作者遇到的问题：经费不足（单位：个，%）

取值	频次	百分比	有效百分比	累计百分比	有效累计百分比
否	465	43.1	43.1	43.1	43.1
是	614	56.9	56.9	99.9	100
小计	1079	99.9	100	—	—
不知道	0	0	0	99.9	—
拒绝回答	0	0	0	99.9	—
不适用	1	0.1	0	100	—
合计	1080	100	99.9	—	—

（二）经费有保障，但常常难以及时到位

在社会工作者的回答中，普遍认为经费不足而非经费不到位是最严重的问题。在回答中，只有 36.42% 的人认为有经费保障，但是难以及时到位（见图6—18）。

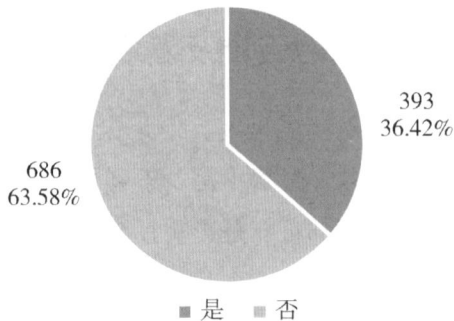

393
36.42%

686
63.58%

■ 是　■ 否

图6—18　有经费保障，但常常难以及时到位（单位：个，%）

（三）政府干预

在程序和干预问题上，76.8%的受访社工认为上级政府或居委会并未对服务目标以及过程干预太多，可见相较于经济压力，来自政府的压力相对较小（见表6—23）。

表6—23　上级政府或居委会对服务目标、过程干预太多（单位：个,%）

取值	频次	百分比	有效百分比	累积百分比	有效累积百分比
否	829	76.8	76.8	76.8	76.8
是	250	23.1	23.2	99.9	100
小计	1079	99.9	100	—	—
不知道	0	0	0	99.9	—
拒绝回答	0	0	0	99.9	—
不适用	1	0.1	0	100	—
合计	1080	100	99.9	—	—

（四）社会环境

在其他一些外部环境造成的困难中，主要来自于服务对象不够配合，以及群众对社工工作不够理解，少量来自于工作环境和氛围。从数据上看，认为服务对象不配合是社会工作者面临困难的人数为728人，占总数的67.41%；认为群众对社工不了解是社会工作者面临困难的共有703人，占总数的65.09%；而认为工作条件和氛围不理想成为社会工作者面临困难的只有319人，占总数的29.54%。可见，从社会环境的角度出发，社会工作者面临的最大障碍是不被群众以及服务对象理解，而大部分人对自己的工作环境持较为积极的态度（见图6—19）。

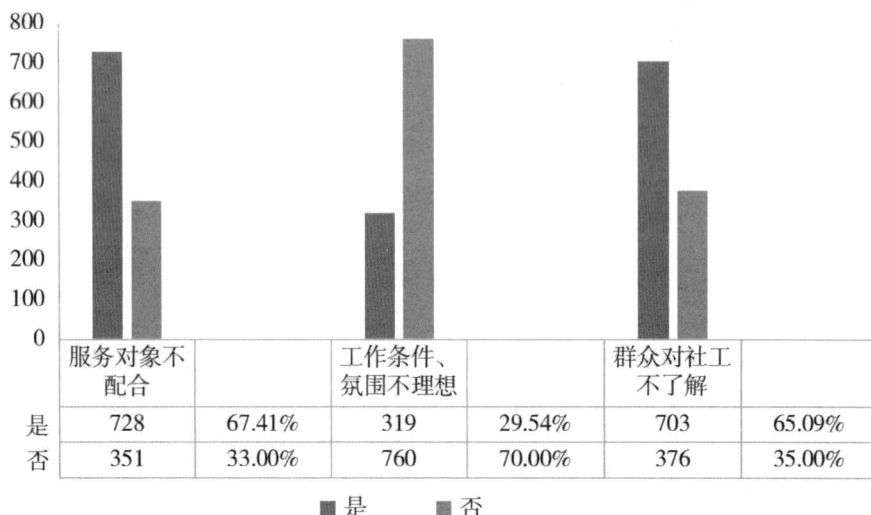

	服务对象不配合		工作条件、氛围不理想		群众对社工不了解	
是	728	67.41%	319	29.54%	703	65.09%
否	351	33.00%	760	70.00%	376	35.00%

■ 是　■ 否

图 6—19　社会环境压力（单位：个，%）

（五）自身专业能力

不同于资金来源、政府干预以及社会环境等外生性问题，社会工作者的自身专业能力是内生性因素。从数据上来看，42.1%的受访者认为这是构成职业发展困境的重要因素。而相对多数，57.9%的人认为这并不造成职业发展的困境（见表6—24）。

表 6—24　自身专业能力是否够用（单位：个，%）

取值	频次	百分比	有效百分比	累积百分比	有效累积百分比
否	625	57.9	57.9	57.9	57.9
是	454	42.0	42.1	99.9	100
小计	1079	99.9	100	——	——
不知道	0	0	0	99.9	——
拒绝回答	0	0	0	99.9	——
不适用	1	0.1	0	100	——
合计	1080	100	99.9	——	——

（六）社工服务质量提高的方式

面对这些困难，占比例最多的是44.9%的社会工作者认为在提升服务质量的方法中，最有效的是社工的自我培训、能力提升与专业进修；紧居其后的是服务对象的反馈和建议，所占比例为23.1%；所在社工机构的支持、同行间的交流以及领导或上级的反馈和建议所占比例相似，分别为11.0%、8.7%和7.8%；而督导的反馈和建议被认为作用最小，仅占总数的4.5%。

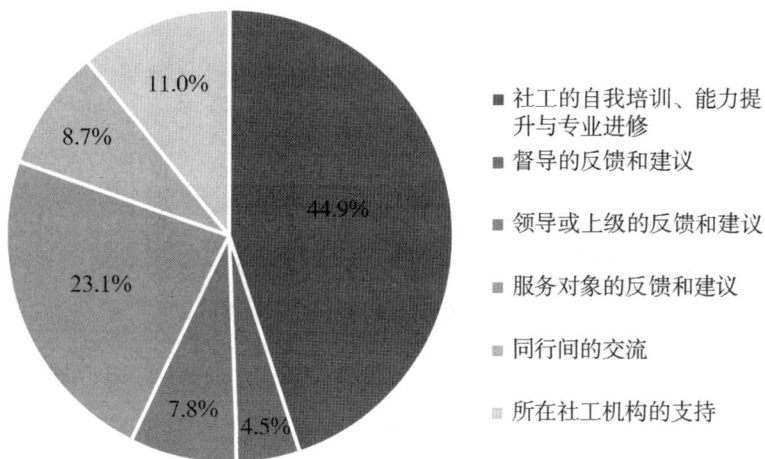

图6—20　提升社工服务质量的方法（%）

（七）社工发展有一定空间

社会工作者虽然认为工作中有各种各样的困难，但是总体上认为社会工作发展还是具有一定的空间。如图6—21所示，81.9%的人认为社会工作的未来有很大或有一定的发展空间。只有12.6%的人认为社工发展的空间较小。可见，虽然我国社工工作面临着很多问题，但是社会工作者对这项工作普遍抱着积极的态度和乐观的心态。

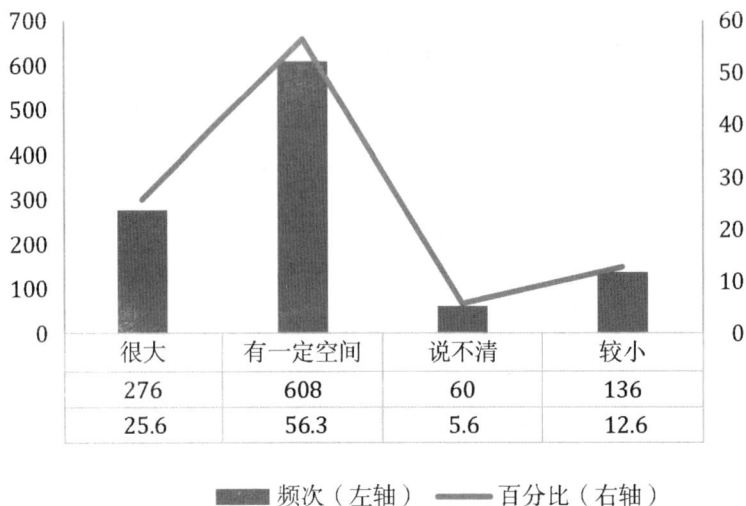

	很大	有一定空间	说不清	较小
	276	608	60	136
	25.6	56.3	5.6	12.6

■ 频次（左轴） —— 百分比（右轴）

图 6—21 对社工发展空间的看法（单位：个，%）

二、专业社会工作者的自我评估

社会工作者面临着许多外部压力，这些也会对他们的心理状态造成很大影响，进而影响到他们的工作状态。

（一）社会工作者对工作的评价

1. 付出与薪酬不符

在社会工作者面临的困难中，经费短缺一直都是不可回避的问题。一方面是社会工作缺乏足够的资金支持；另一方面则是自身的付出与薪酬不符。

如图 6—22 所示，在受访的 1080 人中，有 586 人同意付出与薪酬不符，占总数的 54.3%，有 356 人基本同意付出与薪酬不符，占总数的 33.0%，两者加起来共占总数的 87.3%。而不太同意和不同意的人加起来仅占 9.9%。可见大部分社会工作者对自己的薪酬持不满意的态度。

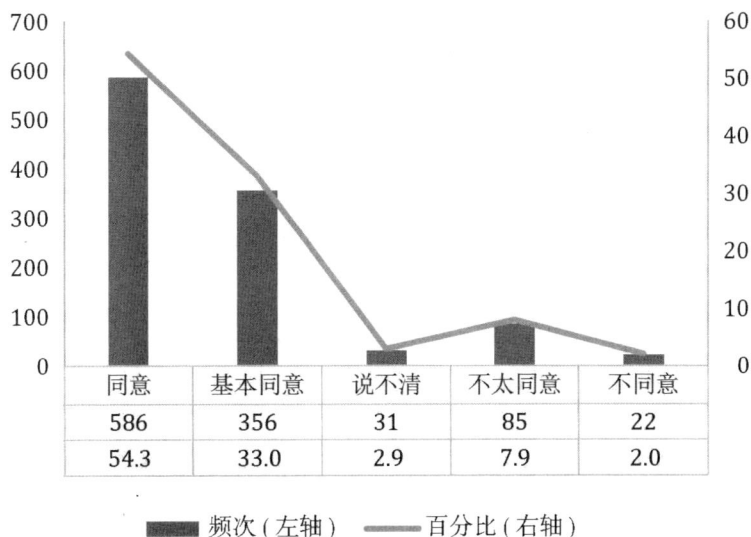

	同意	基本同意	说不清	不太同意	不同意
	586	356	31	85	22
	54.3	33.0	2.9	7.9	2.0

■ 频次（左轴）　—— 百分比（右轴）

图6—22　付出与薪酬不符（单位：个，%）

2. 自身发展空间有限

虽然受访者对社工职业的整体发展空间态度较为积极，但他们普遍对自身的职业发展空间抱着较为消极的态度。如图6—23所示，在受访者中同意或基本同意发展空间有限的分别为470和347人，两者加起来占总数的75.6%。而不太同意和不同意的分别有171和57人，加起来占总数的21.1%。可见大部分社会工作者都认为自己的工作发展空间十分有限，这可能也是社会工作工龄相对较短，平均仅有5—6年的原因。

3. 社会地位需提高

从数据上看，不论是经济收入方面还是职业前景方面，社会工作者对社会工作的评价都相对较低。不仅如此，在社会地位方面这一工作也很难满足他们的期待。73.1%的受访者同意社会工作者的社会地位有待提高，23.1%的受访者基本同意社会工作者的社会地位需要提高，两者的总和达到96.2%（见图6—24）。

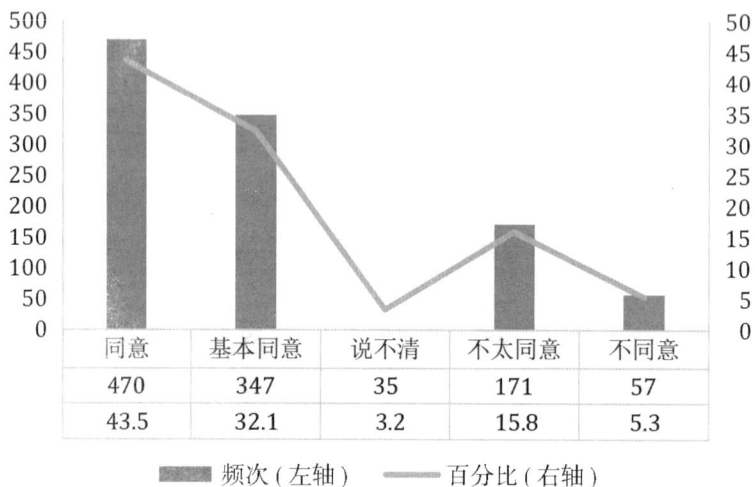

	同意	基本同意	说不清	不太同意	不同意
	470	347	35	171	57
	43.5	32.1	3.2	15.8	5.3

■ 频次（左轴）　— 百分比（右轴）

图6—23　自身发展空间有限（单位：个,%）

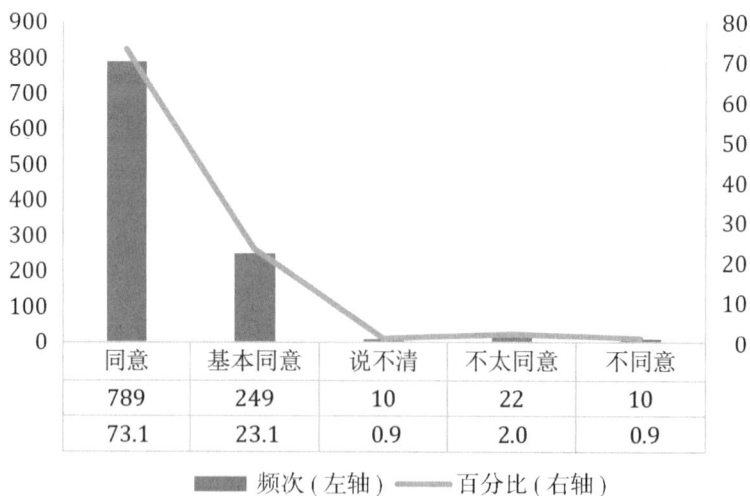

	同意	基本同意	说不清	不太同意	不同意
	789	249	10	22	10
	73.1	23.1	0.9	2.0	0.9

■ 频次（左轴）　— 百分比（右轴）

图6—24　社会地位需要提高（单位：个,%）

（二）社会工作者的自我感受

从数据上可以看到，社会工作无论在收入方面、职业发展前景方面，还是在社会肯定方面都不能为社会工作者提供满足感，那么社会工作者的动力来自何处呢?

1. 疲劳程度偏高

与人们的期待相符,社会工作者的工作十分辛苦。从图 6—25 中可以看到,在工作中感到筋疲力尽的人数总和(包括同意和基本同意)所占比例为 43.7%。略多的受访者,51.9% 的人并不认为在工作中会精疲力竭。

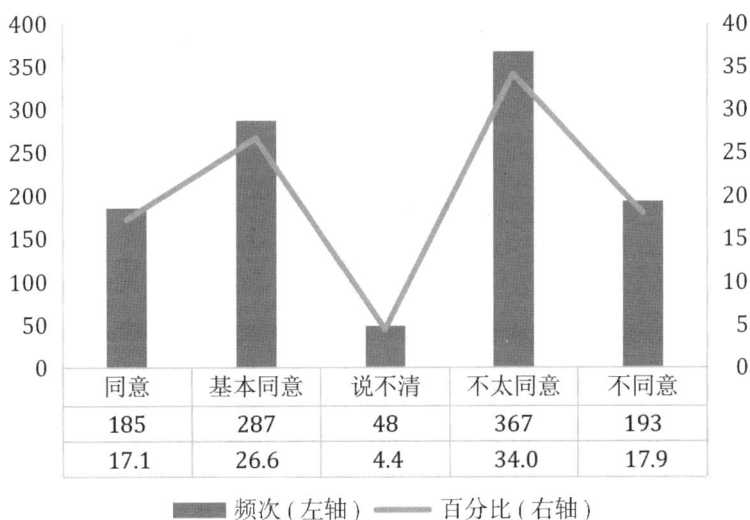

	同意	基本同意	说不清	不太同意	不同意
	185	287	48	367	193
	17.1	26.6	4.4	34.0	17.9

■ 频次(左轴)　—— 百分比(右轴)

图 6—25　在工作中感到筋疲力尽(单位:个,%)

2. 超负荷状态严重

虽然略占多数的社会工作者并未在工作中感到筋疲力尽,但是确实认为自己处于超负荷状态。如图 6—26 所示,共计 78.1% 的受访者表示同意或者基本同意自己处于超负荷的状态,仅有 19.2% 的受访者表示不同意或者不太同意自己处于超负荷的状态。从此也可以看出一方面大部分社会工作者都对工作充满热情;另一方面他们的工作压力很大,强度很高。

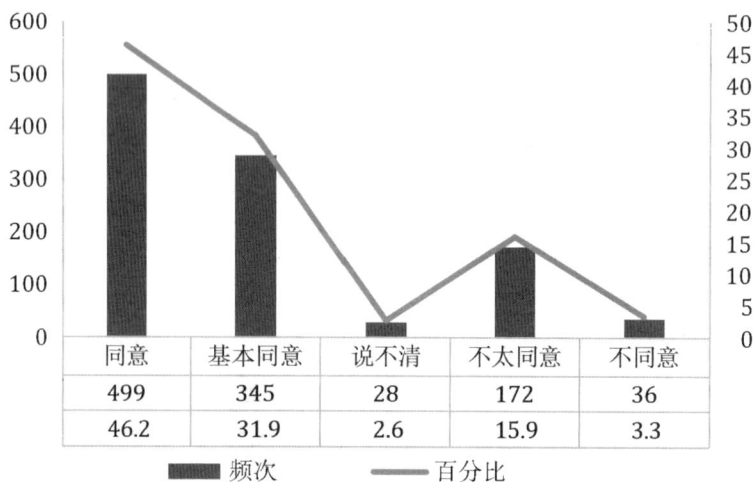

	同意	基本同意	说不清	不太同意	不同意
频次	499	345	28	172	36
百分比	46.2	31.9	2.6	15.9	3.3

图 6—26　社会工作者是否处于超负荷状态（单位：个，%）

3. 工作中的成就感较高

虽然这一工作十分辛苦，但是大部分社会工作者表示在工作中产生了许多成就感，这也许是他们能够坚持下来的重要原因，也是他们的工作动力之所在。虽然在上面的分析中我们已知大部分社会工作者认为不被服务对象理解，69%的受访者仍认为在工作中很容易获得成就感，我们从侧面可知社会工作者中大部分成员有着乐于助人、热心奉献的精神（见图 6—27）。

4. 愿意支持亲朋从事社工

尽管社会工作者获得的待遇不高，工作也较为辛苦。但是他们普遍支持自己的亲朋从事社工工作。71.0%的受访者支持自己的亲友从事社会工作（见图 6—28），可看出他们对此项工作的认可。

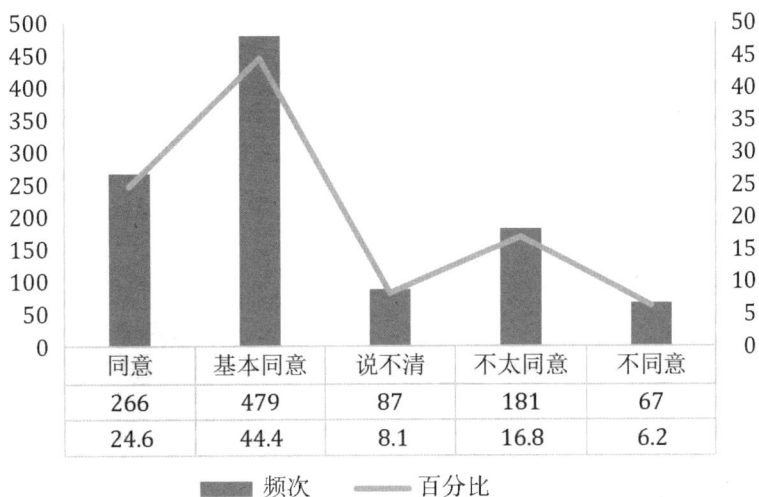

	同意	基本同意	说不清	不太同意	不同意
	266	479	87	181	67
	24.6	44.4	8.1	16.8	6.2

■ 频次　—— 百分比

图6—27　作中是否容易产生成就感（单位：个，%）

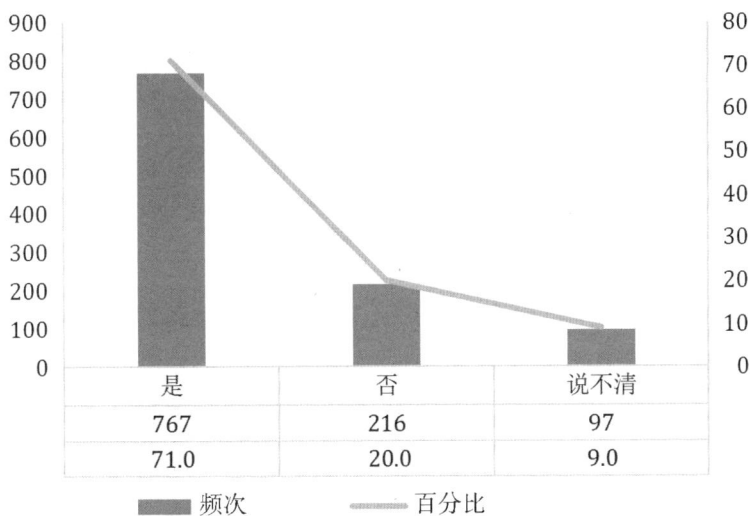

	是	否	说不清
	767	216	97
	71.0	20.0	9.0

■ 频次　—— 百分比

图6—28　是否支持亲友从事社工（单位：个，%）

5. 基本没有离职想法

大部分受访的社会工作者不仅支持亲友从事社工行业，而且自己也没有过离职的想法。如图6—29所示，69.3%的人表示自己没有离职的想法。

从统计数据上来看，工龄越长的人越容易有离职的想法。这也可以从侧面印证出社会工作的前景确实不佳。

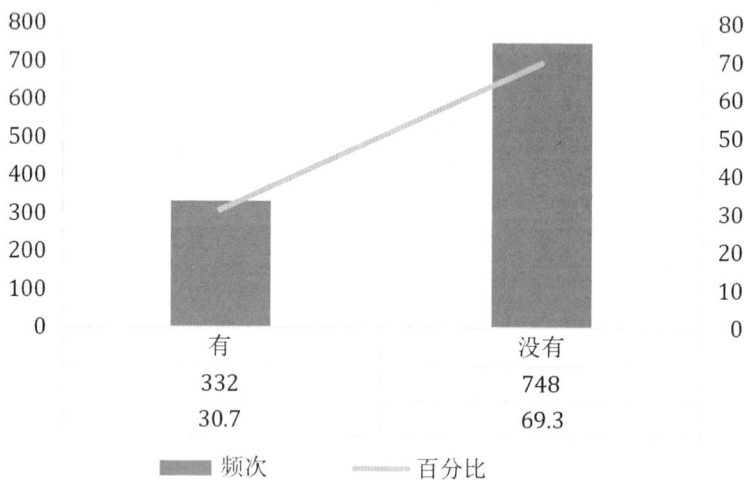

图6—29　是否有过离职的想法（单位：个，%）

三、提升社工专业化的方法

在之前的问题中可以看到，接近半数的受访者认为社工自身的专业能力不够是社会工作者面临的重要问题。在提升社工专业方法的途径中，受访者认为为员工定期提供职业培训或进修是最有效的方法，所占比例为85.3%。认为理顺社工机构与基层政府、居委会的关系是提供社工专业化较为有效的方法的人占74.3%。认为专职设岗为有效方法的人所占比例为65.0%；认为提升社工专业化方法为完善社工督导制度和用专业的方法进行绩效评估的人分别为58.9%和59.3%（见图6—30）。可见为员工提供培训和理顺社工机构与其他部门之间的关系是社会工作者们自身认为提高社工专业化最有效的方法。

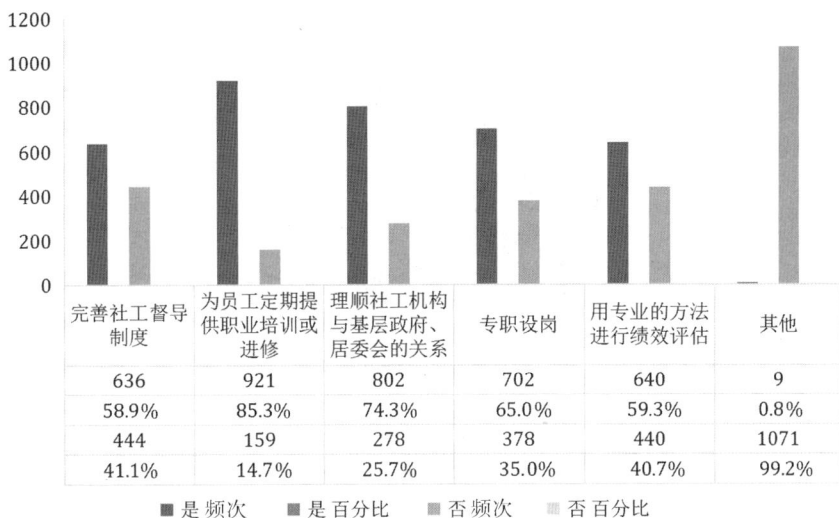

图6—30　提升社工专业化的方法（单位：个，%）

完善社工督导制度	为员工定期提供职业培训或进修	理顺社工机构与基层政府、居委会的关系	专职设岗	用专业的方法进行绩效评估	其他
636	921	802	702	640	9
58.9%	85.3%	74.3%	65.0%	59.3%	0.8%
444	159	278	378	440	1071
41.1%	14.7%	25.7%	35.0%	40.7%	99.2%

■ 是 频次　■ 是 百分比　■ 否 频次　■ 否 百分比

第四节　社会工作者参与社区治理

从前文中我们得知，在社区中工作的受访社会工作者占到总数的90%以上。因此，在分析完社会工作者的整体状况以及所面临的困难之后，本节着重分析社会工作者参与社区治理与社区服务的情况。

一、社会工作者在社区中各个领域发挥作用的状况

（一）在社区服务中的作用

如图6—31所示，绝大多数的受访者认为社会工作者在社区服务中的作用比较理想，占到总数的70.5%，认为非常理想的受访者所占比例接近总数的四分之一，而认为不理想或者不太清楚的人非常少。

4.9%┌0.4%

24.3%

70.5%

■非常理想 ■比较理想 ■不理想 ■不清楚

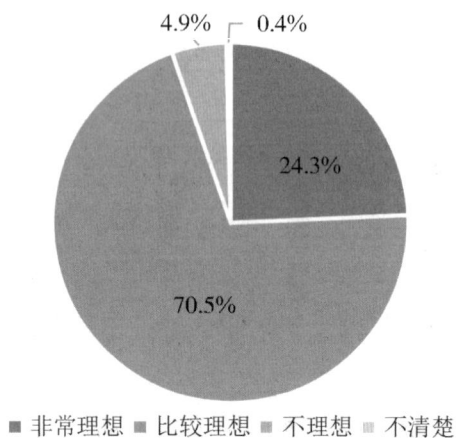

图6—31　社工在社区服务中的作用（％）

（二）在社区管理与秩序维持中的作用

除了社区服务以外，社会工作者认为社工在社区管理与秩序维持中也起到了重要作用。21.2%的人认为这一作用非常理想，71.0%的认为比较理想，加起来占到90%以上；而认为不理想和不清楚的人的比例总数不到10%（见图6—32）。

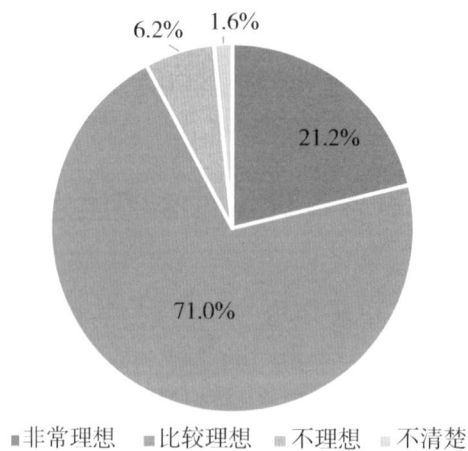

6.2%　1.6%

21.2%

71.0%

■非常理想　　■比较理想　　■不理想　　■不清楚

图6—32　社工在社区管理与秩序维护中的作用（％）

（三）在社区民主自治中的作用

社会工作者在社区民主自治中的作用较上两项作用略低，但认为非常理想和比较理想的人所占比例也占到了 89.7%；同样，认为不理想的所占比例为 8.7%（见图 6—33）。这一趋势在接下来的几项作用中也得到延续。

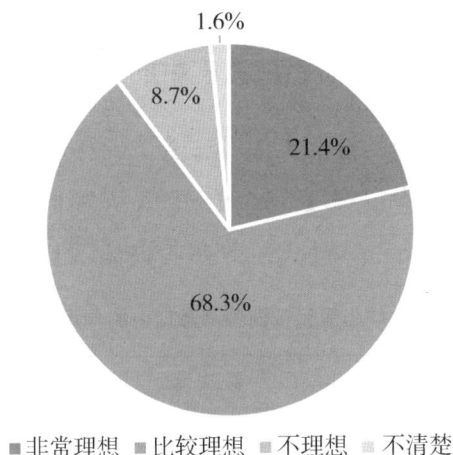

图 6—33　社工在社区民主自治中的作用（%）

（四）在提升公众自我管理、自我服务中的作用

在提升公众自我管理、自我服务的能力上，社会工作者同样起到了重要的作用。认为这一作用非常理想和比较理想的人所占比例共为 87.7%，认为作用不理想的人占 10.6%，相比上面几项略高（见表 6—25）。

表 6—25　社工在提升公众自我管理、自我服务中的作用（单位：个,%）

	频次	百分比
非常理想	193	17.9

（续表）

	频次	百分比
比较理想	754	69.8
不理想	115	10.6
不清楚	18	1.7
合计	1080	100

（五）在增强居民认同感满意度中的作用

作为具有专业技能的社会工作者，受访者对自身在增强居民认同感和满意度中的作用持肯定态度。25.9%的人认为非常理想，68.1%的人认为比较理想，两者合起来所占总数亦在90%以上（见表6—26）。

表6—26　社工在增强居民认同感满意度中的作用（单位：个，%）

取值	频次	百分比
非常理想	280	25.9
比较理想	736	68.1
不理想	54	5.0
不清楚	10	0.9
合计	1080	100

（六）在开展社区动员中的作用

社会工作者在开展社区动员中的作用也非常突出，认为这一作用非常理想的受访者所占比例为22.6%，认为比较理想的占总数的70.4%，认为不理想的仅占6.5%（见表6—27）。

表6—27　社工在开展社区动员中的作用（单位：个，%）

取值	频次	百分比
非常理想	244	22.6
比较理想	760	70.4
不理想	70	6.5
不清楚	6	0.6
合计	1080	100

（七）在挖掘社区潜在需求中的作用

相较于在社区中的其他作用，认为社会工作者在挖掘社区潜在需求中的作用比较理想的人数最多，达到72.2%；同时，认为这一作用不理想的人数所占比例也最高，达到11.4%。从这一数据可以看出，在社会工作者群体内部，对是否能挖掘社区中潜在需求的作用争议也最大（见表6—28）。

表6—28　社工在挖掘社区潜在需求中的作用（单位：个，%）

取值	频次	百分比
非常理想	161	14.9
比较理想	780	72.2
不理想	123	11.4
不清楚	16	1.5
合计	1080	100

（八）在推动社会组织发展中的作用

如表6—29所示，18.4%的受访者认为社会工作者在推动社会组织发展中的作用非常理想，69.7%的人认为比较理想，认为不理想的人占总数的 10.6%。

表 6—29　社工在推动社会组织发展中的作用（单位：个,%）

取值	频次	百分比
非常理想	199	18.4
比较理想	753	69.7
不理想	114	10.6
不清楚	14	1.3
合计	1080	100

二、社会工作者对参加社区工作的认识

（一）专业社会工作者在社区工作中的优势

如图 6—34 所示，71.3%的受访者认为专业社会工作者在化解社区中突出问题方面有着明显的优势，20.4%的受访者认为并无优势。

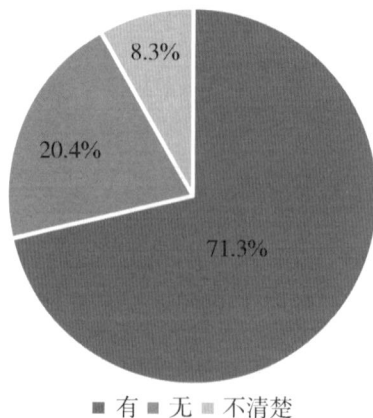

■ 有　■ 无　　不清楚

图 6—34　社工在化解社区中突出问题方面有无优势（%）

444

如图 6—35 所示，在认为有优势的社会工作者中，55.7% 的人认为这一优势来源于社工专业化工作能力，24.3% 的人认为优势是社工与居民关系更加密切导致的，12.5% 的人认为社工的优势来源于所处的第三方"中立"身份，仅有 7.4% 的人认为优势来源于居民更信任社会工作者。

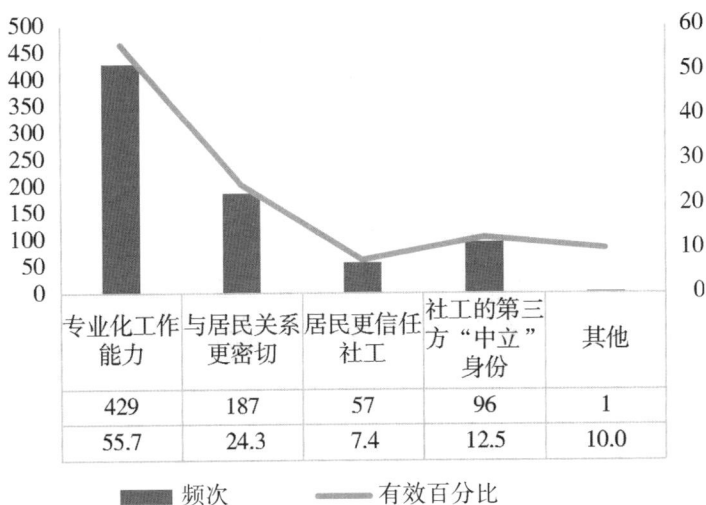

	专业化工作能力	与居民关系更密切	居民更信任社工	社工的第三方"中立"身份	其他
频次	429	187	57	96	1
有效百分比	55.7	24.3	7.4	12.5	10.0

图 6—35　社工优势来源（单位：个，%）

（二）专业社会工作者对社工工作的判断

1. 社工是否应该主要配合政府开展服务

在调查对象中，84.2% 的人都对"社工主要配合政府开展服务"的判断表示同意，认为不太同意或者很不同意的人所占比例总和不到 15%（见表 6—30）。

表 6—30　社会工作者是否主要配合政府开展服务（单位：个，%）

取值	频次	百分比
很同意	354	32.8

445

（续表）

取值	频次	百分比
比较同意	555	51.4
说不清	21	1.9
不太同意	134	12.4
很不同意	16	1.5
合计	1080	100

2. 专业性是社工最重要的素养

社会工作者的专业性是受访者最为认可的一个方面，占半数以上的受访者都对"专业性是社工最重要的素养"这一判断表示很同意，认为比较同意的人也占到了42.3%，表示不太同意的受访者所占比例不到5%（见表6—31）。

表6—31 专业性是社工最重要的素养（单位：个，%）

取值	频次	百分比
很同意	563	52.1
比较同意	457	42.3
说不清	17	1.6
不太同意	41	3.8
很不同意	2	0.2
合计	1080	100

3. 专业社工具有一定独立性

在独立性方面，受访者也基本表示认同，33.1%的社会工作者很同意专业社工具有一定独立性，48.2%的受访者对此表示比较同意；不太同意和很不同意的分别占13.1%和0.9%（见表6—32）。

表6—32　专业社工具有一定独立性（单位：个，%）

取值	频次	百分比
很同意	357	33.1
比较同意	521	48.2
说不清	50	4.6
不太同意	142	13.1
很不同意	10	0.9
合计	1080	100

4. 社工的工作和政府基层工作人员无差别

受访者普遍认为社工的工作和政府基层人员的差异性较大。同意没有什么差别的人仅占11%，很不同意和不太同意的人加起来所占比例达到半数以上（见表6—33）。

表6—33　社工的工作和政府基层工作人员无差别（单位：个，%）

取值	频次	百分比
很同意	119	11.0
比较同意	287	26.6
说不清	73	6.8
不太同意	458	42.4
很不同意	143	13.2
合计	1080	100

5. 专业社工配置较强的社区治理水平更高

如表6—34所示，大部分的社工都比较认同专业社工配置较强的社区治理水平更高，很同意的人占总数的29.2%，比较同意的人占50.1%，不太同意和很不同意的人分别占12.3%和0.7%。

表6—34　专业社工配置较强的社区治理水平更高（单位：个，%）

取值	频次	百分比
很同意	315	29.2
比较同意	541	50.1
说不清	83	7.7
不太同意	133	12.3
很不同意	8	0.7
合计	1080	100

（三）对社区事务的参与

作为专业的工作人员，59.1%的社会工作者经常参与社区中的公共议事、协商民主决策，38.1%的社会工作者偶尔参与这些活动，2.8%的社会工作者从不参与这些活动，可见社会工作者在社区事务中有着较高的参与度（见图6—36）。

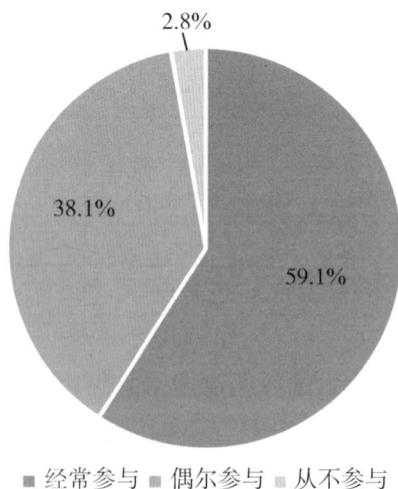

■ 经常参与　■ 偶尔参与　■ 从不参与

图6—36　是否参与公共议事（%）

如图6—37所示，在参与的过程中，36.4%的受访者所提的意见大多数被采纳，半数以上的受访者，即58.1%的受访者的意见偶尔被采纳，5.5%的受访者的意见从未被采纳。可见，虽然大部分社会工作者参与到了社区的公共议事和协商民主决策中，但是大部分的意见只是偶尔被采纳，参与程度仍有许多提升的空间。

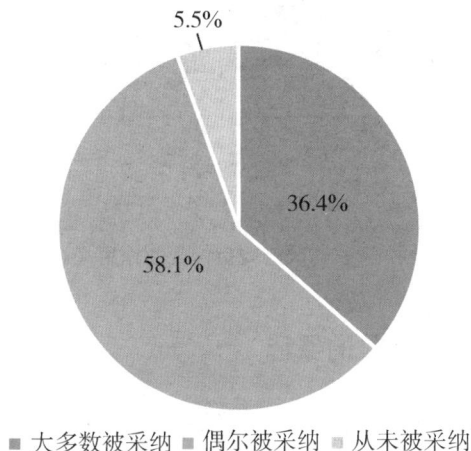

图6—37　意见是否被采纳（%）

三、社会工作者对社区减负增效的作用

（一）对社区减负增效的作用

作为社会的基本构成单元，社区既是社会治理的基础也是社会治理的重点。由于社区工作繁杂，社区居委会的行政负担过重，服务效能不高，因此社会工作者在社区中的服务有着重要作用。

如图6—38所示，85.94%的受访者认为社工有助于减负增效，而认为没有作用的仅占总数的8.47%。

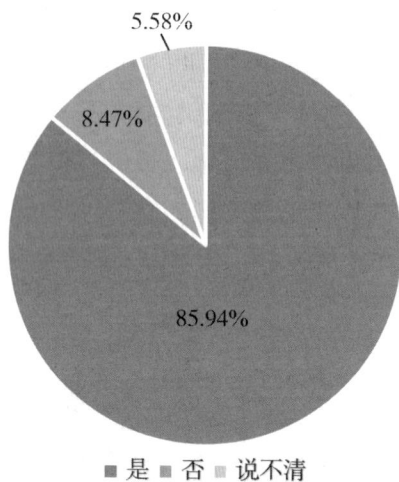

图6—38　对政府减负增效的作用（％）

（二）能够减负增效的原因

具体分析起来，减负增效可能归结于多种原因。在多选题中，减负增效的原因主要被分为六种，分别为"承接大多数政府事项""提高居委会工作效率""动员社会力量""解决社区治理难题""群众信任社工"以及"其他"。

如图6—39所示，在这些选项中，选择频次最高的是提高居委会工作效率，共有729次。社工在承接大多数政府事项、动员社会力量，以及解决社区治理难题的选择频次非常接近，分别为602次、610次和611次。数据显示，群众对社工的信任在减负增效中的作用并不突出，这有可能是因为相较于政府、社区居委会或者社区自治组织，社工并未能给群众提供更多的信赖感。综上所述，社会工作者普遍认为减负最重要的原因是专业方法对工作效率的影响，其次是为政府分担了许多事务，但是在与群众的关系上并没有绝对的优势。

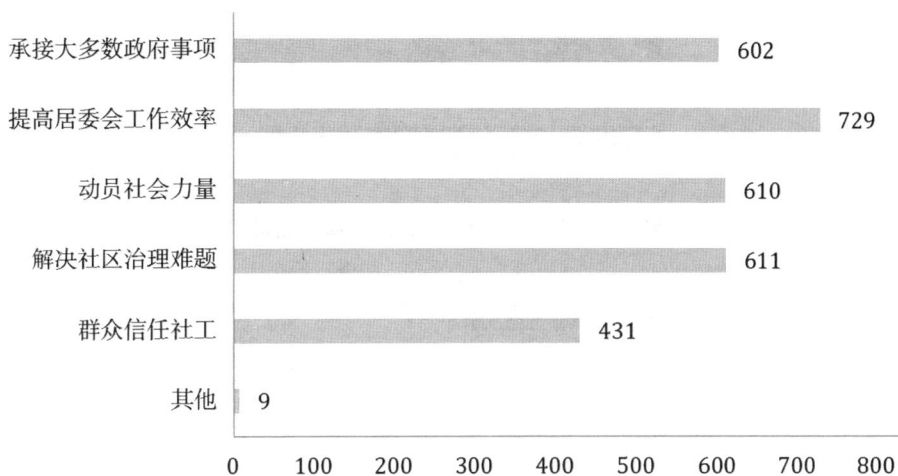

图6—39　能够减负增效的原因（单位：次）

（三）不能"减负增效"的原因

通过图6—39我们已经了解到，大部分社会工作者都认为自己的工作确实起到了减负增效的作用，但仍有8.47%的人认为自己的工作并不能起到减负增效的作用。问卷中将原因主要分为以下几项："上级部门布置太多工作""难以独立发挥作用""难以按照社工专业要求工作""社工专业性不强"以及"其他"。

如图6—40所示，"上级部门布置太多工作"被受访者视为不能减负增效的最主要原因，其次，难以独立发挥作用和难以按照社工专业要求工作也是决定能否减负增效的重要原因。最后，只有很少的人认为社工专业性不强是不能减负增效的原因。这也与能增效的原因中"提高居委会工作效率"的结果有关。

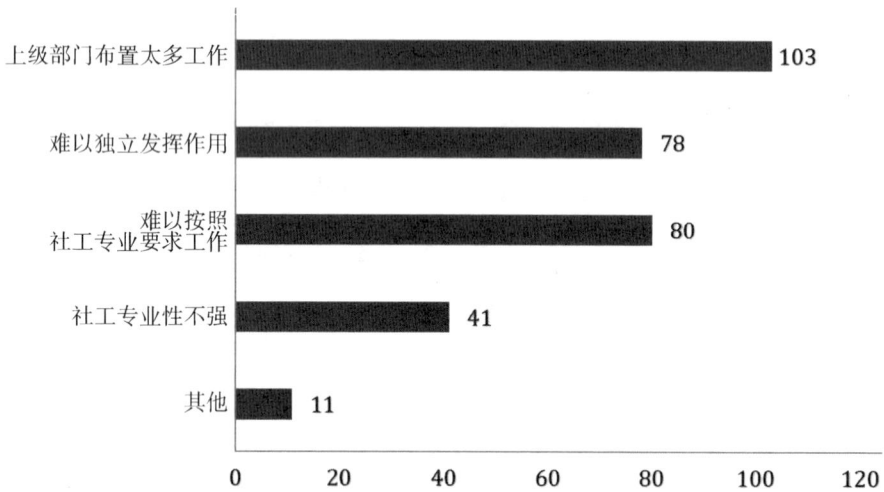

图 6—40 不能减负增效的原因（单位：次）

（四）对政府政策的了解程度

社会工作者在提供社区服务的过程中，半数以上的人对政府的政策比较了解；但只有23.8%的人对此非常了解，认为一般、不太了解和不了解的人分别占15.7%、1.7%和0.3%（见表6—35）。

表 6—35 对政府政策的了解程度（单位：个，%）

取值	频次	百分比
非常了解	257	23.8
比较了解	632	58.5
一般	170	15.7
不太了解	18	1.7
不了解	3	0.3
合计	1080	100

四、"三社联动"存在的问题

在社区、社会组织、社会工作者"三社"中，社区是综合平台，社会组织是载体和依托，而社会工作者则是不可或缺的专业力量。这三者之间的有机融合和相互促进才是有效的"三社联动"。然而，在现有的"三社联动"中仍存在很多问题。

如图 6—41 所示，接近半数的社会工作者认为社区、社会组织以及社会工作者三者之间的关系无法厘清是"三社联动"中存在的主要问题；分别有 28% 和 25.7% 的受访者认为"社工、社会组织难以融入社区""社工与社会组织间难以合作"为"三社联动"中最主要的问题，而认为居委会排斥专业社工机构的人仅占 5.2%。可见，在"三社联动"的过程中，社会工作者与政府和居民之间的关系较好，而处理好社区、社会组织与社工这三社之间的关系是问题的关键。

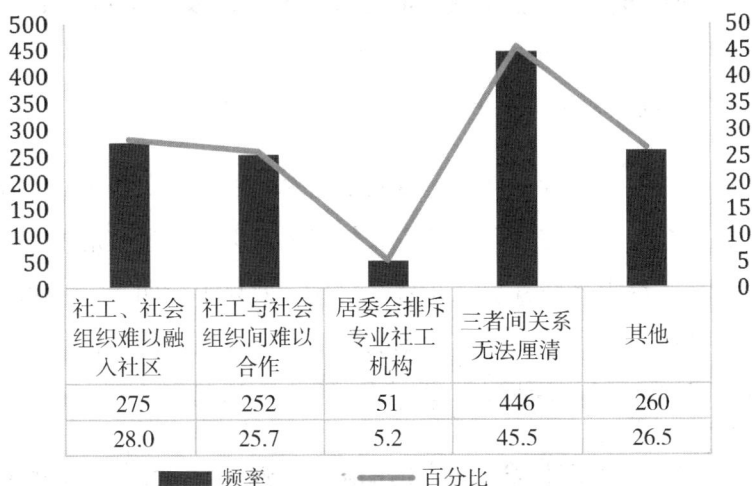

社工、社会组织难以融入社区	社工与社会组织间难以合作	居委会排斥专业社工机构	三者间关系无法厘清	其他
275	252	51	446	260
28.0	25.7	5.2	45.5	26.5

■ 频率　　— 百分比

图6—41　"三社联动"存在的问题（单位：个，%）

第五节　问题与政策建议

社会工作者在参与社区治理过程中起着重要作用。不仅可以有效维护社区治理、增强社区内民主自治、增强居民的认同感还有助于为政府减负增效。从总体上看，我国社会工作行业近年来发展很快，持证人数不断增加，从年龄上看也都是社会的中坚力量。然而，这些从业者也面临着诸如收入偏低、工作压力大、发展空间有限、专业性欠缺等内生性问题，以及服务对象不配合、群众对社工不理解等外生性问题。针对这些问题，本报告从社会工作者与政府关系、社会工作者的专业化水平以及政策和资金保障三个方面提出政策建议。

一、协调多元主体之间的关系，促成共治格局

（一）协调与政府之间关系、推动政府职能转变

当前，社区中的社会问题愈发繁杂，对政府来说负担过重，服务效能不高，社会工作者在社区服务中心的服务有助于推进政府的减负增效和职能转变。绝大多数社会工作者认为这一效果十分明显，主要体现在社会工作者的专业技能有助于效率的提升。各政府部门应该进一步减少社区的行政色彩，适当放权，实现社区中多主体的共治。

（二）充分发挥社会工作者作用，推动多元共治平台建设

在社区工作中，大部分社会工作者认为在社区服务、社区管理与秩序维持、民主自治、提升公众自我管理服务、增强居民认同感、动员社

区群众、挖掘社区中潜在需求以及推动社会组织发展过程中都起到了重要作用。政府应该更加充分发挥社会工作者的作用，培育社会组织的发展，推动多元共治平台的建设。

二、提升专业化水平，强化多元化主体服务能力建设

（一）加强社会工作者的专业教育，提升队伍的专业能力

社会工作是一项对专业性要求很强的工作，对工作的质量和效率都有重要的要求。目前，我国社会工作者受到专业教育的人比较少，85.8%的人都没有受到专业社工教育。这可能会造成"社会工作不需要专业技能"的印象，同时还会影响社会工作者社会地位的提升以及收入水平的提高。从社会工作者服务的对象上来看，老年人和妇女为主要群体，而社区矫正工作对象或者需心理疏导这种对专业技能要求较高的人群相对较少。全面地发展社会工作，需要不断提升社会工作者服务的专业程度。

（二）全面推动社工服务专业化发展，提升社工服务质量和效果

针对目前社区社会工作者专业素质不高的实际，要进一步鼓励和安排社区社会工作者参加各种学习、培训，并形成长效机制。从数据上看，社会工作者们普遍认为自身的专业能力是构成职业发展困境的原因之一，而他们提升服务质量最有效的方法就是自我培训、能力提升以及专业进修。因此，应该更广泛地推进社会工作的培训，全面推动社工服务的专业化发展，强化督导的反馈和建议、领导或者上级的反馈与建议以及服务对象的反馈和建议，加强同行间的交流。

（三）健全社会工作者的行业标准，提升多元化主体服务能力

2016 年数据显示，在持证的社会工作者中，接近 50% 的人持有的都是本地区颁发的社工资格证，而非国家颁布的社工证，这也容易使得社会工作给人以"低门槛"的感觉。因此应该重点对城乡基层居（村）民自治组织、社区服务组织、公益服务类事业单位、公益慈善类社会组织、基层社会服务部门直接从事社会服务的人员进行培训，严格考核。对现有社区社会工作者开展多种形式、不同层次的职业培训，从而全面提升他们的专业素养和专业水平，帮助这类半专业化的社区社会工作者实现专业化。重点加大社会福利、社会救助、社区服务、残障康复、婚姻家庭、职工帮扶等社会服务机构管理人才培养力度，提高社会工作服务管理的科学化水平。此外，在实践层面还应在社区广泛推广运用社会工作方法，大力倡导社工服务机构及社工人才以社区为平台开展社会服务。完成编制社区社工服务需求目录，通过社工走访、调研，了解社区需求，制定社区服务项目清单。

三、强化制度、资金和人才保障，形成实现多元共治新局面

（一）强化多元共治制度保障，推进科学化管理

推进社区治理现代化，就是构建有利于解放和增强社会活力的社区治理制度体系，使基层社会体制更加成熟更加定型。包括完善制度化参与渠道，探索组织化、专业化参与机制，提高社会参与的有效性和专业性。推进政府购买服务，以社会服务需求为出发点，通过政府采购或特定委托方式，向符合条件的社会组织和专业社工机构购买服务，引导社会组织和公众参与社会治理和公共服务。

（二）加大财政投入，完善激励机制，调动社区工作者的主动性和能动性

社会工作者面临的最大问题就是经费紧张，个人层面付出与回报的不呈正比，这在很大程度上影响了社会工作者的积极性。因此增加财政投入，完善个人的激励机制，有利于调动社区工作者的积极性，也可以鼓励更多人参与到社会工作中。

（三）加强社工专业人才建设，提升社会工作者的社会地位

在社会工作者面临的困难中，社会地位较低是一个重要的方面。这既会影响他们工作的推进与开展，又会影响未来的队伍建设。让社工能在工作中得到全社会的支持。社会工作者自身也感受到不被服务对象理解，社会地位有待提升，应对此予以重视。

责任编辑：娜　拉　舒　月　史　伟

组　稿：王　锋

封面设计：林芝玉

图书在版编目(CIP)数据

社会治理动态监测平台及深度观察点网络建设项目数据分析报告. 2016 ／
王杰秀 主编. —北京：人民出版社，2019

(中国民生民政系列丛书／王杰秀主编. 1—10 卷)

ISBN 978－7－01－020595－3

Ⅰ. ①社… Ⅱ. ①王… Ⅲ. ①社会管理-动态监测-数据-分析-
研究报告-中国-2016 Ⅳ. ①C916

中国版本图书馆 CIP 数据核字(2019)第 055526 号

社会治理动态监测平台及深度观察点网络建设项目数据分析报告(2016)

SHEHUI ZHILI DONGTAI JIANCE PINGTAI JI SHENDU GUANCHADIAN
WANGLUO JIANSHE XIANGMU SHUJU FENXI BAOGAO

王杰秀　主编

人民出版社 出版发行

(100706　北京市东城区隆福寺街 99 号)

北京盛通印刷股份有限公司印刷　新华书店经销

2019 年 4 月第 1 版　2019 年 4 月北京第 1 次印刷

开本：710 毫米×1000 毫米 1/16　印张：29

字数：390 千字

ISBN 978－7－01－020595－3　定价：72.00 元

邮购地址 100706　北京市东城区隆福寺街 99 号

人民东方图书销售中心　电话 (010)65250042　65289539